Fabiano Caxito (Coord.)

LOGÍSTICA

UM ENFOQUE PRÁTICO

Editora Saraiva
www.saraivauni.com.br

Editora Saraiva

Rua Henrique Schaumann, 270
Pinheiros – São Paulo – SP – CEP: 05413-010
Fone PABX: (11) 3613-3000 • Fax: (11) 3611-3308
Televendas: (11) 3613-3344 • Fax vendas: (11) 3268-3268
Site: http://www.saraivauni.com.br

Filiais

AMAZONAS/RONDÔNIA/RORAIMA/ACRE
Rua Costa Azevedo, 56 – Centro
Fone/Fax: (92) 3633-4227 / 3633-4782 – Manaus

BAHIA/SERGIPE
Rua Agripino Dórea, 23 – Brotas
Fone: (71) 3381-5854 / 3381-5895 / 3381-0959 – Salvador

BAURU/SÃO PAULO (sala dos professores)
Rua Monsenhor Claro, 2-55/2-57 – Centro
Fone: (14) 3234-5643 – 3234-7401 – Bauru

CAMPINAS/SÃO PAULO (sala dos professores)
Rua Camargo Pimentel, 660 – Jd. Guanabara
Fone: (19) 3243-8004 / 3243-8259 – Campinas

CEARÁ/PIAUÍ/MARANHÃO
Av. Filomeno Gomes, 670 – Jacarecanga
Fone: (85) 3238-2323 / 3238-1331 – Fortaleza

DISTRITO FEDERAL
SIA/SUL Trecho 2, Lote 850 – Setor de Indústria e Abastecimento
Fone: (61) 3344-2920 / 3344-2951 / 3344-1709 – Brasília

GOIÁS/TOCANTINS
Av. Independência, 5330 – Setor Aeroporto
Fone: (62) 3225-2882 / 3212-2806 / 3224-3016 – Goiânia

MATO GROSSO DO SUL/MATO GROSSO
Rua 14 de Julho, 3148 – Centro
Fone: (67) 3382-3682 / 3382-0112 – Campo Grande

MINAS GERAIS
Rua Além Paraíba, 449 – Lagoinha
Fone: (31) 3429-8300 – Belo Horizonte

PARÁ/AMAPÁ
Travessa Apinagés, 186 – Batista Campos
Fone: (91) 3222-9034 / 3224-9038 / 3241-0499 – Belém

PARANÁ/SANTA CATARINA
Rua Conselheiro Laurindo, 2895 – Prado Velho
Fone: (41) 3332-4894 – Curitiba

PERNAMBUCO/ ALAGOAS/ PARAÍBA/ R. G. DO NORTE
Rua Corredor do Bispo, 185 – Boa Vista
Fone: (81) 3421-4246 / 3421-4510 – Recife

RIBEIRÃO PRETO/SÃO PAULO
Av. Francisco Junqueira, 1255 – Centro
Fone: (16) 3610-5843 / 3610-8284 – Ribeirão Preto

RIO DE JANEIRO/ESPÍRITO SANTO
Rua Visconde de Santa Isabel, 113 a 119 – Vila Isabel
Fone: (21) 2577-9494 / 2577-8867 / 2577-9565 – Rio de Janeiro

RIO GRANDE DO SUL
Av. A. J. Renner, 231 – Farrapos
Fone: (51) 3371- 4001 / 3371-1467 / 3371-1567 – Porto Alegre

SÃO JOSÉ DO RIO PRETO/SÃO PAULO (sala dos professores)
Av. Brig. Faria Lima, 6363 – Rio Preto Shopping Center – V. São José
Fone: (17) 3227-3819 / 3227-0982 / 3227-5249 – São José do Rio Preto

SÃO JOSÉ DOS CAMPOS/SÃO PAULO (sala dos professores)
Rua Santa Luzia, 106 – Jd. Santa Madalena
Fone: (12) 3921-0732 – São José dos Campos

SÃO PAULO
Av. Antártica, 92 – Barra Funda
Fone PABX: (11) 3613-3666 – São Paulo

302.621.001.001

ISBN 978-85-02-13728-8

CIP-BRASIL. CATALOGAÇÃO NA FONTE
SINDICATO NACIONAL DOS EDITORES DE LIVROS, RJ.

L821

Caxito, Fabiano

Logística: um enfoque prático / Fabiano Caxito (coord.). - São Paulo: Saraiva, 2011.
328p. : 24 cm

ISBN 978-85-02-13728-8

1. Logística empresarial - Administração. I. Caxito, Fabiano de Andrade, 1969-.

11-4635. CDD-658.7
CDU-658.78

25.07.11 02.08.11 028393

Direção editorial	Flávia Alves Bravin
Coordenação editorial	Ana Paula Matos Gisele Folha Mós Juliana Rodrigues de Queiroz Rita de Cássia da Silva
Produção editorial	Daniela Nogueira Secondo Rosana Peroni Fazolari
Marketing editorial	Nathalia Setrini
Arte e produção	MSDE \ MANU SANTOS Design
Capa	MSDE \ MANU SANTOS Design
Produção gráfica	Liliane Cristina Gomes
Impressão e Acabamento	Ed. Loyola

Contato com o editorial
editorialuniversitario@editorasaraiva.com.br

Alexandre Formigoni é doutorando e mestre em engenharia de produção pela Universidade Paulista (Unip) e engenheiro de produção mecânica pela mesma instituição. É professor da Faculdade de Tecnologia da Zona Leste (FATECZL), da Faculdade de Tecnologia de Guarulhos, da Universidade Cidade de São Paulo (Unicid) e da Universidade Bandeirante (Uniban).

Barbara Alyne e Silva é administradora de empresas, pós-graduada em logística das operações comerciais e possui cursos de extensão de tutor em EAD. Atua na área acadêmica em instituições como Universidade Cidade de São Paulo (Unicid), Centro Universitário Senac e FGV; desenvolve atividades ligadas aos cursos de logística, marketing e processos gerenciais, ministrando disciplinas voltadas à área de planejamento estratégico de logística.

Caio Flavio Stettiner é pós-graduado em docência do ensino superior pela Universidade Cidade de São Paulo (Unicid) e é graduado em administração de empresas pela Fundação Getúlio Vargas (FGV). Ministra aulas na FATEC (Centro Paula Souza), na Unicid e no Centro Universitário Senac.

Edemir Sabino Maciel é mestrando em engenharia de produção pela Universidade Estadual Paulista (Unesp) de Guaratinguetá e engenheiro eletrônico pela Universidade Paulista (Unip). É professor na Universidade Cidade de São Paulo (Unicid).

Enio Fernandes Rodrigues é doutorando e mestre em engenharia de produção pela Universidade Paulista (Unip) e é administrador de empresas. Docente em cursos de graduação e pós-graduação em logística, qualidade e administração de empresas em instituições privadas. Professor efetivo dos cursos de automação e turismo do IFSP (CEFET) e do curso de logística da FATEC.

Fabiano Caxito é doutorando e mestre em administração estratégica. Atua como professor dos cursos de MBA da Fundação Instituto de Administração (FIA); coordena o MBA em Gestão e Desenvolvimento de Negócios Bancários –. Clientes, Produtos e Mercados, da FEBRABAN, a pós-graduação da União Business School (UBS) e a pós-graduação e o MBA em Gestão Comercial e Supply Chain Management na Universidade Cidade de São Paulo (Unicid). É colunista de sites e revistas especializados em carreira e gestão de negócios.

Flavio Napolitano é doutorando em engenharia de transportes pela Universidade Federal do Rio de Janeiro (UFRJ); mestre em Engenharia Mecânica pela Universidade Estadual de Campinas (Unicamp); graduado em Engenharia de Produção Mecânica pela FEI e em Administração de Empresas pelo Mackenzie. Atua como professor na pós-graduação em estratégia e gestão de empresas do Instituto de Economia da Unicamp e na pós-graduação em Logística da Universidade Cidade de São Paulo (Unicid).

Ivan Pérsio de Arruda Campos é doutor em ciências pela Universidade de São Paulo (USP) e professor titular do PPGEP da Universidade Paulista (Unip).

João Gilberto Mendes dos Reis é mestre e doutorando em engenharia de produção pela Universidade Paulista (Unip), professor da Faculdade de Tecnologia da Zona Leste (FATEC), da Universidade Camilo Castelo Branco (UNICASTELO) e da Fundação Armando Álvares Penteado (FAAP).

Kleber dos Santos Fernandes é pós-graduado em docência no ensino superior pela Universidade Cidade de São Paulo (Unicid); especializado em supply chain management pela APICS – ABAI, da França; pós-graduado em logística e supply chain pela Uni-FMU; especializado em varejo e logística pela Youngstown State University (YSU), da Williamson College of Business Administration, dos Estados Unidos; graduado em Farmácia Industrial pela Universidade de Mogi das Cruzes (UMC).

Maick Roberto Lopes é engenheiro de produção mecânica e pós-graduado pela Fundação Vanzolini (USP) em Administração Industrial; professor na Universidade Cidade de São Paulo (Unicid).

Rogério Candido de Almeida pós-graduado em docência do ensino superior; formação acadêmica em Tecnologia em Comércio Exterior pela Universidade Cidade de São Paulo (Unicid); professor na Universidade Cidade de São Paulo (Unicid).

Contato com os autores:
fcaxito@editorasaraiva.com.br

APRESENTAÇÃO

Logística – um enfoque prático nasceu na sala de aula. A obra foi escrita ao longo de vários semestres, nas aulas lecionadas pelos professores que assinam cada um dos capítulos que a compõem. Nasceu também da experiência prática dos professores e alunos de diversos cursos de graduação tecnológica, bacharelados e pós-graduação *lato lensu* que orientei e coordenei nos últimos cinco anos.

Esta publicação, pela mais importante Editora do País, é, para nós, uma dupla vitória.

Em primeiro lugar, representa uma vitória de dedicação e organização dos professores, que conseguiram construir conhecimento e realizar pesquisas de campo sobre a falta de apoio e estrutura de algumas instituições de ensino superior.

No entanto, para mim, a vitória mais importante é a dos alunos que escreveram os estudos de caso e enriquecem o livro. Alunos de instituições particulares, como a União *Business School* (UBS), e públicas, como a FATEC. Alunos de cursos de graduação tecnológica, bacharelados de administração e de pós-graduação, que driblaram todas as dificuldades e a falta de preparo metodológico e conseguiram, com dedicação e entusiasmo, escrever estudos dignos das melhores publicações do país.

Como nasceu na sala de aula, o lugar deste livro são as instituições de ensino. Seu objetivo é ajudar professores e alunos a produzir mais conhecimento sobre a logística no Brasil.

O crescimento da economia brasileira nos próximos anos só será possível com a construção de uma infraestrutura logística que permita o fluxo de mercadorias em nosso país. Dependerá também do desenvolvimento de profissionais competentes para gerenciar as operações logísticas nas empresas brasileiras.

Por isso, esta obra pode e deve ser utilizada no cotidiano dos profissionais da área na forma de um manual de melhores práticas na área de logística.

Espero que o prazer que tivemos ao escrevê-lo você o tenha ao lê-lo.

Prof. Fabiano Caxito

Capítulo 1
Organização da logística na empresa **01**

Capítulo 2
Tecnologia da informação aplicada à logística .. **23**

Capítulo 3
Planejamento da Produção **57**

Capítulo 4
Qualidade na logística **89**

Capítulo 5
Distribuição e marketing **113**

Capítulo 6
Gestão da armazenagem **133**

Capítulo 7
Gestão de estoques **151**

Capítulo 8
Gestão de compras **175**

Capítulo 9
Gestão de transportes **193**

Capítulo 10
Operadores logísticos **219**

Capítulo 11
Planejamento logístico **233**

Capítulo 12
Logística reversa **249**

Capítulo 13
Logística internacional **267**

Capítulo 14
Cenários e tendências da logística **285**

1

ORGANIZAÇÃO DA LOGÍSTICA NA EMPRESA

VISÃO DO CAPÍTULO

O capítulo aborda a importância da logística para as organizações e o papel desempenhado pela área no contexto das empresas. A ideia principal é apresentar como a área logística vem ganhando importância estratégica para as empresas, em um ambiente concorrencial no qual a diferenciação do produto não representa um diferencial competitivo de longo prazo.

OBJETIVOS DO CAPÍTULO

- Apontar o papel da logística nas empresas e sua importância para a busca da competitividade.
- Descrever o conceito de logística e sua importância para as empresas.
- Preparar o leitor para o aprofundamento de seus conhecimentos em áreas afins, subsidiando-o de dados e informações a fim de que possa constituir sua visão crítica.

Nos dias de hoje, muito se tem ouvido falar sobre o tema logística, mas o que realmente significa essa palavra: estratégia ou operação? As literaturas disponíveis apresentam uma rápida evolução, bem como tudo, acerca o tema.

A logística representa o elo entre todas as expectativas geradas pelos demais departamentos, sejam eles Vendas, Marketing, Finanças, Custos, Pesquisa e Desenvolvimento, Produção ou todos os setores que, somados, visam a um mesmo objetivo, o sucesso de suas metas, e através da *expertise* nos conhecimentos logísticos a integração de todos permite o crescimento organizado e sustentável. Durante todo o processo de desenvolvimento ou na fase final de qualquer produto e/ou serviço, a logística está sempre presente e à disposição todos os dias da semana, durante todo o ano.

Podemos comparar a logística ao lubrificante nas engrenagens de uma máquina, de cuja importância acabamos nos esquecendo, pois a máquina está lá desenvolvendo o seu trabalho, porém só a notamos quando nos esquecemos de alimentá-la com mais lubrificante, fazendo-a parar totalmente. A logística, assim como o lubrificante, também interrompe qualquer fase ou etapa de seus processos se não a alimentarmos e o mercado percebe isso à medida que a demanda e o consumo de bens e serviços aumentam proporcionalmente ao número de habitantes em nosso planeta. Não podemos esquecer que os recursos e inovações estão à disposição e de que precisamos de líderes conhecedores de estratégias velozes e flexíveis prontos para qualquer mudança no cenário, garantindo, assim, a continuidade do processo com qualidade e competência logística que assegurem o valor agregado ao cliente.

O tema ilustra um desafio necessário para a continuidade e busca de vantagem competitiva. Hoje a logística desvinculou-se da figura do armazém e das docas de transporte e se faz presente em salas de aula, congressos e mesas de reuniões com a real importância que lhe é merecida.

1.1 Origem e definição

De acordo com Netto (2010), a logística pode ser conceituada de várias maneiras, entre elas, há o conceito de que foi desenvolvida nas forças armadas, e vem do francês *Logistique*, e há outro que diz que a logística é a parte da arte da guerra que trata do planejamento e da realização de projeto e desenvolvimento, obtenção, armazenamento, transporte, distribuição, reparação, manutenção e evacuação de material (para fins operacionais e administrativos); recrutamento, incorporação, instrução e adestramento, designação, transporte, bem-estar, evacuação, hospitalização e desligamento de pessoal; aquisição ou construção, reparação, manutenção e operação de instalações e acessórios destinados a ajudar o desempenho de qualquer função militar; contrato ou prestação de serviços.

Outros historiadores defendem que a palavra logística vem do antigo grego *lógos*, que significa razão, cálculo, pensar e analisar.

Segundo o *Council of Logistics Management* – uma entidade que detém milhares de associados e especialistas nos Estados Unidos e em todo o mundo, dedicados aos estudos sobre logística –, a palavra logística pode ser definida como sendo:

> O processo de planejar, implementar e controlar eficientemente o custo correto, o fluxo e armazenagem de matérias-primas, estoques durante a produção e produtos acabados, e as informações relativas a essas atividades, desde o ponto de origem até o ponto de consumo, com o propósito de atender os requisitos do cliente.

Para Bowersox e colaboradores (2007, p. 24), a logística refere-se à responsabilidade de projetar e administrar sistemas para controlar o transporte e a localização geográfica dos estoques de materiais, produtos inacabados e produtos acabados pelo menor custo total.

A estratégia operacional da logística é desenvolvida por três atividades: Armazenar, Transportar e Distribuir. A soma dessas três atividades básicas e distintas necessita de uma grande gestão integrada que forme o conjunto denominado logística. A integração das fases ocorrerá em momentos que deverão ser sincronizados, nos quais uma ruptura ou desencontro de informações entre elas ocasionará problemas para toda a operação.

A logística faz-se presente em todos os momentos, sejam eles profissionais ou pessoais, armazenando, transportando, distribuindo objetos, recursos, informações, suprimentos, produtos acabados, semiacabados, matérias-primas, um simples e-mail ou telefonema. Todas as áreas de uma empresa têm suas metas e fases a serem desenvolvidas e a logística permite o desenvolvimento de todas elas. Mesmo que se faça despercebida, ela está lá em cada momento, em cada ação. Cabe às outras áreas da empresa estudar como utilizar-se das ferramentas que a logística oferece e como ela interfere nos seus resultados.

Mas como associar a importância da logística ao nosso dia a dia? O fato de não trabalharmos em transportadoras, operadores logísticos, portos ou aeroportos não significa que não a estejamos utilizando. A Tabela 1.1 nos traz uma exemplificação da importância e influência da logística em nosso dia a dia por meio do exemplo de um representante de vendas que, durante sua rotina, pode melhorar seu desempenho ou mesmo piorá-lo diante de ações logísticas mal planejadas.

Tabela 1.1 Exemplo de rotina de um trabalhador

ROTINA DE UM REPRESENTANTE COMERCIAL		
HORÁRIO	ATIVIDADE	CARACTERÍSTICA LOGÍSTICA
7h	**ACORDAR E TOMAR CAFÉ DA MANHÃ**	Um simples café da manhã exige a disponibilidade do recurso, no caso os alimentos e as bebidas. A produção do café, por exemplo, é composta da aquisição de um semiproduto (pó de café) que foi TRANSPORTADO de um fornecedor, no caso um varejo (supermercado), e será ARMAZENADO e posteriormente transformado em produto acabado (café), que é DISTRIBUÍDO até o ponto de consumo (xícara de café) – cliente final.
8h	**SAÍDA DE CASA E INÍCIO DAS ATIVIDADES**	Para sair de casa e ir trabalhar, um itinerário é previamente planejado utilizando-se do TRANSPORTE para visitar seus clientes. Durante o transporte as amostras grátis de seus produtos estão ARMAZENADAS em quantidade suficiente para atender a demanda de DISTRIBUIÇÃO para aquele dia.

12h	**ALMOÇO**	A escolha e a localização de um restaurante para o almoço serão fundamentais no cumprimento dos horários previstos para o dia. Administrar o tempo é mais uma característica essencial para garantir o *JUST IN TIME* – estratégia de administração do tempo –, gerindo, assim, os recursos na quantidade certa, no momento exato e no local correto. Os elementos principais do JIT são ter somente o estoque necessário, quando necessário e melhorar a qualidade tendendo a defeito zero – de toda a operação do dia.
13h	**RETORNO ÀS ATIVIDADES**	No retorno às atividades, o TRANSPORTE eficiente é fundamental, pois o tempo perdido em qualquer fase não poderá ser recuperado, interferindo em todo o planejamento desenvolvido para o dia, podendo até comprometer os próximos dias.
18h	**ENCERRAMENTO DAS ATIVIDADES E RETORNO PARA CASA**	Após os contatos realizados no dia, as informações serão ARMAZENADAS e são fundamentais para o planejamento das próximas ações, programações de visitas e futuros negócios, que obedecerão a uma nova DISTRIBUIÇÃO dos recursos vinculados com o conhecimento adquirido.

Fonte: elaborada pelo autor.

1.2 Histórico

Durante a evolução humana alguns gênios tiveram o nome e suas teorias eternizados mediante grandes descobertas ou inovações. Podemos exemplificar associando a importância de *Sigmund Freud*, médico neurologista e fundador da psicanálise, para os psicólogos que atuam na busca do bem-estar e da saúde mental das pessoas, nas áreas clínica, escolar, organizacional, institucional e comunitária. Não muito diferente, o que seria dos físicos sem as teorias de ninguém menos que o brilhante Albert Einstein, figura simpática sempre associada ao velhinho com cabelos brancos arrepiados e a língua de fora, e ao mesmo tempo símbolo da revolução na física em 1905. Já para os administradores, o que seria dos seus estudos sem os ensinamentos dos grandes Frederick Taylor e Henri Fayol que possuem suas teorias como tema principal nos alicerces da administração.

Mas, e a logística, a quem podemos referenciar a grandeza de seus estudos e suas descobertas, bem como as aplicações das técnicas e a capacidade de interpretar a arte de armazenar, transportar e distribuir? Quais foram os primeiros a utilizar-se dessas técnicas? As respostas para essas perguntas estão espalhadas ao longo da história da evolução do homem.

De que a logística está associada às grandes estratégias de guerra e conquistas territoriais não temos dúvidas, pois seria impossível não mencionarmos Alexandre, o Grande, e Napoleão Bonaparte, mas, antes de comentarmos sobre a parcela de contribuição desses grandes conhecedores das técnicas logísticas, não podemos esquecer que o homem sempre executou e praticou a logística. Os grandes povos antigos, como os egípcios, gregos, romanos, chineses, vikings, incas e astecas, desempenharam papéis importantes em sua era, caracterizando um poder de organização notório para a sociedade da época. Outros exemplos que merecem destaque são as expedições lusitanas e a história da navegação – sem nenhuma ferramenta eletrônica ou qualquer outra maravilha de nossos tempos, aqueles homens conseguiram descobrir e explorar grande parte do planeta, permitindo o que hoje conhecemos como globalização.

1.2.1 Mestres da logística

Cada um em sua época, mas ambos com destaque, o francês Napoleão Bonaparte e o macedônio Alexandre, o Grande, marcaram a história da humanidade e com certeza mudaram os rumos em seus tempos, demonstrando grandes avanços e aprimoramento em suas estratégias militares e utilizando as mais diferentes técnicas logísticas em suas estratégias de batalha.

Alexandre, o Grande, foi um general macedônio que viveu entre 356 a.C. e 323 a.C., e um dos maiores conquistadores que a história já registrou. A Figura 1.2 aponta os caminhos percorridos e os territórios conquistados durante suas expedições.

Figura 1.2 Territórios conquistados por Alexandre, o Grande.

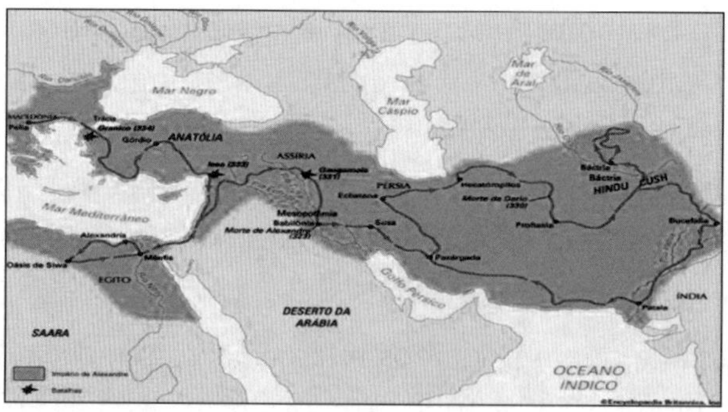

Fonte: <http://www.colegiosaofrancisco.com.br>. Acesso em: 14.01.2008.

A seguir, temos uma das mais famosas frases entre várias que Alexandre deixou para a humanidade, mostrando claramente o valor de todas as pessoas envolvidas em um processo no qual o resultado final representa o bom trabalho de todos.

"Lembre-se de que da conduta de cada um
depende o destino de todos."

Napoleão Bonaparte viveu entre 1769 e 1821 e foi um grande estrategista militar francês. Os sucessos de suas estratégias dependiam excessivamente da organização logística de seus soldados, equipamentos e suprimentos. Conhecer o campo de batalha com antecedência, estudar o relevo, o clima e todos os fatores que poderiam beneficiá-lo de alguma forma antes, durante e depois das batalhas foram características desenvolvidas por esse estrategista logístico. Adiante, segue uma de suas frases, que representa similaridade com o que Alexandre, o Grande, pensava. Na frase de Napoleão, a palavra estratégia sintetiza os objetivos a serem alcançados mediante a perfeita execução de todas as fases do planejamento estratégico logístico de maneira integrada, garantindo o sucesso de todos e do resultado idealizado e esperado pelos generais com o comprometimento e aplicação dos integrantes do exército.

"Na estratégia, decisiva é a aplicação."

Comparando as frases de Napoleão e Alexandre, notamos a semelhança entre elas. Para vencerem as batalhas, eles encaravam cada atividade como fundamental: do mais simples soldado ao posicionamento de um reserva, todos tinham importância dentro da estratégia imaginada. A correta utilização de todos era traçada na mente de cada líder, mas isso deveria estar muito claro para cada integrante do exército, pois todos dependem de todos. A organização de cada soldado ou o posicionamento correto dos equipamentos, o socorro e a reposição de baixas no campo de batalha ilustram a perfeita arte de armazenar, transportar e distribuir, o que representa para nós a logística de nossos tempos.

Vivemos em um campo de batalha nos negócios e, assim como esses dois líderes marcantes, as empresas também dependem da parcela de contribuição de cada um de seus colaboradores. Assim, através da realização de uma verdadeira gestão entre operações e logística, empresas e colaboradores podem vencer e conquistar o mercado e seus clientes cada vez mais disputados, como se fossem territórios.

1.2.2 Logística e operações como estratégia empresarial

Segundo Dornier e colaboradores (2000, p. 82-83), a tendência rumo à economia mundial integrada e à arena competitiva global está forçando as empresas a projetar produtos para um mercado global e a racionalizar seus processos produtivos de forma a maximizar os recursos corporativos. As empresas devem coordenar suas atividades funcionais dentro de uma estratégia coerente que considere a natureza global de seus negócios.

Infelizmente, quando chegam à estratégia corporativa, a maioria das funções de operações e logística permanece relegada aos tradicionais papéis reativos/táticos. A alta direção enxerga operações e logística como tática por natureza, projeta a estratégia sem suas considerações e relega a elas um papel de minimização de custo. Existem diversas razões para essa atitude gerencial ultrapassada, entre elas:

- A dominância funcional de certas áreas na formulação da estratégia corporativa.
- Uma visão de curto prazo das contribuições de operações/logística.
- Uma crença em que operações e logística são especialidades técnicas e não funções estratégicas do negócio.

A logística precisa participar do processo de tomada de decisões da estratégia corporativa e não simplesmente ser um departamento que as executa, uma vez que as decisões já foram tomadas.

Exemplificando a importância da integração dos departamentos para a formatação da estratégia da empresa, podemos citar a relação entre marketing e logística. Quando o marketing decide lançar um novo produto, modificar uma embalagem ou tomar qualquer uma das decisões relacionadas aos famosos quatro Ps (produto, ponto de venda, promoções e preço), a logística está lá não para corrigir as decisões estratégicas para uma promoção em particular, por exemplo, mas para coordenar tal execução, alcançando as expectativas do cliente.

As empresas cada vez mais percebem que a logística permite que materiais fluam para a capacidade produtiva que seu produto e/ou negócio podem ter. O recente crescimento do mercado global expandiu a capacidade e a complexidade das operações logísticas. A logística pode não ser o *core business* de todas as empresas, mas ela sem dúvida vai agregar valor ao produto, deixando os consumidores satisfeitos.

1.2.3 A importância do serviço

O ponto de partida para o estudo da importância do serviço para a logística reside nos desejos e nas necessidades dos seres humanos. A humanidade precisa de alimentos, água, ar, roupas e abrigo para ter condições mínimas de sobrevivência, porém os seres humanos não mais são fregueses de vendas ou mercearias. Hoje, eles são classificados como consumidores, que têm direitos e poder de decisão, interferindo no desenvolvimento das estratégias de determinados segmentos e produtos. Seja para aquisição de bens fundamentais ou para o mero consumo, despertado por fortes ferramentas de marketing do mundo moderno, as necessidades e os desejos do homem moderno são surpreendentes.

O produto que a logística comercializa é o serviço; os desafios e as metas a serem alcançados restringem-se à perfeição de suas atividades. Se determinado material não estiver disponível no momento em que é necessário para a produção ou o consumo, isso pode causar a paralisação de uma fábrica ou a perda de um consumidor, por exemplo. Diante dessa situação o seu concorrente encontra uma oportunidade para realizar o que o seu produto não conseguiu. Todos esperam da logística eficiência e eficácia para com os seus produtos.

Para a logística ser considerada eficiente, ela deve ser capaz de disponibilizar bens e recursos, comprovando, assim, que consegue alcançar com efetividade os resultados pretendidos pela empresa. Porém, não basta apenas realizar a Aquisição seguida de Armazenagem e posterior Entrega, o resultado que se espera é que, em todas as etapas, se comprove a eficácia da logística ao realizar suas tarefas. Tudo isso sempre com segurança, pontualidade e qualidade. O consumidor não quer simplesmente receber seu produto, ele quer na hora marcada e sem avarias ou defeitos.

Segundo Kotler (1986, p. 31), "um produto é tudo aquilo capaz de satisfazer um desejo". O sentimento de carência por certo produto em uma pessoa produz um desconforto e um desejo de agir para aliviá-lo. Esse desejo a coloca num estado ativo e lhe dá a direção a tomar. A pessoa perceberá certas coisas exteriores a si própria que poderiam satisfazer seu desejo e que poderiam ser chamadas de produtos. Estes passam a ter valor para o indivíduo por causa de sua condição de satisfazer seus desejos.

No entanto é importante que não limitemos nosso conceito de produto a objetos físicos. O ponto mais importante de um produto é o serviço que ele presta. Um bem físico é simplesmente um modo físico de se embalar um serviço. Um batom não é comprado por ele próprio, mas pela esperança de embelezar. Uma broca elétrica não é adquirida senão pela necessidade de se fazer um buraco. Um produto, na realidade, nada mais é do que um instrumento para resolver um problema.

De alguma forma, todas as empresas utilizam-se da logística para comercializar seus produtos e serviços. Quando, por exemplo, adquirimos produtos na Internet ou pelo telefone, a velocidade de resposta da empresa tem que ser muito grande, para que o consumidor não se arrependa do seu pedido. O varejo ou o mercado eletrônico se preocupam muito com as faltas em seus estoques, mas vale destacar também que se fazem necessárias respostas rápidas a um aumento da demanda, pois a falta do produto ou o excesso de vendas no ponto de consumo ocasiona um efeito chicote em toda a cadeia de suprimentos a que o produto pertence. A Figura 1.3 ilustra o efeito chicote na cadeia de suprimentos, diante de problemas no abastecimento.

Figura 1.3 Amplificação de demanda na cadeia de suprimentos

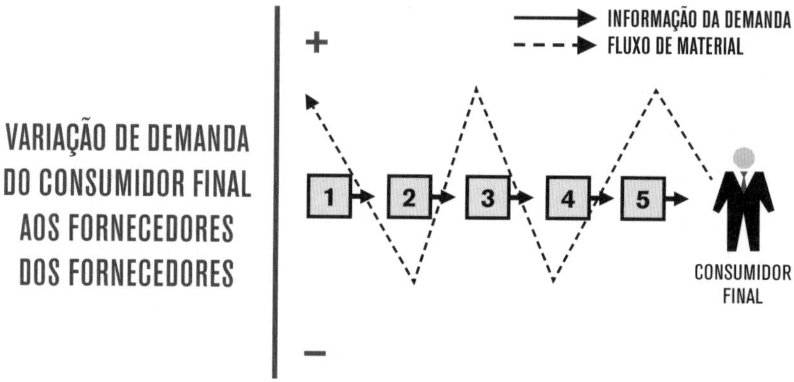

Fonte: adaptada de PIRES, 2004, p. 137.

Efeito Chicote: efeito que se dá em toda a cadeia de abastecimento devido a flutuações na demanda que surgem no final da cadeia (consumidor), sentida com maior intensidade no início da cadeia (fornecedores de matéria-prima). Esse efeito é causado pelo fato de, em cada uma das cadeias intermediárias, a mudança ser intensificada como resultado de ajuste nos estoques em relação à alteração de informações sobre mudanças no final da cadeia como uma grande influência no efeito de amplificação.

1.3 O desenvolvimento dos critérios do produto

Quando um consumidor ou um comprador (representando organizações) buscam adquirir um produto, o que eles esperam são soluções para os seus problemas, o que indica um aumento significativo no nível de exigência dos clientes expondo o produto a critérios competitivos. Paiva e colaboradores (2004, p. 44-45) afirmam que existem cinco critérios competitivos na área de operações que se relacionam à estratégia de negócios:

> **Custo:** quando a principal decisão se refere a produzir com margens de lucro maiores ou produzir grandes volumes com margens reduzidas.
>
> **Qualidade:** dos produtos oferecidos, ou de forma que seus produtos tenham desempenho superior ao de seus competidores.
>
> **Desempenho de entrega:** isto é, a relação estabelecida entre fornecedor e cliente. Uma das formas para a empresa competir com base em desempenho de entrega é ser capaz de mobilizar recursos para garantir o trabalho prometido, entregar dentro do prazo e corrigir rapidamente alguma eventual falha ocorrida. [...]
>
> **Flexibilidade:** [...] a empresa que compete com flexibilidade deve ser capaz de absorver rapidamente mudanças em lotes de produção não padronizados, bem como mudanças no tipo de produto a produzir. [...]
>
> **Inovação:** critério tradicionalmente definido como a habilidade da empresa em lançar novos produtos e/ou serviços em curto espaço de tempo.

Os **critérios competitivos** podem ser classificados como critérios ganhadores de pedidos ou critérios qualificadores.

Os **critérios qualificadores** devem estar em um patamar mínimo exigido pelo mercado, satisfazendo a um padrão de desempenho e sendo definidos por um nível mínimo necessário para participar de uma concorrência.

O **critério qualificador** é o primeiro estágio que o produto atravessa, pois ele pode ser qualificado pelo cliente, mas ainda não venceu os produtos concorrentes que também foram qualificados.

Os **critérios ganhadores de pedidos** distinguem uma empresa em relação a sua concorrência, apresentando características que permitem a competitividade e a possibilidade de ganhar o mercado. Quando o cliente escolhe o produto, significa que esse produto ofereceu um critério ganhador de pedido.

A logística, dentro dos critérios qualificadores e ganhadores de pedidos, possui parcela importante na efetivação da estratégia desenvolvida para o produto.

Diante dos critérios competitivos, custo e desempenho de entrega, encontramos um exemplo claro de *trade-off* combatido pelas empresas.

Trade-off: análise ou troca compensatória, na sua forma básica. O resultado incorre em um aumento de custos em determinada área com o intuito de obter uma grande vantagem em relação às outras (em termos de aumento de rendimento e lucro). Uma relação de incompatibilidade, em que a melhoria de uma atividade necessariamente leva a uma perda em outra.

A integração das áreas colabora na promoção da necessidade de atender o cliente de maneira satisfatória aliada à capacidade da empresa em adotar os critérios competitivos nas proporções desejadas. Um exemplo (Moura et al., 2004, p. 237) da dificuldade de associarmos o custo com o desempenho de entregas podemos encontrar na formatação da estratégia de empresas distribuidoras que reduzem o número de armazéns, normalmente ocorrendo um aumento no custo do transporte, já que existe a necessidade de manter o mesmo nível de serviço; contudo, as despesas operacionais e de manutenção de estoques diminuirão.

A Figura 1.4 ilustra um modelo competitivo para a logística integrar os cinco critérios competitivos, oferecendo ao cliente rápida resposta diante das oportunidades de mercado disputadas pela empresa e pela concorrência.

Figura 1.4 Compatibilização dos critérios competitivos na logística

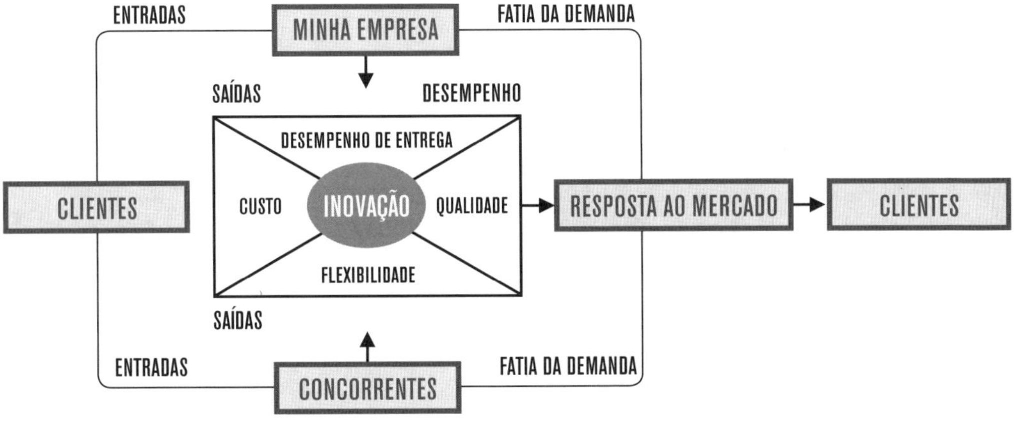

Fonte: adaptada de DORNIER, 2000, p. 93.

1.4 Programas de respostas rápidas ao desenvolvimento das operações entre clientes e fornecedores

Quando pensamos em logística, automaticamente associamos a sua importância ao serviço. A preocupação e o sucesso dos departamentos envolvidos visam à disponibilização do recurso e o pronto atendimento a todas as fases do processo produtivo dentro e fora das empresas.

As empresas, preocupadas em reduzir custos de produção e custos logísticos ao longo da cadeia de suprimentos e, ao mesmo tempo, reconhecendo a importância da manutenção da qualidade para com os seus produtos, a partir dessa visão sistêmica, deram lugar, ao longo das décadas de 1980 e 1990, a diversas iniciativas com propósitos semelhantes, dentre elas:

Programas institucionais

- *Efficient Consumer Response* (ECR)
- *Quick Response* (QR)

Procedimentos operacionais

- *Continuous Replenishment Program* (CRP)
- *Collaborative Planning, Forecasting, and Replenishment* (CPFR)
- *Vendor Managed Inventory* (VMI)

Conforme a Tabela 1.2, todos esses programas visam à criação e ao desenvolvimento de um conjunto de princípios e medidas (ou à estruturação conjunta de componentes e processos) necessários para viabilizar uma estratégia de otimização do tempo no fluxo de informações entre cliente-fornecedor.

Tabela 1.2 Ferramentas de respostas rápidas nas operações logísticas

FERRAMENTAS DE RESPOSTAS RÁPIDAS NAS OPERAÇÕES LOGÍSTICAS				
PROGRAMAS INSTITUCIONAIS	TRADUÇÃO	DEFINIÇÃO	VANTAGENS	DESVANTAGENS
Efficient Consumer Response (ECR)	**RESPOSTA EFICIENTE AO CONSUMIDOR**	Modelos estratégicos de negócios nos quais fornecedores e varejistas trabalham de forma integrada, visando melhorar a eficiência da cadeia logística e entregando maior valor ao consumidor.	• melhora na gestão da demanda; • melhor desempenho de entregas; • diminuição da depreciação e obsolescência dos estoques; • melhora da imagem da marca • coordenação eficaz de promoções e negociações.	• mudança de tradicionais paradigmas dentro das empresas. • grandes necessidades de convencimento, comunicação e educação dos envolvidos.
Quick Response (QR)	**RESPOSTA RÁPIDA**	Sistema de ligação de todos os elementos da cadeia de abastecimento, eletronicamente, podendo utilizar expedições diretas dos fornecedores para os usuários finais. Sistema para relacionar vendas finais no varejo às programações de produção e expedição com a cadeia de abastecimento. Emprega escaneamento no ponto de vendas e troca eletrônica de dados. Também pode usar expedições diretamente da fábrica.	• redução dos níveis de estoque; • melhoria nas programações de operações de produção; • menores ciclos de fases de armazenagem.	• elevado custo de implementação; • elevado custo do compartilhamento e manutenção do compartilhamento eletrônico de dados.
PROGRAMAS INSTITUCIONAIS	TRADUÇÃO	DEFINIÇÃO	VANTAGENS	DESVANTAGENS
Continuous Replenishment Program (CRP)	**PROGRAMA DE REPOSIÇÃO CONTÍNUA**	Constitui iniciativa de empresas para controle dos níveis de estoque e maior liberdade para determinação das políticas de ressuprimento.	• sincronização das empresas no desenvolvimento da gestão da cadeia de suprimentos	• fortes investimentos em EDI entre as empresas
Collaborative Planning, Forecasting, and Replenishment (CPFR)	**PREVISÃO, PLANEJAMENTO E REABASTECIMENTO COLABORATIVO**	Permite a comunicação aberta e segura, em tempo real, e apoia um conjunto de requisitos, possibilitando que fornecedores e clientes contribuam na geração de previsões e participem das etapas do processo para melhorar a acurácia.	• sólida relação entre as empresas envolvidas; • ciclos de atendimentos a pedidos mais previsíveis; • aumento no nível de serviço ao cliente; • redução nos custos de estoques e no geral.	• substancial investimento em tempo e em pessoas para preparar o processo • mudanças necessárias na cultura das empresas parceiras, ou seja, incremento de uma cultura de colaboração

Vendor Managed Inventory (VMI)	**ESTOQUE GERENCIADO PELO FORNECEDOR**	Sistema de parceria em que o fornecedor, por iniciativa própria, repõe de forma contínua os estoques do cliente com base em informações de estoque, obtidas via Internet ou por outros meios. Estratégia que permite que o fornecedor veja a disponibilidade de seu produto no cliente, eletronicamente.	• melhor gestão da demanda; • melhor conhecimento do mercado; • menor custo dos estoques e capital de giro; • melhor atendimento por parte do fornecedor; • simplificação da gestão dos estoques e das compras.	• custo do estoque mantido no cliente; • custo da gestão do sistema; • maior dependência do fornecedor; • perda do controle sobre seu abastecimento.

Fonte: adaptada de MOURA, 2004; PIRES, 2004.

1.5 Logística nas empresas

Como já comentamos neste capítulo, a logística está presente em todas as fases dos sistemas produtivos das empresas, mas sabemos que ela é facilmente representada dentro das empresas de maneiras diferentes. O profissional de logística, durante muito tempo, foi batizado com diversos nomes, como "o pessoal do estoque", "o cara do armazém" ou "a equipe do transporte". A realidade das operações logísticas vem mudando e hoje já está dentro das empresas.

O segmento ao qual o produto da empresa pertence selecionará a real necessidade de um formato para as operações de transporte, armazenagem e distribuição.

A logística, muitas vezes, aparece como entrave no desenvolvimento do produto ao longo da sua cadeia de suprimentos, pois cabe a ela o maior número de reprovações em cima de solicitações incompatíveis com a realidade da operação. Problemas comuns, que envolvem necessidade com capacidade de realização, um dos mais discutidos *trade-offs* dentro das empresas.

A logística avança nas empresas com a necessidade de não ser mais classificada como um departamento que apaga os incêndios, mas sim de caminhar para uma estratégia empresarial integrada, na qual o seu principal objetivo é apoiar as necessidades operacionais de compras, produção e atendimento às expectativas do cliente. A administração deve ser como um esforço integrado para atingir a satisfação do cliente pelo menor custo total. A logística realizada dessa maneira gera valor.

No ambiente empresarial de hoje, qualificar a logística de uma empresa depende do quanto a empresa está disposta a empenhar de seus recursos. Hoje, o fator limitador é econômico, e não tecnológico. Bowersox (2007, p. 26) exemplifica formas de excelência logística das quais considera como estratégia fundamental ter um desempenho melhor que o dos concorrentes, com uma boa relação custo-benefício. Por exemplo, um estoque exclusivo pode ser mantido em proximidade geográfica de um cliente importante. Uma frota de caminhões pode ser mantida em estado constante de prontidão para realizar entregas. Para facilitar o processamento de pedidos, podem ser mantidas comunicações dedicadas em tempo real entre um cliente e a operação logística de um fornecedor. Dado esse grau de prontidão logística, um produto ou componente pode ser entregue minutos depois do recebimento de uma solicitação do cliente. A disponibilidade é ainda mais rápida quando um fornecedor concorda em consignar estoques dentro das instalações de um cliente, eliminando a necessidade de realizar operações logísticas quando um produto é solicitado. A logística necessária para apoiar a consignação é realizada antes do surgimento da necessidade do produto por parte do cliente.

1.5.1 Processo de integração dentro das empresas

Quebrar paradigmas para promover a integração da logística em todas as fases da cadeia de suprimentos às quais a empresa pertence representa um dos principais desafios para o início de um fluxo de trabalho – que será aprimorado gradativamente e possibilitará às empresas garantir uma vantagem competitiva que dificilmente será logo alcançada pela concorrência.

As empresas devem definir métodos específicos de gestão e organização para tornar possíveis as integrações geográficas, setoriais e funcionais.

Integração geográfica

Em um mundo cada vez mais globalizado, as fronteiras geográficas estão perdendo a sua importância. A organização integrada permite que as empresas já não encarem a produção como específica para um país ou uma região, mas que a vejam em escalas maiores, atingindo diferentes mercados. Hoje, facilmente encontramos empresas que fabricam ou compram componentes em um país, os entreguem em outro para a montagem final e finalmente os vendem em um terceiro país. Em outras palavras, não é incomum que um computador de sua residência ou local de trabalho tenha sido desenvolvido nos Estados Unidos, fabricado na Ásia e comercializado na Europa.

A integração geográfica não está associada somente às novas ferramentas tecnológicas, mas também à evolução dos transportes. Promover a integração geográfica garante a exploração do melhor recurso e, consequentemente, dos melhores mercados para o seu produto.

Integração setorial

Em modelos tradicionais de desenvolvimento da cadeia de suprimentos, fornecedores, fabricantes e distribuidores trabalham de forma individualizada, preocupando-se, cada um, em realizar a sua operação logística, empurrando os produtos para a próxima célula do processo.

Os resultados insatisfatórios são percebidos ao longo da cadeia de suprimentos, na qual descontentamentos e custos elevados com operações logísticas são facilmente detectados. Com base nesses acontecimentos, as empresas começam a estender sua visão para fora do chão de fábrica, promovendo a cooperação além de suas fronteiras.

Para exemplificar integrações setoriais, podemos citar o compartilhamento de programas como o *Efficient Consumer Response* (ECR) no campo de produtos de consumo, ou – uma opção crescente no mercado – a contratação de operadores logísticos especializados na customização dos produtor para seus clientes. A logística eficiente entre os envolvidos na cadeia de suprimentos diminui os custos ao sistema total em que o produto está inserido.

Integração funcional

As responsabilidades de cada departamento podem ser desenvolvidas com a promoção da gestão do conhecimento entre outras áreas, o que permite a integração funcional. O departamento de pesquisa e desenvolvimento, ao optar por um tipo de embalagem, pode consultar a equipe de logística a fim de desenvolver uma embalagem que facilite a armazenagem e o transporte do produto, e o marketing quanto ao melhor design para o consumidor final. Ações desse tipo nas empresas permitem que os departamentos equalizem as dificuldades de cada um, promovendo particularidades que individualmente não conseguiriam. Certas influências também contribuem para economias em escala dentro do processo de criação até a distribuição do produto ao consumidor final.

Referências

BOWERSOX, D.; CLOSS, D.; COOPER, M. *Gestão da cadeia de suprimentos e logística*. Rio de Janeiro: Elsevier, 2007. p. 24.

Council of Logistics Management. Disponível no site do conselho, em: <http://cscmp.org>

COUGHLAN, A.; ANDRESON, E.; STERN, L.; EL-ANSARY, A. *Canais de marketing e distribuição*. Porto Alegre: Bookman, 2002.

DORNIER, P.; ERNST, R.; FENDER, M.; KOUVELIS, P. *Logística e operações globais*. São Paulo: Atlas, 2000. p. 82-83, 93.

KOTLER, P. *Marketing*. Edição compacta. São Paulo: Atlas, 1986. p. 31.

LOVISOLO, E.; PEREIRA, B.; POZZOLI, T. *Dicionário da Língua Portuguesa*. São Paulo: Nova Cultural, 1992. p. 269.

MOURA, R.; CARILLO, E.; BANZATO, E.; GASNIER, D. *Dicionário de logística*. São Paulo: Imam, 2004.

NETTO, Ronderley Miguel. *Custos logísticos*. Disponível em: <http://www.guialog.com.br/Y521.htm>. Acesso em: 05/09/2010.

PAIVA, E.; CARVALHO, J.; FENSTERSEIFER, J. *Estratégia de produção e de operações*. Porto Alegre: Bookman, 2004. p. 44-45.

PIRES, S. *Gestão da cadeia de suprimentos; conceitos, práticas e casos - Supply Chain Management*. São Paulo: Atlas, 2004. p. 137.

COLÉGIO SÃO FRANCISCO. *Territórios conquistados por Alexandre, o Grande*. Figura. Disponível em: <http://www.colegiosaofrancisco.com.br>. Acesso em: 14.01.2008.

TEXTO COMPLEMENTAR

A LOGÍSTICA NO VAREJO DE MÓVEIS

Tradicionalmente, quando se fala em logística, pensamos nas atividades de armazenagem e transporte, bem como no fluxo de informações que as cerca. A partir desse dado, já se pode concluir que a logística é algo presente em qualquer tipo de atividade comercial, pois a venda de uma mercadoria envolve a sua manutenção em estoque por determinado período de tempo e, posteriormente, o seu transporte do antigo proprietário para o comprador: para que isso ocorra de forma satisfatória é preciso que uma série de informações circule entre os agentes envolvidos, como prazos, formas de transporte, locais de armazenagem, identificação de prestadores de serviço (como as transportadoras) e, principalmente, custos. Dessa forma, diz-se que o comércio é possível graças à inteligência logística do comerciante, entre outros fatores. Sem essa inteligência – cujo resultado prático é a colocação das mercadorias nos locais onde são desejadas, na hora certa e a um custo aceitável –, de nada adiantariam o tino comercial e o esforço de marketing do comerciante.

Durante muito tempo a logística, embora vital, permaneceu em segundo plano nas empresas, principalmente as de varejo e notadamente no Brasil.

No varejo, as empresas industriais perceberam primeiro a importância dessa área, passando a dedicar-lhe atenção cada vez maior e, principalmente no Brasil, porque aqui, com a hiperinflação que durou vários anos, as ineficiências operacionais eram mascaradas pela desvalorização acelerada da moeda e pelos ganhos no mercado financeiro. Hoje, a logística é vista como uma área em ascensão nas empresas e na qual podem ser conseguidas reduções expressivas de custos.

Em muitos setores do varejo, como nas lojas de roupas, a logística da empresa, apesar de importante, não aparece de forma direta para o consumidor final, que, assim, não tem uma ideia formada sobre ela, somando essa avaliação ao conceito geral que faz da empresa. Entretanto, há outras áreas, como a de móveis, nas quais geralmente há a necessidade de entrega domiciliar, montagem e prestação de assistência técnica, nesses casos a logística, por ser visível para o cliente, é mais importante ainda.

É comum ouvir dos clientes avaliações e opiniões sobre a forma como ocorreu a entrega e montagem de determinado produto, ou ainda como foi sua experiência quando procurou a assistência técnica. Essas avaliações podem constituir um diferencial – positivo ou negativo – para as empresas, que devem estar conscientes de sua importância.

Uma das características da logística é o seu intenso relacionamento com praticamente todas as áreas da empresa, como a de vendas, finanças, RH e operações. No caso mencionado da entrega dos produtos e da sua influência no conceito geral da empresa, o relacionamento é com o marketing.

Além desses relacionamentos horizontais com as várias áreas, as decisões logísticas também têm profundidade, atingindo o nível estratégico. Decisões como a localização de depósitos, fábricas e lojas, ou definições do nível de serviço desejado e do nível de estoque ótimo têm forte impacto no desempenho da empresa.

A REPOSIÇÃO DOS ESTOQUES

Alguns setores do varejo já perceberam a importância da logística e vêm reestruturando suas operações na busca de maior eficiência e visando aumentar a satisfação de seus clientes. O setor de supermercados tenta implantar o ECR, que prega a integração entre todos o membros da cadeia de abastecimento por meio do compartilhamento de informações de vendas e dos níveis de estoque, a fim de que todos possam trabalhar com inventários menores, dentro da filosofia do *Just in Time.*

Essa estratégia, que reúne a disseminação das informações com o uso de tecnologia de informática (Internet, EDI) e o *Just in Time*, inverte o sentido do fluxo na cadeia de abastecimento, que passa a ser acionada não por uma pressão do fabricante, que precisa desovar seus estoques, mas sim por um pedido do varejista, que deseja repor suas mercadorias. Costuma-se dizer que passou de uma forma de trabalho *push* (empurrar) para uma *pull* (puxar).

Além dos supermercados, outros setores desenvolveram estratégias semelhantes: o setor de confecções, mais especificamente a norte-americana JC Penney, criou o *Quick Response* e o setor de alimentação fora de casa, o *Efficient Food Service Response*. É interessante notar que todas essas estratégias têm sua origem na ideia do *Just in Time* (trabalhar com o menor estoque possível), que foi adotada pelas indústrias japonesas de automóveis e lhes permitiu reduzir estoque em suas linhas de produção de várias semanas, ou mesmo meses, para algumas horas. Essa redução de custos, somada a outros fatores, permitiu que seus produtos se tornassem extremamente competitivos e ganhassem o mercado americano. Além do *Just in Time,* os novos modelos de gestão das operações também enfatizam o uso intenso de tecnologia de informática, para automatizar o relacionamento da empresa com seus fornecedores, agentes financeiros, transportadoras e clientes.

Do ponto de vista técnico, o maior entrave para a utilização dessas estratégias tem sido apontado como o alto custo da transmissão das informações que se encontram nos computadores das empresas. No entanto, deve-se lembrar que essa restrição tende a ser cada vez menor, pois, se antigamente a troca de dados entre as empresas requeria os serviços de uma Value Added Network (VAN), ou rede de valor agregado, considerados caros, atualmente a Internet apresenta-se como uma alternativa cada vez mais viável. A Internet torna-se viável tanto em função da oferta de programas para comunicação entre empresas, como pelo custo decrescente da própria utilização da rede.

As dificuldades mencionadas são típicas de um momento inicial e, como dissemos, alguns setores do varejo já estão reformulando suas operações, modernizando-se e passando a gerir seus estoques de forma mais eficiente. Esses setores indicam uma tendência que talvez possa ser resumida na ideia de "trocar estoque por informação" e no conceito da reposição de produtos a partir da venda.

O setor de móveis, por trabalhar com mercadorias de valor unitário relativamente alto e de difícil estocagem, é particularmente propício à utilização desses conceitos.

A adoção de uma estrutura de logística focada na informação, que permite ligar a frente da loja – e consequentemente o cliente – com o produtor, além disso, traria benefícios na área de montagem e assistência técnica, pois permitiria, de forma automatizada e menos sujeita a erros, receber solicitações de visitas e seu agendamento, registrar queixas e fornecer informações ao cliente. Em outras palavras, o relacionamento com o cliente cresceria muito, tanto quantitativa como qualitativamente, fornecendo elementos para aumentar a fidelidade dos mesmos.

Fonte: SIQUEIRA , J.P.L. de, *Revista Today Logistics & Supply Chain*, ano II, n. 11, dezembro 2006, p. 9-11.

2

TECNOLOGIA DA INFORMAÇÃO APLICADA À LOGÍSTICA

VISÃO DO CAPÍTULO

Neste capítulo é realizada uma abordagem sobre a importância dos sistemas de informação para as organizações e o papel da tecnologia de informação no contexto competitivo das empresas. São demonstradas algumas aplicações na gestão de processos logísticos e suas funcionalidades no que se refere ao apoio para a empresa.

A ideia principal é apresentar tecnologias e soluções com o intuito de desenvolver no leitor o esclarecimento e a visão crítica sobre essas aplicações. Espera-se, dessa forma, permitir que ele se ambiente com essas aplicações e desenvolva estudos mais aprofundados sobre as necessidades das empresas e os sistemas que possam fornecer suporte à manutenção do diferencial competitivo ou mesmo no nível de serviço requerido pelo mercado.

OBJETIVOS DO CAPÍTULO

- Apontar o papel dos sistemas de informação nas empresas e sua importância para a busca da competência necessária.
- Descrever o conceito de tecnologia de informação e sua importância para as empresas de atividade logística.
- Apresentar as soluções de tecnologia de informação e sua função nas operações de caráter logístico para as empresas.
- Apontar vantagens e desvantagens para as empresas no emprego de tais tecnologias e o intuito delas no apoio ao contexto competitivo dos negócios.
- Preparar o leitor para o aprofundamento de seus conhecimentos em áreas afins, subsidiando-o de dados e informações para a constituição de sua visão crítica.

2.1 Introdução

A aplicação de tecnologia da informação (TI) aos processos das organizações tem gerado um grande ganho no que tange a qualidade, desempenho e disponibilidade de recursos. Tais meios permitem que as empresas aprimorem e atendam sua demanda com maior eficiência e eficácia, gerando a ampliação dos resultados e o desenvolvimento de produtos, serviços e novos mercados de atuação.

Aspectos relacionados às atividades não podem mais ficar a cargo exclusivamente das pessoas, embora ainda sejam a parte mais importante de qualquer organização, porém devem constar de uma base de conhecimento e informações, que possibilitem novos desenvolvimentos e o aprimoramento das operações.

É muito difícil imaginar uma empresa que não faça uso da tecnologia de informações em seus processos; a busca pelo ganho de eficiência, redução de custos e qualidade dos produtos praticamente obrigam o mercado a fazer da tecnologia de informação seu maior aliado.

A aplicação dessas tecnologias tem permitido que as empresas redefinam seus mercados, produtos e serviços, além de oferecer o diferencial competitivo necessário às organizações em seu ambiente competitivo.

É importante ressaltar que a tecnologia sozinha jamais poderá organizar uma empresa sem antes serem revistos processos e sistemáticas de trabalho. A tecnologia pode ampliar os meios de controle, automatizar operações de rotina e auxiliar no gerenciamento dos resultados, embora seja imprescindível determinado grau de organização e sistematização dos processos da empresa.

Na logística, esses conceitos são plenamente aplicáveis, e as empresas de atividade logística têm feito pleno uso dessas tecnologias e de seus benefícios. A velocidade de resposta exigida pelo cliente e os impactos típicos das operações de serviços precisam ser constantemente aprimorados, sob o risco de o cliente buscar novas alternativas para o atendimento de suas necessidades.

Atualmente fica muito difícil conceber qualquer organização de atividade logística que não faça uso maciço das ferramentas de TI em seus processos, o que é absolutamente necessário para atingir a efetividade necessária para essas organizações em seu contexto competitivo.

2.2 A importância dos Sistemas de Informação e a TI nas empresas

A transformação tecnológica é um dos principais condutores da concorrência, afinal ela desempenha um papel importante na mudança estrutural da indústria, bem como na criação de novas indústrias. É também um grande equalizador, acabando com a vantagem competitiva até mesmo de empresas bem estabelecidas e instigando outras para a dianteira. Uma parte significativa das grandes empresas de hoje surgiu de transformações tecnológicas capazes de explorar, sendo que, de todas as coisas que podem modificar as regras da concorrência, a transformação tecnológica figura entre as mais proeminentes (PORTER, 1989).

A tecnologia de informação está fortemente estabelecida entre as organizações. É possível verificar nas empresas a dependência dos processos, decorrente das facilidades proporcionadas por várias de suas ferramentas. Segundo Laudon e Laudon (1999, p. 4) "Ninguém quer (ou sabe como) retardar o crescimento da tecnologia, pois ela é potencialmente benéfica".

A TI participa dos processos organizacionais na condição de um conjunto de elementos que auxiliam na obtenção de padrões elevados de confiabilidade das operações, possibilitando a automação das atividades de rotina, ganhos de produtividade e facilidades para a adaptação às frequentes mudanças demandadas pelo mercado. Observa-se, dessa forma, um mecanismo que induz as empresas ao processo de mudança, instigando-o ou motivando-o, que as tornam sujeitas do mercado e pressionadas por ele. Sobre isso, é possível observar o que é descrito por Wood Jr. (1995, p. 21): "Organizações de todos os tipos têm se deparado com cenários substancialmente modificados e significativamente mais dinâmicos que os anteriores. Essas mesmas organizações têm buscado firmemente a adaptação a esses novos cenários. Não há opção à mudança".

Da mesma forma que a tecnologia auxilia no processo de mudança diante das necessidades empresariais, ela também pode servir como propagadora e impulsionadora da mudança.

Para Mañas (2001, p. 93),

> "A pressão de novas tecnologias sobre o indivíduo no seu local de trabalho não é, de maneira alguma um fato novo. A história conta que avanços novos sempre têm forçado mudanças nas organizações e na sociedade (...) É no contexto institucional que as novas tecnologias se impingem sobre a natureza das tarefas, trazendo um descompasso entre trabalho e habilidades (...)".

Diante da dinâmica do mercado, a tomada de decisão deve ser realizada de forma cada vez mais precisa, e para isso os gestores necessitam da informação exata a fim de obter sucesso na operação.

O objetivo principal da TI está em garantir a qualidade do fluxo e agilizar a tomada de decisão, de informações, mas para isso deve atentar a alguns pontos, conforme diz Foina (2006, p. 31):

- estabelecer o conjunto de informações estratégicas;
- atribuir responsabilidades pelas informações;
- identificar, otimizar e manter o fluxo de informações corporativas;
- mecanizar os processos manuais;
- organizar o fluxo de informações para apoio às decisões gerenciais.

Diante do objetivo da TI, deve-se citar que a otimização do fluxo de informação impacta diretamente no nível de serviço oferecido ao cliente, uma vez que na maioria dos casos diminui tempo e custos dos processos.

O uso das informações é relevante quando elas reduzem custos operacionais e aumentam a eficiência nos processos; algumas características ou qualidades tornam as informações significativas e úteis para organização.

Já Laudon e Laudon (2007, p. 9) definem os Sistemas de Informação (SI) como

> "um conjunto de componentes inter-relacionados que coletam, recuperam, processam, armazenam e distribuem informações destinadas a apoiar a tomada de decisões, a coordenação e o controle de uma organização".

Mañas (2005, p. 47) afirma que "a empresa moderna fabrica menos produtos e mais informação". A informação tornou-se um recurso fundamental para o sucesso de uma organização, através dela é possível reagir aos problemas, antecipar ações, reduzir custos e aumentar a eficiência de uma empresa,

Para Oliveira (2002, p. 54), os benefícios dos SI são:

- redução de custos das operações;
- melhoria no acesso às informações, propiciando relatórios mais precisos e rápidos, com menor esforço;
- melhoria na produtividade;
- melhoria nos serviços prestados/oferecidos;
- melhoria nas tomadas de decisões por meio de informações mais rápidas;
- fornecimento de melhores projeções dos efeitos das decisões;
- melhoria na adaptação de empresa para enfrentar os acontecimentos não previstos.

Sistemas aumentam a confiança, a troca de informações, a competitividade e o valor dos produtos oferecidos. O propósito de um SI é habilitar a empresa a alcançar seus objetivos pelo uso eficiente dos recursos disponíveis, nos quais se inserem pessoas, matérias, equipamentos, tecnologia, além da própria informação.

Foina (2006, p. 9) relaciona os Sistemas de Informação com a tecnologia da informação da seguinte forma:

> Entendemos como Sistemas de Informação a integração de todos os recursos tecnológicos e organizacionais que manipulem (...) as informações em uma organização. Rigorosamente, devemos incluir, além das tecnologias computacionais (computadores, programas e sistemas), os equipamentos e serviços de comunicação de voz (...), imagens (...), vídeo e em papel (...). As tecnologias emergentes, oriundas da junção de várias outras (...), comprovam que a abrangência dos Sistemas de Informação é muito maior do que a limitada pelos recursos de processamento de dados tradicionais.

Cada organização precisa projetar e administrar cuidadosamente sua infraestrutura de TI, para que contenha o conjunto de serviços tecnológicos necessários para a função que se pretende desempenhar com os SI. O'Brien (2004, p. 27) entende que o sucesso de um SI não está apenas na sua eficiência em termos de minimização de custos, tempo e disponibilidade de recursos; o sucesso também está relacionado à eficácia da TI no apoio às estratégias da empresa, viabilizando processos e incrementando o valor da empresa.

Os investimentos em TI podem permitir à empresa a formação de relações valiosas com clientes, por meio de melhoras significativas na qualidade do atendimento, e com fornecedores, nas atividades de distribuição, coletas, vendas e manutenção. Graeml (2003, p. 89) afirma que "os custos das transações com os fornecedores pode ser drasticamente reduzido com os recursos disponibilizados pela tecnologia da informação".

É importante ressaltar que a Tecnologia da Informação não está isolada dentro da empresa, seus resultados só podem ser aferidos mediante o desempenho das demais áreas da empresa (administração, logística, marketing, vendas etc.). Oliveira (2007, p. 45) corrobora essa afirmação dizendo que, "por intermédio da TI, verifica-se, hoje, a interligação de vários sistemas produtivos por intermédio de mecanismos externos aos equipamentos". A Tecnologia da Informação precisa ser integrada e coerente com os objetivos e a missão da empresa, para que atinja o desempenho desejado.

2.2.1 Tecnologias de Informação aplicadas à logística

As tecnologias no processo logístico seguem as mais diversas aplicações, todas visando ao aprimoramento dos resultados para as organizações. É importante ressaltar que serão aqui tratadas uma diminuta gama de aplicações, quando comparadas com os recursos disponíveis para as empresas na busca do desenvolvimento de seu diferencial competitivo.

Os sistemas de informação organizacionais atuam como elos entre as atividades logísticas disponíveis em um processo devidamente integrado. Dessa forma, o uso da TI confere uma vantagem para as empresas que desejam diferenciar-se no mercado em que atuam e no contexto concorrencial no qual estão inseridas.

A informação sempre foi um elemento de vital importância nas operações logísticas. Porém, atualmente, com as possibilidades oferecidas pela tecnologia, ela tem proporcionado a força motriz para a estratégia competitiva da logística. A transferência e o gerenciamento eletrônico das informações permitem às empresas reduzir seus custos mediante a melhor coordenação. Além disso, possibilitam também a prestação de um serviço de maior qualidade, devido, principalmente, à melhoria da oferta de informações aos clientes.

Dessa forma, podemos citar três razões para justificar a importância de informações rápidas e precisas para sistemas logísticos mais eficazes. Em primeiro lugar, os clientes percebem que informações sobre a situação do pedido, disponibilidade de produtos, programação de entrega e faturas são elementos necessários do serviço ao cliente. A segunda razão relaciona-se ao uso da informação para reduzir o estoque e minimizar as incertezas em torno da demanda. Finalmente, a informação aumenta a flexibilidade e permite identificar os recursos que podem ser utilizados para que se obtenha uma vantagem estratégica (Fleury, 2000).

2.3 Sistemas de diagramação de carga (montagem)

Uma das tarefas mais árduas para as organizações de transporte refere-se à montagem da carga em equipamentos de transporte. Essa atividade é, na maioria das vezes, realizada à margem do conhecimento dos operadores responsáveis pela arrumação da carga nos equipamentos.

O arrumador de cargas deve ter seu mérito reconhecido, porém devemos observar que essa atividade, intuitivamente, acaba ampliando os gastos, com o baixo aproveitamento dos equipamentos, uma vez que não se coloca apenas como problema o posicionamento da carga no equipamento, visando aperfeiçoar o carregamento, mas devemos salientar a importância da distribuição da carga quanto ao centro de gravidade do equipamento e os índices de fragilidade. Sem contar o sequenciamento das entregas de mercadorias, no caso de distribuição compartilhada.

O uso dos diagramadores permite o ganho de aproximadamente 25% da capacidade dos equipamentos, além de minimizar as perdas por retrabalho e avarias das mercadorias transportadas.

Na verdade, sua função aponta para a otimização da montagem da carga no contenedor (equipamento), visando ao máximo aproveitamento e segurança das mercadorias em trânsito. A seguir, serão demonstradas algumas características desses sistemas e sua aplicação no transporte de mercadorias, conforme o próprio representante do sistema no Brasil:

- agiliza o processo de carregamento com base no planejamento;
- permite a mecanização do sistema de arrumação de carga;
- emite relatórios de acompanhamento e gerenciamento das cargas;
- permite customização de acordo com as necessidades das organizações;
- permite a gestão da informação por meio de digitalização;
- auxilia na unitização das mercadorias;
- aumenta o controle dos custos;
- garante a integração com os demais sistemas da empresa;
- pode ser utilizado com colaboração em rede;
- reduz o custo das operações de planejamento e montagem da carga;
- permite um uso racionalizado dos recursos de armazenamento e transporte;
- minimiza avarias em função da montagem das cargas;
- define o melhor equipamento e realiza a montagem e desmontagem virtual com sistemas de arraste e simulações.

A principal limitação de sua aplicação reside na padronização das mercadorias a serem destinadas, o que pode incorrer em um grande número de operações de cadastro tanto dos equipamentos como das mercadorias.

Figura 2.1 Diagramador de cargas: MAXLOAD PRO

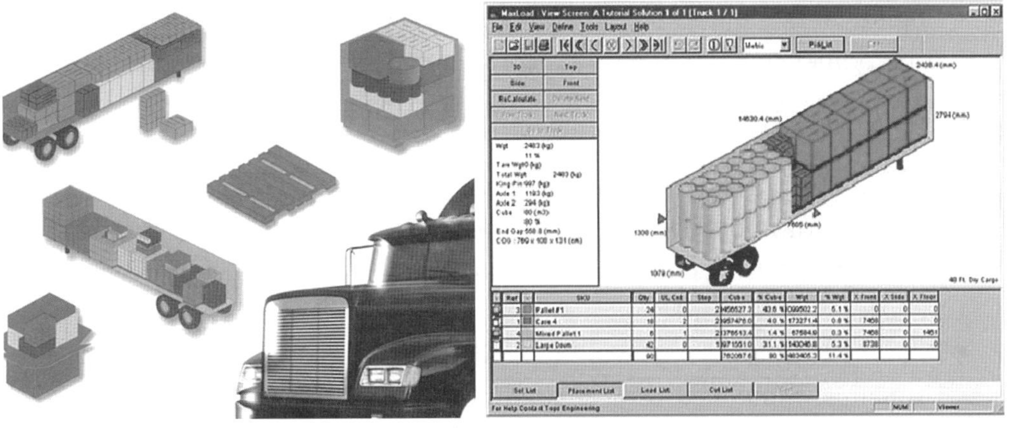

Fonte: Startrade, 2010.

2.4 Sistemas de Planejamento de Recursos Empresariais (ERP)

São sistemas de uso das organizações que permitem a gestão dos processos de forma integrada nas diversas funções agregadas ao negócio. Podem ser definidos como pacotes de software ou de sistemas integrados com recursos de automação e informatização, visando contribuir com o gerenciamento dos negócios empresariais.

Nos anos 1990, surgiu o *Enterprise Resource Planning* (ERP), um dos programas mais importantes para a gestão empresarial, o qual é uma arquitetura de software que facilita o fluxo de informações integradas, geralmente dividido em módulos que se comunicam e se atualizam em uma mesma base de dados. Tem a finalidade de dar suporte a todas ou à maioria das operações de uma empresa, dentre elas os departamentos administrativos, de manufatura, de distribuição, de recursos humanos e de gestão da qualidade (Bessa e Carvalho, 2005).

Torna-se importante ressaltar que o ERP pode ser visto como uma das mais avançadas tecnologias da informação de apoio à gestão, uma vez que possibilita a todos os níveis hierárquicos informações instantâneas que podem ajudar a empresa a ser mais dinâmica e, consequentemente, competitiva.

Como dito anteriormente, o sistema ERP integra diversos setores dentro da empresa, permitindo que os usuários enxerguem o que acontece nas outras áreas. Para realizar essa função, o ERP está dividido por módulos conforme o setor.

Segundo Chopra e Meindl (2003, p. 349) a definição de alguns destes módulos é a seguinte:

- **Finanças:** este módulo rastreia informações de finanças, tais como dados sobre receita e custo, por diversas áreas da empresa.
- **Logística:** este módulo é muitas vezes desmembrado em diversos submódulos que lidam com funções diferentes da logística, como transporte e gerenciamento de estoques e depósito.
- **Fabricação:** este módulo rastreia o fluxo de produtos pelo processo de fabricação, coordenando o que é feito, em que peça e em que momento.
- **Atendimento do pedido:** este módulo monitora o ciclo de atendimento de pedido inteiro, acompanhando o progresso feito pela empresa na satisfação da demanda.
- **Recursos Humanos:** este módulo lida com todas as tarefas de Recursos Humanos, como os turnos de funcionários.
- **Gerenciamento do fornecedor:** monitora o desempenho do fornecedor e rastreia as entregas de seus produtos.

Com base nas definições anteriores, torna-se importante ressaltar que, antes da implementação de um módulo ERP, a empresa deve especificar bem quais são suas necessidades, para que o sistema possa atender suas expectativas e trazer benefícios para o processo.

2.4.1 Vantagens e desvantagens do ERP

As principais vantagens do sistema ERP são:

- Os sistemas ERP oferecem um escopo mais amplo aos gerentes das cadeias de suprimento. Com um sistema ERP instalado, os gerentes têm disponibilidade de informações mais ampla com as quais tomam decisões que aumentam os lucros na cadeia de suprimento.
- Os sistemas ERP são bons para fornecer informações em tempo real, de forma que exista pouco atraso na comunicação de mudanças de uma parte da cadeia de suprimento a outras.
- Os sistemas ERP também são melhores que os sistemas legados no que diz respeito à utilização de tecnologias como a Internet para o compartilhamento de informações.

As desvantagens do sistemas ERP são:

- Os sistemas ERP ainda possuem capacidades analíticas relativamente fracas porque seu foco ocorre em nível operacional. Os fornecedores de ERP estão tentando ocupar a área superior do mapa de TI, mas isso é uma tarefa difícil porque o software para o nível de planejamento requer uma quantidade enorme de conhecimentos específicos para ser desenvolvido.

- Os sistemas ERP possuem a reputação de ser muito caros e de difícil implementação. Isso é particularmente verdadeiro quando os módulos padrão precisam ser customizados para adaptar processos diferentes de negócios. Existem histórias de empresas que perderam muito tempo e dinheiro na instalação do sistema ERP e, em seguida, a operação fracassou, sendo obrigadas a se desfazer do sistema inteiro e retornar aos antigos sistemas. Obviamente, existem grandes histórias de sucesso. Contudo, a instalação do sistema ERP realmente possui um elemento de risco.

Figura 2.2 Sistemas ERP

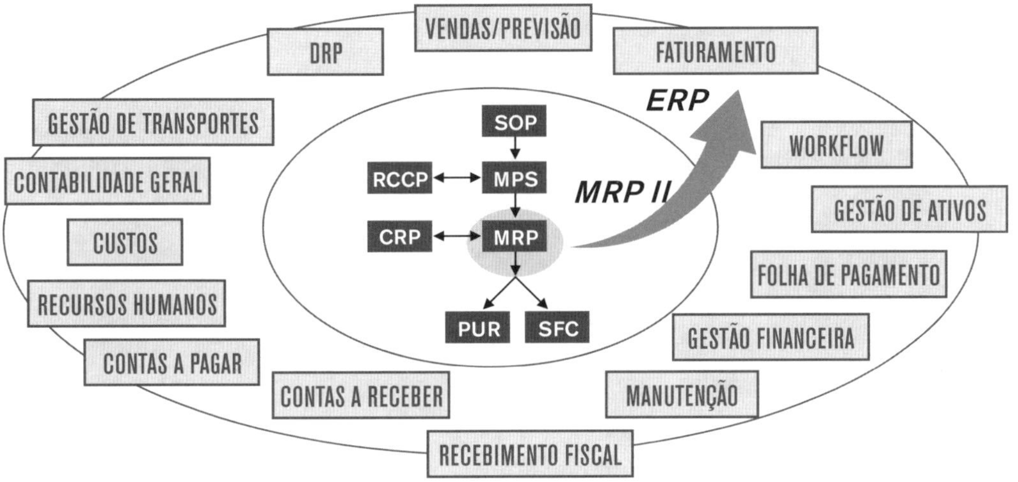

Fonte: Corrêa, Gianesi, Caon, 2001, p. 140.

Em resumo, vistas as vantagens e desvantagens oferecidas pelo sistema ERP, pode ser observado que a maior vantagem em se optar por um sistema integrado ERP está na agilidade da informação que ele proporciona na organização, sendo possível disponibilizar dados em tempo real. Porém a capacidade analítica desse tipo de sistema é baixa, tornando-os limitados a trabalhar com previsões.

Levantando a questão de que obter a informação no momento exato é o fator de maior peso para o mercado atualmente, o ERP torna-se uma forte ferramenta para garantir a competitividade das empresas.

2.5 Sistemas de pagamento eletrônico de frete e abastecimento

Uma aplicação que vem ganhando espaço nas empresas de operação logística, principalmente quanto aos operadores de transporte, corresponde ao pagamento eletrônico de frete. O mecanismo corresponde a um cartão eletrônico, o qual recebe um valor de crédito, como um equipamento pré-pago, e acaba sendo utilizado para pagamento de despesas durante o trajeto.

Esse sistema oferece às empresas a vantagem de não ter de disponibilizar numerário (dinheiro) aos operadores, o que reduz o risco durante o percurso e ainda permite, caso o operador não utilize todo o valor, o reembolso do crédito ao final da viagem.

Atualmente, diversas empresas – operadoras de cartões de crédito, distribuidoras de combustível e até empresas prestadoras de serviço –, têm se especializado nessa atividade e oferecido produtos com esse perfil.

Algumas empresas oferecem vantagens quanto a esse recurso, como a localização e o monitoramento do veículo na passagem pelos pontos de apoio/abastecimento por meio do site do operador. Tal informação pode ser formatada e disponibilizada ao cliente, aumentando os diferenciais fornecidos no processo de transporte.

Entre as principais vantagens, é possível citar: maior controle financeiro no pagamento de créditos aos motoristas e operadores, previsibilidade no processo, redução dos riscos de assalto – tanto na empresa como do operador no percurso –, monitoramento do operador durante o percurso, com pontos de apoio, tempo de trajeto e consumo de combustível em cada trecho, o que, para empresas que possuem frota própria, torna-se muito vantajoso.

Uma variação desse sistema é a instalação de um equipamento no veículo que reconhece o momento para o abastecimento e transfere os dados para a central – fornecedor, posição, informações gerenciais e de ordem financeira para o gestor da frota.

A seguir, é apresentada uma figura relacionada a essa modalidade de serviço.

Figura 2.3 Sistemas de abastecimento eletrônico e gestão de frete

Fonte: TicketCar, CTF e Repom, 2010.

2.6 Sistemas de identificação por código de barras

O código de barras pode ser definido como

> uma representação gráfica por meio de determinado valor ou de uma sequência de dados, os quais permitem condições que podem ser numéricas ou alfanuméricas, em função do código de barras empregado.

Essa representação é realizada por intermédio de uma sequência de barras e espaços que seguem uma lógica determinada.

A decodificação (leitura) dos dados é realizada por um aparelho chamado *scanner* (coletor), que, utilizando-se da emissão de um raio de luz (*laser*), converte a representação em dados compreendidos pelo computador, que por sua vez os converte em letras ou números legíveis para o ser humano.

Apesar das constantes mudanças, o sistema de identificação por código de barras ainda vai prevalecer por um bom tempo. Seus principais atrativos partem da facilidade de implantação e do baixo custo de operação, pois, uma vez adquiridas as tecnologias de leitura ótica e impressão (o que representa o maior investimento em recursos físicos), sua operação torna-se bastante acessível. A maior tarefa talvez seja manter o cadastro de produtos bem organizado e atualizado.

Existem diversos padrões associados ao código de barras, e o Brasil adota o sistema *European Article Numbering* (EAN).

2.6.1 Vantagens e benefícios do código de barras

O código de barras permitiu eliminar as operações comuns do passado, correspondentes à digitação dos preços das mercadorias. O processo de automação comercial, que trouxe o código de barras, acompanhou também diversas vantagens e desvantagens. Entre os primeiros, é possível destacar:

- mais rapidez e melhoria da segurança na coleta de dados;
- economia de tempo entre a entrada de dados, processamento e disponibilização da informação;
- minimização dos custos quando comparada à coleta manual de dados;
- redução de erros decorrentes da digitação de dados;
- melhoria do nível de serviço e redução de tempo para o consumidor
- dispensa a mudança de etiquetas para atualização de preços, uma vez que apenas é corrigido o arquivo de dados do sistema.

Entre as desvantagens, cabe citar:

- custo considerável de equipamentos para leitura e impressão;
- monitoramento para verificar a qualidade de leitura e impressão dos códigos de barra;
- cuidado extra com produtos suscetíveis a danos físicos à superfície da etiqueta/área contendo o código, ocasionando erros de leitura.

Figura 2.4 Coletores de dados e código de barras

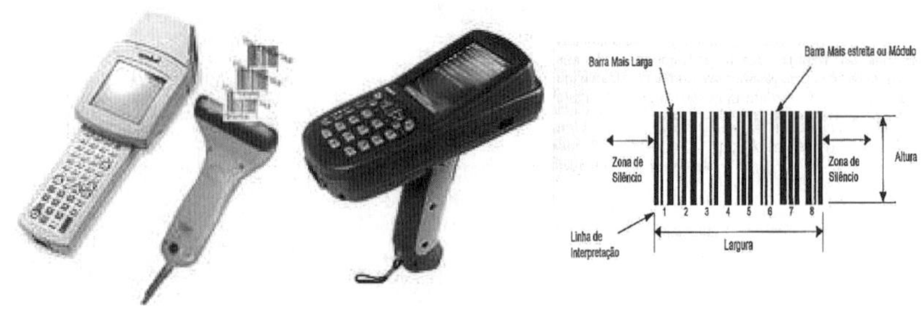

Fonte: GSI Brasil, 2008.

2.7 Sistemas de identificação por radiofrequência (RFID)

A tecnologia RFID é a abreviação de *Radio Frequency Identification* – identificação por meio de radiofrequência –, por meio da qual, diferentemente dos sistemas de código de barras, a leitura não é realizada por intermédio da luz, e sim por frequência de rádio.

Uma das características do RFID é a possibilidade de leitura com os objetos em movimento, o que permite seu uso no processo produtivo sem a necessidade de interferências.

Essa tecnologia facilita o controle do fluxo de produtos por toda a cadeia de suprimentos de uma empresa, permitindo seu rastreamento desde a fabricação até o ponto final da distribuição. São utilizadas Etiquetas Inteligentes – etiquetas eletrônicas com um microchip instalado – que são colocadas nos produtos. Esses produtos podem, assim, ser rastreados por ondas de radiofrequência por meio de uma resistência de metal ou carbono como antena.

As Etiquetas Inteligentes permitem o armazenamento de informações que podem ser enviadas por transmissores. Elas respondem a sinais de rádio de um transmissor e enviam de volta informações quanto à sua localização e identificação.

O microchip envia sinais para as antenas, que recebem as informações e os enviam para leitoras especiais, passando posteriormente por uma filtragem de informações, permitindo, assim, a comunicação com diversos sistemas da empresa, dentre eles o Sistema de Gestão (ERP), Sistemas de Relacionamentos com Clientes (CRM), Sistemas de Suprimentos (SCM), Sistema de Identificação Eletrônica para Animais, entre outros.

Desse modo os softwares podem localizar instantaneamente os estoques e mercadorias, as informações referentes a valor, o prazo de validade, a identificação do lote, enfim, uma gama de informações que diminuem o processamento dos dados sobre os produtos quando encontrados na linha de produção, por exemplo.

Entre os componentes da tecnologia RFID podem ser descritos: Antena, Transceiver (com decodificador) – um leitor que emite sinais de radiofrequência em diversas direções, lidos pela etiqueta, que responde com seu conteúdo de memória – e Transponder (chamado de RF Tag ou apenas Tag) – composto de antena e microchip. Os Transponders ainda podem ser classificados em duas categorias: Ativos e Passivos; os primeiros são alimentados por uma bateria interna e permitem processos de escrita e leitura, já os Tags Passivos apenas leem e são usados para curtas distâncias.

2.7.1 Vantagens e desvantagens do uso do RFID

Para Bernardo (2004), as vantagens da tecnologia RFID são:

- capacidade de armazenamento, leitura e envio dos dados para etiquetas ativas;

- detecção à distância da leitora para o reconhecimento dos dados;
- durabilidade das etiquetas com possibilidade de reutilização;
- redução de estoque;
- contagem instantânea de estoque, facilitando os sistemas empresariais de inventário;
- precisão nas informações de armazenamento e velocidade na expedição;
- localização dos itens ainda em processos de busca;
- melhoria no reabastecimento com eliminação de itens faltantes e aqueles com validade vencida;
- prevenção de roubos e falsificação de mercadorias;
- coleta de dados animais ainda no campo;
- processamento de informações nos abatedouros;
- otimização do processo de gestão portuária, permitindo às companhias operar muito próximo da capacidade nominal dos portos.

Entre as desvantagens, o autor considera:

- custo elevado da tecnologia RFID em relação aos sistemas de código de barras;
- o uso em materiais metálicos e condutivos pode comprometer o alcance de transmissão das antenas;
- a padronização das frequências utilizadas para que os produtos possam ser lidos por toda a indústria, de maneira uniforme;
- a invasão da privacidade dos consumidores por causa do monitoramento pelas etiquetas coladas nos produtos.

Figura 2.5 Modelo de funcionamento do sistema e etiquetas de RFID

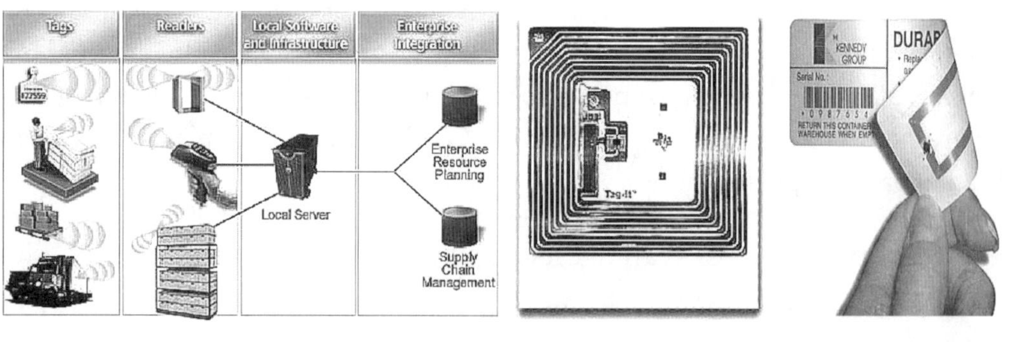

Fonte: GS1 Brasil, 2008.

2.8 Sistemas de troca eletrônica de dados (EDI)

O estabelecimento dos sistemas de informação interorganizacionais melhoraram a dinâmica dos negócios por meio do fornecimento oportuno do compartilhamento das informações. Nesse contexto, uma das ferramentas mais difundidas é o EDI, abreviação de *Eletronic Data Interchange* ou, em português, Intercâmbio Eletrônico de Dados, que é uma troca eletrônica de dados entre parceiros de uma mesma cadeia de suprimentos.

De acordo com Laudon e Laudon (2007, p. 275) o EDI pode ser conceituado como:

> "uma tecnologia chave para o comércio eletrônico porque permite a troca entre computadores de documentos padrão de transações como faturas, conhecimentos de embarque ou pedidos de compra em duas organizações".

O EDI é uma ferramenta que viabiliza a troca de documentos comerciais eletronicamente, ou seja, dados e informações manipulados pelas empresas são transferidos, de forma eletrônica, diretamente dos seus computadores para os computadores de seus parceiros comerciais, onde são automaticamente tratados e adaptados ao sistema sem qualquer redigitação, garantindo, assim, a fidelidade dos dados e possibilitando diminuir a quantidade de erros e o volume de papel, ao mesmo tempo que aumentam a eficiência e a rapidez na comunicação entre os parceiros comerciais. Esse procedimento simplifica os processos comerciais e logísticos, assim como o trabalho de mantê-los funcionando e sem erros.

Stair e Reynold (2002, p. 193) afirmam que:

> O EDI compreende a comunicação de dados num formato padrão entre aplicações de diferentes empresas, permitindo ao destinatário executar as funções de uma transação padrão da empresa de origem [...] utiliza sistemas de redes e segue padrões e procedimentos, de modo que, no processamento, a saída de um sistema representa a entrada para outros sistemas sem intervenção humana.

O transporte das informações é feito geralmente por prestadores de serviços chamados *Value Added Netwoks* (VAN's), que devem manter caixas postais seguras, garantir a integridade das mensagens, fornecer softwares que façam a comunicação com o servidor de caixas postais aos usuários e criptografar as mensagens em alguns casos (Bueno, 2002, p. 17).

De acordo com Ângelo e Silveira (1997, p. 21) as mensagens EDI podem ser caracterizadas pelos seguintes padrões:

> Há diversos padrões de uso atualmente, podendo ser citados o ANSI X12 (amplamente adotado na América do Norte) ou EDIFACT, definido pela ONU, utilizado em diversos países do mundo e considerado como o padrão que está se tornando predominante nas atividades comerciais, internacionais. No Brasil, o padrão EDI oficial é o EDIFACT, adotado pela Associação Brasileira de Normas Técnicas (ABNT).

Além dos padrões de comunicação ASCX.12 criado pelo comitê de padronização americano e o UM/EDIFACT criado pela Nações Unidas para a administração, comércio e transporte, há também padrões específicos para determinados segmentos de mercado, como supermercadistas e transportadoras (Bowersox e Closs, 2001, p. 203):

> UnifoSoftwareCommunication Standarts (UCS) – supermercados
> Voluntary Inter-Industry Communication Standards Committee (VICS) – atacadistas
> Warehouse Information Network Standards (WINS) – operadores logísticos
> Transportantion Data Coordinating Committee (TDCC) – transportadoras

O EDI é usado para integrar empresas em uma cadeia de suprimentos ou parceiros comerciais para facilitar suas transações. O uso desta TI exige que sejam criados padrões a fim de auxiliar a compreensão dos dados que circulam entre as empresas.

2.8.1 Vantagens e desvantagens do uso de EDI

Segundo a GS1 Brasil (2008), os benefícios do EDI são:

- redução de custos: a redução significativa na operacionalização de informações resulta em economia imediata, em custos administrativos e com o pessoal;
- ganho de eficiência: significativa redução no volume de transações em papel com ganhos imediatos no custo operacional;
- agilidade: grandes volumes de informações comerciais podem ser trafegados de um computador para o outro em poucos minutos, permitindo respostas rápidas e redução nos prazos de entrega, o que garante, assim, a satisfação do cliente;
- eliminação de erros: o EDI elimina os inevitáveis erros resultantes da entrada manual dos dados;
- aumento da produtividade: o EDI é o principal componente nos elos entre cliente, fornecedor e transportador, pois permite o controle e melhor manejo das necessidades de produção, de compras e de entregas.

O uso de EDI também implica alguns pontos que podem ser considerados desvantajosos, como aborda Bowersox e Closs (2001, p. 203): "o uso de EDI tem duas desvantagens: um conjunto padronizado de informações abrange as necessidades de todos os usuários, portanto é complexo e não apresenta vantagens competitivas, pois pode ser copiado pelos concorrentes".

Para Marcovitch (1997, p. 50), outras barreiras a serem vencidas são as exigências, por vezes inflexíveis, do parceiro comercial inicial e a falta de outros parceiros dispostos a usar o EDI. Isso ocorre com maior frequência quando a iniciativa em adotar essa tecnologia parte dessas empresas, mas seus parceiros comerciais são empresas maiores.

Portanto, o êxito na utilização do EDI está associado à consistência da sua aplicação com as estratégias tecnológicas e de negócios da empresa; para tanto, torna-se necessário que seus usuários passem a aceitá-lo e comprometam-se com os resultados a serem atingidos, buscando, além do domínio de sua aplicação, um claro entendimento dos seus objetivos.

2.9 WebEDI

A WebEDI é um meio de integrar ao EDI quem processa um baixo volume de documentos de negócios por meio da Internet. Sua principal meta é habilitar as pequenas empresas a participar do EDI com apenas um browser (aplicativo para visualização de páginas da Internet) e uma conexão à Internet. O uso de EDI nas organizações exige hardware específico para esse tipo de transação. Esse hardware precisa ser compatível entre todos os elementos que estão interligados por essa tecnologia e pode ser adquirido por um VAN, entretanto, a tendência é a utilização de EDI baseado em linguagem de internet, como é abordado por Gomes e Ribeiro (2004, p. 170):

> Quanto à tecnologia e o ***hardware*** que farão parte do EDI a empresa pode optar por uma solução, ASP, onde ela aluga essa tecnologia e precisa ser compatível com o sistema de todas as empresas envolvidas. A solução mais comum hoje em dia, para EDI, é baseada em linguagem XML (de ***Xtensible Markup Language***), uma linguagem que deriva do HTML e é compatível com todos os computadores atuais.

Na interface Web, para as mensagens EDI, um dos parceiros, geralmente uma grande companhia, desenvolve ou compra WEB Forms (formulários padronizados contendo campos para preenchimento, necessários para transações comerciais) para cada mensagem EDI que ela aceita. Depois, customiza esses formulários de acordo com suas próprias necessidades. Quando instalados no Website, esses formulários tornam-se uma interface para o sistema EDI.

Os outros parceiros de negócios, tipicamente as pequenas empresas, conectam-se ao site utilizando a identificação de usuário e senha, selecionam e preenchem os formulários de seu interesse. O resultado é enviado para um servidor Web, que valida o processo interno e "empacota" os dados como uma mensagem EDI. A partir desse ponto, o dado é tratado normalmente como uma mensagem em formato padrão. Para suportar o caminho de volta (o envio da mensagem do servidor para os parceiros), as mensagens são convertidas para texto no e-mail ou para um formulário Web.

Turban e King (2004, p. 188) afirmam que a Internet pode ser utilizada com a mesma finalidade do EDI tradicional: "O EDI baseado na Internet é acessível à maioria das empresas do mundo. Ela pode ser usada para substituir ou suplementar o EDI".

Apesar de haver um consenso de que o futuro do EDI está atrelado à Internet, é também de comum acordo que em alguns casos há a necessidade de uma entidade – Exchange – que gerencie as transações de documento na Web, funcionando como uma espécie de auditor que dá a confiabilidade necessária à transação comercial (GS1 BRASIL, 2008).

A WebEDI integra principalmente empresas menores ao sistema de EDI, em que os formulários com os dados da mensagem são acessíveis através da Internet. A utilização da internet para efetuar negócios tem crescido muito nos últimos anos devido a seu fácil manuseio e acesso disponível em vários pontos do planeta, permitindo que seja utilizada para integrar fornecedores, clientes, filiais e outras organizações. Na figura a seguir, é apresentado o modelo de uma rede que utiliza o EDI tradicional e o WebEDI.

Figura 2.6 EDI Tradicinal + WebEDI

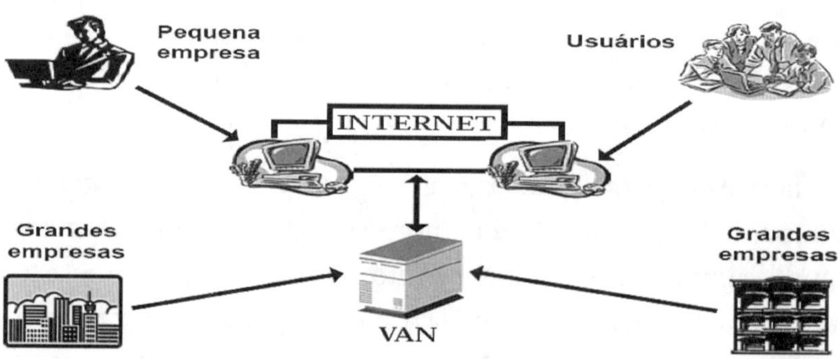

Fonte: GS1 Brasil, 2008.

2.10 Sistemas de gestão de armazéns (WMS)

Para as organizações, as operações de gestão de armazéns sempre foram bastante complexas para os controles existentes no passado. Com a ampliação da diversidade dos produtos e, consequentemente, o número de itens em estoque, as operações de armazenagem passaram a exigir uma ferramenta de TI que controlasse mais que a entrada, saída e localização física das mercadorias, mas também fornecesse agilidade à gestão do armazém ou centro de distribuição e permitisse a ampliação das operações sem o comprometimento do nível de serviço prestado.

Para Barros (2010), o WMS pode ser definido como:

> "(...) um sistema de gestão de armazéns e/ou CDs que otimiza todas as atividades operacionais (fluxo de materiais) e administrativas (fluxo de informações) dentro do processo de armazenagem, incluindo atividades como: recebimento, inspeção, endereçamento, armazenagem, separação, embalagem, carregamento, expedição, emissão de documentos e controle de inventário."

O WMS pode ser considerado um sistema que dá apoio às operações, mas ocupa seguramente uma condição estratégica, pois ele dá suporte às operações de atendimento da demanda, o que está diretamente ligado à imagem da empresa e seu nível de serviço.

Guarnieri e colaboradores (2006) afirmam que:

> A armazenagem envolve a administração dos espaços necessários para manter os materiais estocados na própria fábrica ou em locais externos (centros de distribuição). Essa atividade envolve localização, dimensionamento, arranjo físico, equipamentos e pessoal especializado, recuperação de estoque, projeto de docas ou baías de atracação, embalagens, manuseio, necessidade de recursos financeiros e humanos, entre outros.

Para Banzato (1998), os sistemas de WMS apresentam diversas funções para apoio às atividades do armazém, cabendo citar entre elas:

- programação e entrada de pedidos;
- planejamento e alocação de recursos;
- portaria;

- recebimento;
- inspeção e controle de qualidade;
- estocagem;
- transferências;
- separação de pedidos;
- expedição;
- inventários;
- controle de contenedores;
- relatórios;

Em função do sistema adotado, podem ser agregadas outras funções que complementam as citadas anteriormente, como:

- convocação ativa de mão de obra;
- controle de lotes;
- cálculo de embalagens a serem utilizadas para atendimento aos pedidos;
- gestão da mão de obra etc.

Entre as principais características de um WMS, é possível citar:

- facilidade de acoplar-se aos sistemas de gestão da empresa, o que permite que o WMS alimente o sistema de gestão da empresa;
- capacidade de administrar múltiplos locais de armazenagem (multiplantas);
- condições de administrar mercadorias de diferentes clientes simultaneamente, por exemplo de itens em consignação ou operação conjunta de diversos clientes (operador logístico);
- utilização de outras tecnologias, como coleta de dados por leitura ótica ou radiofrequência.

Entre os principais benefícios percebidos com a utilização do WMS, é possível citar:

- melhor aproveitamento do espaço por decorrência da boa gestão dos estoques;
- melhoria da confiabilidade do armazenamento, além da agilidade no resgate dos pedidos ao armazém;
- redução das perdas geradas pelo processo de armazenagem, como avarias, problemas de validade dos produtos ou manuseio;
- redução de erros, pois o processo acaba sendo informatizado e reduz a dependência do fator humano;

- ampliação da acurácia do estoque, reduzindo problemas de atendimento aos pedidos e níveis de estoque para a empresa;
- minimização do fluxo documental na empresa, uma vez que a informação acaba sendo digitalizada pelo sistema;
- redução da frequência dos inventários físicos por decorrência de mecanismos mais precisos de controle;
- compatibilização da carga de trabalho no armazém, pois o sistema pode auxiliar na gestão das equipes;
- melhor controle e gerenciamento da mão de obra disponível no armazém.

Barros (2005) aponta que, para que esses benefícios possam ser alcançados, há dois fatores fundamentais:

- comprometimento e apoio explícito da alta administração;
- uso de estrutura organizacional adequada à cultura e à situação do momento.

É importante ainda ressaltar que a implantação de um sistema WMS apresenta a mesma complexidade que qualquer outro sistema informatizado, porém acrescida das atipicidades da natureza das operações. Dessa forma, Barros (2005) aponta as seguintes fases:

- levantamento de dados específicos do armazém;
- identificação das interfaces;
- parametrização dos módulos ou sistemas envolvidos;
- definição dos menus ou perfil de CAD usuário;
- definição de relatórios necessários à gestão da operação;
- padronização e documentação.

Figura 2.7 Estruturas de operação dos sistemas WMS

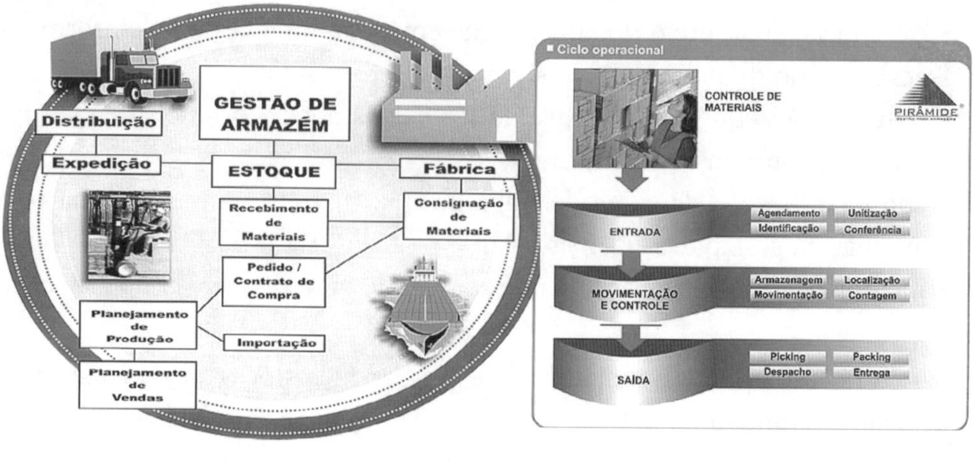

Fonte: Procenge,Figura Pirâmide, 2010.

2.11 Sistemas de gestão de transporte (TMS)

As operações de transporte representam grande impacto financeiro nas empresas. Estima-se que um terço dos custos logísticos esteja situado nesse processo, podendo chegar a dois terços quando apontamos produtos de baixo valor agregado, cujo frete passa a ter grande representatividade.

O intuito dos sistemas TMS (*Transportation Management System*) é apoiar as operações de distribuição das empresas, fornecendo condições mais competitivas por meio da boa gestão de seus recursos, cabendo ainda destacar a imensa complexibilidade, o volume de mercadorias movimentadas pelas organizações e a forte utilização de equipamentos (ativos) nesse tipo de processo.

O uso racional de tais recursos permite à empresa melhorar suas margens de lucro e ampliar a racionalidade na utilização de seus recursos, o que pode ainda aumentar a capacidade operacional disponível, sem representar novos investimentos em equipamentos ou infraestrutura na empresa.

Os sistemas de gestão de transporte são aplicados principalmente às funções de ordem operacional e de forma mais tímida no âmbito tático nas organizações, porém devem apoiar a estratégia e políticas definidas pela organização por meio da alta administração. Questões como nível de serviço e aspectos de custo devem sempre ser a vertente maior dos processos organizacionais.

Entre as diversas funcionalidades abordadas por um sistema TMS, Marques (2002) aponta três como suas possíveis divisões:

- monitoramento e controle dos processos;
- apoio à negociação e auditoria de frete; e
- planejamento e execução.

Sob essas funcionalidades é possível encontrar suporte para as mais diversas atividades do processo de transporte de cargas, citando-se entre elas: a gestão de frotas, na qual podem ser observados:

- controle e cadastro dos equipamentos, nos quais figuram suas características e limitações;
- controle da documentação: aspectos como taxas, impostos e boletins de ocorrência que possam figurar sobre os equipamentos e o licenciamento dos mesmos são apontados nessa atividade;
- controle da manutenção, elemento demasiadamente importante na operação, pois dela depende a confiabilidade dos equipamentos e sua efetiva taxa de falha. As manutenções corretivas, preventivas e preditivas figuram nesses elementos, além de questões como a garantia de peças e componentes aplicados aos equipamentos;
- controle de funcionários agregados às funções de transporte;
- controle de combustíveis e lubrificantes, realizando a avaliação individualizada dos equipamentos e evitando fraudes ou perdas não programadas para o processo;
- controle dos dados de condução do equipamento, dependendo do equipamento utilizado, pode representar desde o simples tacógrafo até a avaliação de dados referentes a softwares de monitoramento durante a condução do equipamento, geralmente gerados por tecnologia embarcada;
- controle dos operadores, indicando quais operadores estavam com qual equipamento, em determinada data e horário. Tal situação pode parecer simples, mas em certas ocasiões é necessário esse levantamento a fim de atribuir as devidas responsabilidades para eventos ocorridos em percurso.

Na gestão de fretes é possível destacar as atividades de:

- controle dos transportadores, rotas e taxas referentes a cada percurso, direcionando os prestadores de serviço mais competitivos para cada condição demandada pelo cliente;
- controle de tabelas e fretes, uma vez que as condições de negociação devem ser individualizadas a cada cenário observado no instante da contratação pelo cliente;

- simulações referentes ao frete projetado para determinada operação, uma vez que os dados disponíveis podem espelhar a realidade da empresa;
- avaliação dos fretes considerando diversos modais de transporte;
- suporte à definição de custos de frete para novas praças e o apontamento das condições mínimas necessárias para a negociação com o cliente.

Nas demais atividades de transporte, tem-se:

- apontamento de rotas mais adequadas para determinadas praças ou destinos: é importante frisar que tal funcionalidade depende de algoritmos complexos, que nem sempre são bem abordados pelos sistemas;
- controle do fluxo de informação por meio de EDI, fornecendo as informações necessárias para os interessados na operação (transportador, embarcador e destinatário);
- liberação de pagamentos e recebimentos, tal como saldo de frete ou possíveis reembolsos que devam ser realizados pela empresa ou pelos operadores/prestadores;
- conferência da documentação do processo de transporte;
- gerenciamento dos tempos de entrega junto dos clientes, uma vez que determinadas operações são regidas por multas e perda de participação em função da performance da prestação de serviço pelo transportador;
- reprogramações de entrega, uma vez que nem todas as entregas programadas são realizadas em função de condições que fogem ao controle da empresa, tal como acidentes, quebra de veículos, problemas de tráfego além do programado, entre outros;
- controle de funcionários e equipes de trabalho;
- planejamento e acomodação da carga no veículo;

Marques (2002) realiza ainda outra correlação entre as funcionalidades desempenhadas por um TMS e o nível de decisão a ela atribuído que pode ser vista na Figura 2.1.

Tabela 2.1 Relação entre funcionalidades de um TMS e os níveis de decisão

CATEGORIAS	FUNCIONALIDADES	NÍVEL DE DECISÃO
MONITORAMENTO E CONTROLE	Monitoramento de custos (valor orçado X valor gasto) e serviço *(OTIF - On time in Full)*	T/O
	Tracking e *Tracing*	O
	Controle do nível de utilização da frota	T
PLANEJAMENTO E EXECUÇÃO	Dimensionamento da frota	T/O
	Roteirização (Programação dos veículos e determinação de rotas em um ambiente dinâmico)	O
	Alocação Automática de carga por transportadora	O
	Consolidação de Carga	O
	Frete Retorno	T/O
	Emissão de Documentos de Embarque	O
APOIO À NEGOCIAÇÃO E AUDITORIA DE FRETE	Checagem dos Valores Cobrados e Pagos pelos Serviços de Transportes	O
	Gerar Relatórios para Auxiliar nas Negociações	T

- "E" para Estratégico, "T" para Tático e "O" para Operacional.
- Indicador de desempenho entre o total da demanda e o total atendido dentro da conformidade, em termos de disponibilidade de produtos e tempo de processamento e entrega.
- Informações de localização e rastreamento do veículo.

Fonte: Marques, 2002.

Dessa forma, o autor ainda aponta as seguintes vantagens com a aplicação de tecnologias de TMS:

- redução nos custos de transportes e melhoria do nível de serviço;
- melhor utilização dos recursos de transportes;
- melhoria na composição de cargas (consolidação) e rotas;
- menor tempo necessário para planejar a distribuição e a montagem de cargas;
- disponibilidade de dados acurados dos custos de frete mostrados de várias formas, como por cliente ou por produto;
- acompanhamento da evolução dos custos com transportes;
- disponibilidade de informações online;
- suporte de indicadores de desempenho para aferir a gestão de transportes;
- redução de rupturas no abastecimento junto dos clientes.

Figura 2.8 Diagrama e *workflow* do sistema TMS e-cargo

Gestão	Workflow				Resultados
Tráfego	Planejamento	Disponibilidade de frota / terceiros	Alocação	Acompanhamento	• Aumento da produtividade • Diminuição da ociosidade
	• Programação de Carga	• Painel de Gestão	• Reserva de veículo	• Painel de Gestão	
Operação	Negociação com Cliente	Emissão Documentação/EDI	Controle de Terceiros	Comprovante Entrega/Faturamento	• Apuração da Rentabilidade
	• Acordo Comercial	• Ordem de Coleta • CTRC	• Carta Frete • Manifesto • Relação de Entregas	• Fatura	
Frota como Unidade de Negócio	Apuração das Receitas	Manutenção	Consumo	Controle de Investimento	• Produtividade • Receita por veículo
	• Valor do CTRC • Valor do Recibo de Frete	• Ficha de Manutenção	• Controle de Abastecimento • Ficha do Pneu	• Ficha financeira do veículo	
Tracking	Planejamento	Coleta	Trânsito	Entrega	• Apuração da Eficiência • Apuração do nível de serviço
	• Carga Programada • Reserva	• Em coleta • Armazém Origem	• Em trânsito • Armazém intermediário	• Armazém Destino • Em entrega • Entregue	
	Tratamento de Pendências				

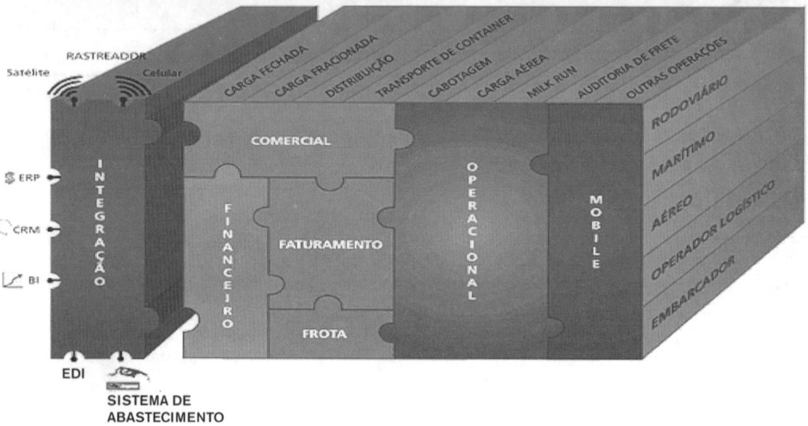

Fonte: Signa, 2010.

ESTUDO DE CASO

AUTOMAÇÃO DE PROCESSOS APLICADA AO PROCESSAMENTO DE PEDIDOS DE UMA EDITORA

Adriana Maria Vital e Enio Fernandes Rodrigues

O presente estudo de caso foi elaborado por meio de entrevistas e apontamentos de dados obtidos com os coordenadores de Logística e de Tecnologia da Informação da Editora.

Trata-se de uma empresa de comunicação (editorial, gráfica e multimídia), fundada em 1958 pelos jesuítas, que compreende um departamento editorial, um parque gráfico e multimeios equipados com moderna aparelhagem e tecnologia. Tem um quadro de 128 funcionários, alguns com formação de nível técnico e superior em escolas especializadas. Periodicamente, muitos deles passam por atualização junto dos fornecedores de equipamentos, matéria-prima e insumos.

O Processamento de Pedidos da editora é realizado pelo sistema manual e sem o auxílio da TI, o que requer bastante tempo e apresentou as seguintes falhas numa amostragem de dez pedidos de venda recebidos, como se pode observar na Tabela 2.2.

Tabela 2.2 Falhas ocorridas no Processamento de Pedidos sem uso de TI

FALHA	MOTIVO	QUANTIDADE
Separação errada.	Falta de código no produto.	5 itens trocados.
Erro na quantidade enviada.	Falha contagem manual.	3 pedidos enviados em quantidade menor.
Desgaste do separador por ter de andar muito.	Falta de informação no pedido.	Tempo de separação extenso.
Venda perdida.	Material no estoque não foi encontrado.	6 itens.
Alta devolução de material.	Falha na conferência manual.	2 pedidos enviados em quantidade maior.
Dificuldade no atendimento de prazos.	Não há padronização no atendimento de pedidos.	4 pedidos entregues com atraso.

Na editora, até 2005, o Processamento de Pedidos englobou as atividades apresentadas por Lambert e Vantine (1998, p. 518), que são: recebimento e entrada do pedido; processamento do pedido; resgate no estoque e embalagem; expedição do pedido e entrega e descarregamento no cliente. A tabela a seguir demonstra as atividades deste Processamento de Pedidos.

Tabela 2.3 Processamento de Pedidos da Editora

ATIVIDADE DO PROCESSAMENTO DE PEDIDOS	ATIVIDADE REALIZADA PELO SETOR DA EDITORA ATÉ 09/2005	ATIVIDADE REALIZADA PELO SETOR DA EDITORA APÓS 09/2005
RECEBIMENTO E ENTRADA DO PEDIDO	Receber pedidos via fone/fax e acertar pagamento com o cliente Setor: Emissão de pedidos	Receber pedidos via e-mail, verificar crédito e acertar pagamento com o cliente Setor: Emissão de pedidos

TRANSMISSÃO DO PEDIDO	Digitar e enviar o Pedido para o setor de Separação Setor: Emissão de pedidos	Transferir o Pedido para o RM, imprimir e enviar para o setor de Separação Setor: Emissão de pedidos
SEPARAÇÃO DO PEDIDO	Receber pedidos do setor de Emissão e separá-lo Setor: Separação de pedidos	Receber pedidos do setor de Emissão e separá-lo Setor: Separação de pedidos
CONFERÊNCIA DO PEDIDO	Conferir o Pedido separado mediante Nota Fiscal Setor: Separação de pedidos	Conferir o Pedido separado mediante Software (código de barras) Setor: Separação de pedidos
EMBALAR O PEDIDO	Depois de conferido, embalar o Pedido em caixas e identificá-lo com etiquetas Setor: Separação de pedidos	Depois de conferido, embalar o Pedido em caixas e identificá-lo com etiquetas. Enviar para o setor de Transportes/Correio Setor: Separação de pedidos
EXPEDIÇÃO DO PEDIDO	Realizar a entrega do Pedido ou chamar a Transportadora Setor: Separação de pedidos	Realizar a entrega do Pedido ou chamar a Transportadora ou Enviar pelo Correio Setor: Transportes/correios

A tabela e o gráfico a seguir demonstram os resultados obtidos na atividade de Processamento de pedidos fazendo uma comparação antes e depois da utilização da solução. Foi considerado, nesta medição, um pedido de mil livros de venda de um dos maiores clientes da editora.

Tabela 2.4 Resultado obtido após a aplicação da solução

ATIVIDADE DO PROCESSAMENTO DE PEDIDOS	GRUPO DE TRABALHO DA LOGÍSTICA	DURAÇÃO DA ATIVIDADE ANTES DO ERP	DURAÇÃO DA ATIVIDADE APÓS O ERP	TEMPO GANHO
RECEBIMENTO E ENTRADA DO PEDIDO	Emissão de pedidos	10 minutos	2 minutos	8 minutos/80%
TRANSMISSÃO DO PEDIDO	Emissão de pedidos	5 minutos	1 minuto	4 minutos/80%
SEPARAÇÃO DO PEDIDO	Separação de pedidos	2 horas	40 minutos	1h20min/67%
CONFERÊNCIA DO PEDIDO	Separação de pedidos	1h30min	20 minutos	1h10 min/78%
EMBALAGEM DO PEDIDO	Separação de pedidos	O sistema não impacta no tempo desta atividade	O sistema não impacta no tempo desta atividade	-
EXPEDIÇÃO DO PEDIDO	Transportes/correio	O sistema não impacta no tempo desta atividade.	O sistema não impacta no tempo desta atividade.	-
Tempo total do processamento de pedidos (sem contar o tempo de embalagem e de expedição do pedido)		3h45 min	1h3min	2h42m/72%

Tabela 2.5 Falhas detectadas após a implementação da solução

Falha	Causa / Correção / Contribuição da solução
(1) Falha: Falta de prioridade no atendimento de pedidos Mesmo após a implementação do RM, a fila de espera dos pedidos de venda continuava desordenada e alguns pedidos ficavam atrasados.	**Causa:** essa falha ocorreu porque não havia prioridade na ordem de atendimento dos pedidos. Os separadores atendiam primeiro o pedido que achavam conveniente.
	Correção: priorizar o atendimento dos pedidos por ordem de chegada ou de urgência.
	Contribuição da solução: na tela de pedidos a separar do RM, a visualização da ordem de chegada dos pedidos tornou-se mais clara. Dessa forma, decidiu-se por obedecer a essa ordem.
(2) Falha: possibilidade de conferir de forma errada a quantidade de itens do pedido Mesmo realizando a conferência pelo leitor do código de barras, havia a possibilidade de enviar para o cliente itens a mais ou a menos do que a quantidade pedida.	**Causa:** este erro poderia ocorrer por falta de treinamento do conferente, uma vez que ele poderia contar certa quantidade e digitar outra no sistema. **Correção:** o método corretivo aplicado a esta falha foi o treinamento do conferente antes de iniciar a atividade.
	Contribuição da solução: no final da conferência de pedidos, o software gera um relatório dos itens que faltam no pedido. Durante o processo de embalagem, começou-se a notar que itens que constavam no relatório estavam entre o material conferido. Assim, percebeu-se o erro que estava sendo cometido pelo conferente e medidas corretivas puderam ser tomadas.

Gráfico 2.1 Tempo total do processamento de pedidos antes e depois do ERP

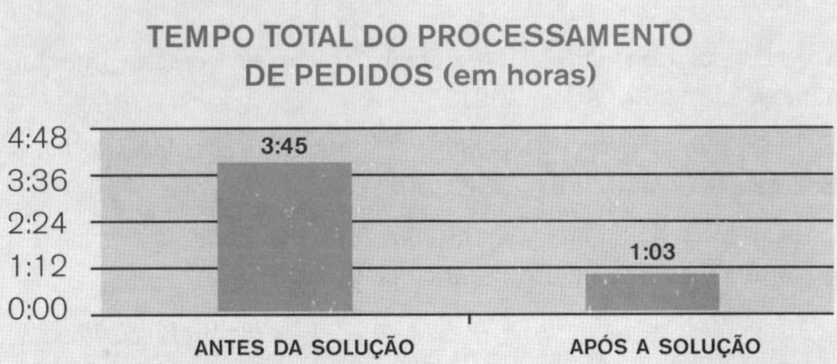

O tempo ganho com a utilização da solução no processamento do pedido de venda usado como exemplo foi de 2 horas e 42 minutos. O tempo total de processamento desse pedido foi reduzido em 72% aproximadamente.

Analisando o quadro e a figura anteriores, conclui-se que a utilização da solução trouxe um impacto positivo para o processamento de pedidos da editora, pois minimizou o tempo total da atividade logística.

A Tabela 2.5 apresenta as falhas detectadas após a implementação da solução na editora e as correções feitas.

As falhas no processo influem no tempo total do processamento de pedidos, e caso não sejam detectadas não podem ser corrigidas. A automação realizada através da implementação do sistema padronizou o processo, tornando-o mais ágil e facilitando a detecção de falhas e as possíveis correções.

Referências

ÂNGELO, Claudio Felisone; SILVEIRA, José Augusto Giesbrecht. *Varejo competitivo.* v. 2. São Paulo: Atlas, 2002.

BANZATO, E. WMS – *Warehouse management system:* sistema de gerenciamento de armazéns. São Paulo: IMAN, 1998.

BARROS, M. *WMS no gerenciamento de depósitos, armazéns e centros de distribuição.* ILOS 2010. Disponível em: <http://www.ilos.com.br/site/index.php?option=com_content&task=view&id=715& Itemid=74>. Acesso em: 18 jul. 2010.

BERNARDO, C. G. A tecnologia RFID e os benefícios da etiqueta inteligente para os negócios. UNIBERO 2004. Disponível em: <http://www.unibero.edu.br/download/revistaeletronica/Set04 Artigos/A%20 Tecnologia%20RFID%20-%20BSI.pdf>. Acesso em: 18 jul. 2010.

BESSA, M. J. C.; CARVALHO, T. M. X. B. Tecnologia de informação aplicada a logística. *Revista do centro de ciências administrativas,* Fortaleza, v. 11, n. especial, p. 120-127, 2005.

BOWERSOX, D J.; CLOSS, D J. *Logística empresarial:* o processo de integração da cadeia de suprimentos. São Paulo: Atlas, 2001.

BUENO, R. P. de A. *Análise de desempenho da transferência eletrônica de dados:* Perspectiva dos fornecedores. São Paulo: FEA–USP, 2002.

CHOPRA, Sunil; MEINDL, Peter. *Gerenciamento da cadeia de suprimento:* estratégia, planejamento e operações. São Paulo: Prentice Hall, 2003.

CORRÊA, H.; GIANESI, I. G. N.; CAON, M. *Planejamento, programação e controle da produção.* 4. ed. São Paulo: Atlas, 2001.

CTF. *Abastecimento inteligente.* 2010. Disponível em: <http://www.portalctf.com.br/institucional/>. Acesso em: 18 jul. 2010.

FLEURY, P. F. *A infra-estrutura e os desafios logísticos das exportações brasileiras*. 2000. Disponível em: <http:// www.ilos.com.br>. Acesso em: 27 out. 2008.

FOINA, Paulo Rogério. *Tecnologia de informação:* planejamento e gestão. 2. ed. São Paulo: Atlas, 2006.

GOMES, Carlos Francisco Simões; RIBEIRO, Priscilla Cristina Cabral. *Gestão da cadeia de suprimentos integrada à tecnologia da informação*. São Paulo: Pioneira Thomson Learning, 2004.

GRAEML, Alexandre Reis. *Sistemas de informação:* o alinhamento da estratégia de TI com a estratégia corporativa. 2. ed. São Paulo: Atlas, 2003.

GS1 BRASIL. *Práticas de e-commerce e EDI*. 2008. Disponível em: <http://www.gs1. com. br>. Acesso em: 27 out. 2008.

GUARNIERI, P.; CHRUSCIAK, D.; OLIVEIRA, I. L.; HATAKEYAMA, K. ; SCANDELARI, L.; BELMONTE, D. L. Warehouse Management System – WMS: adaptação proposta para o gerenciamento da logística reversa. *Produção*, v. 16, n. 1, p. 126-139, 2006.

JR., Thomaz W. *Mudança organizacional:* Aprofundando temas atuais em administração de empresas. São Paulo: Atlas, 1995.

LAMBERT, STOCK; James R.; VANTINE, José G. *Administração estratégica da logística*. São Paulo: Vantine Consultoria, 1998.

LAUDON, Keneth C.; LAUDON, Jane P. *Sistemas de informação:* com Internet. 4. ed. Rio de Janeiro: LTC, 1999.

________. *Sistemas de informação gerenciais*. 7. ed. São Paulo: Prentice Hall, 2007.

MAÑAS, Antônio Vico. *Administração de sistemas de informação:* como otimizar a empresa por meio dos sistemas de informação. 6. ed. São Paulo: Érica, 2005.

_____. *Gestão de tecnologia e inovação*. São Paulo: Érica, 2001.

MARCOVITCH, J. *Tecnologia de informações e estratégia empresarial*. São Paulo: Futura, 1997.

MARQUES, V. *Utilizando o TMS (Transportation Management System) para uma gestão eficaz de transportes*. ILOS 2002. Disponível em: <http://www.ilos.com.br/site/index. php?option=com_content &task=view&id=1100&Itemid=74>. Acesso em: 18 jul. 2010.

O'BRIEN, James A. *Sistemas de informação e as decisões gerenciais na era da internet*. 2. ed. São Paulo: Saraiva, 2004.

OLIVEIRA, Djalma de Pinho Rebouças. *Sistemas, organização e métodos:* uma abordagem empresarial. São Paulo: Atlas, 2002.

OLIVEIRA, Nélio. *Organizações automatizadas:* Desenvolvimento e estrutura da empresa moderna. Rio de Janeiro: LTC, 2007.

PORTER. Michael E. *Vantagem competitiva:* criando e sustentando um desempenho superior. 21.ed. Rio de Janeiro: Campus, 1989.

PROCENGE. *Gestão para armazéns (WMS):* Controle e integração das informações logísticas. 2010. Disponível em: <http://www.procenge.com.br/piramide_wms_00.php>. Acesso em: 18 jul. 2010.

REPOM. *Soluções logísticas*. 2010. Disponível em: <http://www.repom.com.br/corporativo/solucoes.htm>. Acesso em: 18 jul. 2010.

SIGNA. *Diagrama e workflow TMS e-cargo*. 2010. Disponível em: <http://www.signainfo.com.br/Signa New/diagrama_ecargo.asp>. Acesso em: 18 jul. 2010.

STAIR, Rauph; REYNOLD, George W. *Princípios de sistemas de informação:* uma abordagem gerencial. Rio de Janeiro: LTC, 2002.

STARTRADE. MAXLOAD-PRO: *Programa de planejamento, diagramação e otimização de cargas*. 2010. Disponível em: <http://www.startrade.com.br/software/maxload_tour.html>. Acesso em: 18 jul. 2010.

TICKET CAR. *Cartão para controle de frota*. 2010. Disponível em: <http://www.ticket.com.br/ comunidade/Empresas/TicketCar.aspx>. Acesso em: 18 jul. 2010.

TURBAN, Efrain e KING, David. *Comércio eletrônico:* estratégia e gestão. São Paulo: Prentice Hall, 2004.

WOOD JR., T. (Org.). *Mudança organizacional:* aprofundando temas atuais em administração. São Paulo: Atlas, 1995.

3

PLANEJAMENTO DA PRODUÇÃO

VISÃO DO CAPÍTULO

Neste capítulo vamos verificar o histórico dos processos industriais, sua importância para o gerenciamento da cadeia de suprimentos, principais técnicas e ferramentas de controle de produção. Verificaremos, também, a importância das etapas de transformação de produtos e a influência nos aspectos da competitividade nas empresas, como custos, tempo, qualidade dos produtos e flexibilidade.

OBJETIVOS DO CAPÍTULO

Ao final deste capítulo você estará apto a compreender os sistemas de produção e a integração desses sistemas à cadeia de suprimentos. Neste capítulo, vamos, também, responder às seguintes questões:

- O que produzir e comprar
- Quanto produzir e comprar
- Quando produzir e comprar
- Com que recursos produzir

3.1 Histórico dos processos industriais

Hoje em dia é impossível vivermos sem algo que não foi fabricado pelas mãos humanas; a vida em sociedade é o reflexo da transformação histórica dos processos industriais. Alimentos, habitação, transporte, vestimentas, equipamentos eletrônicos, equipamentos médicos, carros e telefones celulares são apenas alguns exemplos dos bens que utilizamos. Imagine, agora, viver sem esses bens; realmente é pouco provável que consigamos passar apenas um dia sem utilizar algo que foi fabricado, ou seja, algo que foi concebido sem a utilização dos processos industriais.

Desde o início da civilização, o homem buscou aplicar os conhecimentos que adquiriu para transformar um bem ou matéria-prima em outro bem com maior utilidade para seu cotidiano. Cada pessoa produzia as próprias ferramentas e produtos necessários para seu sustento. Com a evolução da vida em sociedade, as pessoas começaram a se especializar na produção e fabricação de determinadas ferramentas ou produtos. Esses especialistas, ou artesões, passaram a desenvolver técnicas cada vez mais apuradas para produzir produtos com maior qualidade e eficiência. Surgiram, então, as primeiras formas de produção organizada.

Historicamente, a primeira forma de produção industrial foi o artesanato (Figura 3.1), que surgiu no fim da Idade Média. Naquele momento, o produtor (ou artesão) possuía todo o meio de produção (instalações, ferramentas e matéria-prima), sendo que ele era responsável por todas as etapas de produção, seja sozinho em casa ou com a família. Naquela época, as principais matérias-primas eram as pedras e fibras animais e vegetais.

Figura 3.1 Trabalho do artesão

Fonte: Caxito, 2008.

À medida que as comunidades foram crescendo, os artesões foram desenvolvendo novos conhecimentos que possibilitaram aumentar sua produtividade. Contrataram ajudantes, que realizavam os trabalhos mais pesados e que exigiam menos conhecimentos técnicos. Esses ajudantes eram treinados, aprendendo com o artesão seu ofício.

Alguns fatos históricos auxiliam no entendimento da evolução dos processos artesanais aos processos industriais. Em 1776, o pensador escocês Adam Smith, em seu livro *A riqueza das nações*, procurou descrever o princípio de especialização dos trabalhadores e o conceito de controle. Algumas décadas mais tarde, em 1800, James Watt e Matthew Boulton descreveram os procedimentos padronizados de operação. Abordaram também as especificações, os métodos de trabalho e o planejamento da produção.

Segundo Maximiano (2002), a Revolução Industrial tem como origem dois eventos: o surgimento das fábricas e a invenção das máquinas a vapor, substituindo o artesão. A primeira máquina a vapor de que se tem notícia foi realizada em 1698 pelo inglês Thomas Newcomen, instalada na Grã-Bretanha — um motor a vapor tinha a função de esgotar a água em uma mina de carvão. James Watt, outro inglês, em 1765 aperfeiçoou o modelo de Newcomen, permitindo a utilização de máquinas a vapor nas indústrias da época, principalmente nas indústrias de tear. Vários conceitos implantados por James Watt em sua fábrica, tais como a padronização do funcionamento das máquinas, o planejamento detalhado das operações, a cronometragem dos tempos e dos movimentos realizados pelos operários, o pagamento de incentivos salariais relacionados à produtividade e os benefícios ao trabalhador, são utilizados até hoje.

Com o surgimento das novas fábricas à epoca, verifica-se o que alguns historiadores chamam de revolução social, que é um reflexo da revolução industrial. Essa revolução social é caracterizada pela migração da população — que até o momento, em sua grande maioria, vivia no campo — para a cidade. Essa população começou a trabalhar em fábricas como operários, vendendo sua força de trabalho em troca de um salário. Grandes capitalistas contratavam famílias de artesões e lhes entregavam matérias-primas e equipamentos necessários para a fabricação das peças. Os artesões recebiam por peça produzida. Esse tipo de produção ainda é utilizado, em especial na indústria de roupas, que utiliza o serviço de costureiras que realizam seu trabalho em casa.

Esse sistema apresenta uma série de problemas: o conhecimento das técnicas de fabricação contínua na mão dos artesões. O proprietário da matéria-prima e dos equipamentos também não podia controlar e determinar a produtividade e, portanto, não conseguia determinar quantas peças seriam fabricadas em determinado período de tempo. Como forma de evitar esses problemas, alguns comerciantes começaram a reunir os trabalhadores em galpões. Assim, podiam manter maior controle sobre o trabalho. Surgem então as primeiras fábricas.

Em 1819, Robert Owen, um industrial que atuava em uma indústria têxtil na Inglaterra, ao observar que os funcionários da fábrica trabalhavam e viviam em péssimas condições de higiene e moradia, após tornar-se sócio da empresa, iniciou um movimento baseado na filosofia utópica: melhorou casas, criou um armazém onde se podiam comprar mercadorias a preços baixos, promoveu um rígido controle do consumo de bebidas alcoólicas e fundou a primeira escola maternal instalada na Inglaterra. Owen foi o primeiro industrial a utilizar o conceito de cooperativas de trabalho. Essas cooperativas eram geridas pelos próprios funcionários, e eram usados vales correspondentes ao número de horas trabalhadas como dinheiro. Com o toque humanista dado por ele, devido ao tratamento diferenciado dado a seus empregados, os fios de algodão produzidos pela sua indústria tiveram melhora de qualidade e, consequentemente, seu lucro aumentou.

Tanto Watt como Owen foram figuras importantes para a construção das escolas de administração da produção, desenvolvidas no final do século XIX e no século XX. Em 1911, o engenheiro americano Frederick Taylor, após um estudo profundo dos processos de manufatura adotados pelas indústrias naquele momento, publicou *Os princípios da administração científica*, propondo a intensificação da divisão do trabalho, fracionando as etapas do processo produtivo, de modo que o trabalhador desenvolvesse tarefas ultraespecializadas e repetitivas. Esse conceito foi aplicado com sucesso em 1913, com Henry Ford em sua indústria automotiva.

O século XIX marca o início da área do conhecimento que aqui chamaremos de gestão de produção. Na literatura sobre o tema, encontramos também os termos "gestão de produção e operações", "administração de produção", "engenharia de produção" e outros. No início, os conceitos eram geralmente ligados apenas às indústrias, mas ao longo dos séculos XIX e XX a gestão de produção passou a incorporar também os aspectos ligados à produção de serviços, as redes de empresas que se relacionam em uma cadeia de suprimentos.

Nessa época, auxiliado pelo nascimento dos computadores, apareceram diversos conceitos e ferramentas para o planejamento e controle da produção e das operações, que ainda são utilizados atualmente e que vamos estudar neste capítulo.

3.2 Planejamento da produção

Seja em uma empresa de manufatura ou em uma empresa que presta serviços, para alcançar os objetivos traçados pela estratégia adotada, é necessário desenvolver planos para atingi-los.

Por meio dos planos, os gestores organizarão os recursos necessários para a ação, sejam eles humanos, de conhecimento ou físicos. É necessário, também, controlar a execução desses planos para a correção de possíveis desvios e também para identificar melhorias que possam ser implantadas, aumentando a eficiência do sistema. Na gestão da produção, esse processo é conhecido como Planejamento e Controle da Produção (PCP).

De uma forma geral, podemos identificar uma hierarquia para a realização dos planos da empresa, essa hierarquia é representada no esquema da Figura 3.2.

Figura 3.2 Fluxo de Planejamento

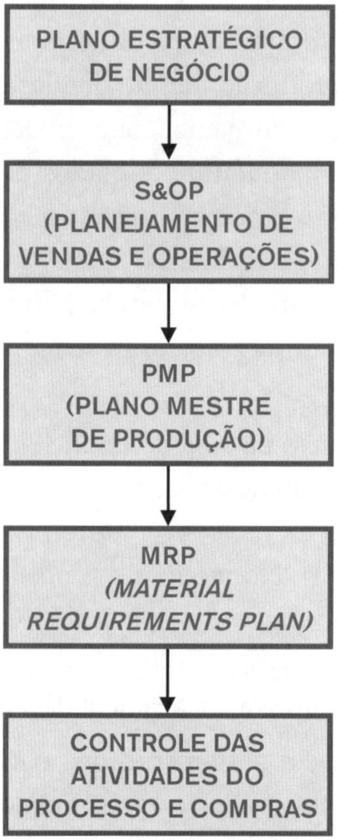

Fonte: adaptado de Moreira, 2008.

Podemos definir o plano estratégico de negócio como sendo uma atividade gerencial que integra o processo administrativo das empresas. Esse plano dá a diretriz para todos os setores da empresa, é realizado em longo prazo e define os objetivos e metas que a empresa pretende atingir nos próximos anos.

O Planejamento Agregado de Operações, ou do inglês *Sales and Operations Planning* (S&OP), tem como principal objetivo a integração dos diferentes níveis de diretoria da empresa com os níves gerenciais dos diversos setores. Visa transportar a decisão estratégica de longo prazo da empresa, em decisões operacionais que sejam factíveis.

3.3 O Plano Mestre de Produção

Como exemplo desses planos, temos o Planejamento Mestre de Produção (PMP) que é baseado na previsão de demanda e determina as ações do sistema de produção no curto prazo. É o PMP que estabelece a quantidade de cada produto a ser produzida dentro do período (dias, semanas, meses). O período de visualização (planejamento) do plano costuma variar de quatro meses a um ano.

O Plano Mestre de Produção deverá ter um aspecto simplificado como mostrado na Tabela 3.1. Esse plano geralmente é montado por meio dos produtos finais, de forma a visualizar o cronograma para a fabricação e entrega dos materiais.

Tabela 3.1 Plano Mestre de Produção (PMP)

PRODUTO ACABADO XYZ	SEMANAS								
	0	1	2	3	4	5	6	7	8
PREVISÃO DE DEMANDA		500	300	500	400	350	400	350	350
ESTOQUE PROJETADO	300								
PROGRAMA MESTRE (PMP)		200	300	500	400	350	400	350	350

Fonte: elaborado pelo autor.

Conforme Moreira (2008), chegar a um Plano Mestre de Produção que compatibilize as necessidades de produção com a capacidade disponível pode se revelar uma tarefa complexa, principalmente se os produtos envolvidos exigirem muitas operações, em regime intermitente, ou seja, com a utilização do mesmo equipamento para diversos produtos. O processo é conduzido por tentativas, testando-se cada PMP para verificar a capacidade produtiva que ele exige. O PMP servirá para nortear e avaliar as necessidades imediatas de capacidade produtiva; além disso, servirá também para definir compras necessárias de materiais, bem como para estabelecer prioridades entre os produtos na programação.

Após o processo da geração do PMP, devemos realizar duas análises, a primeira relacionada à disponibilidade de materiais que chamaremos de MRP e a segunda relacionada à disponibilidade dos recursos produtivos, que chamaremos de MRP II. Esses conceitos serão os próximos assuntos a serem discutidos.

3.4 Planejamento das Necessidades de Materiais (MRP)

O conceito de Planejamento das Necessidades de Materiais (do inglês, *Material Requirements Planning*, MRP) é bastante utilizado e difundido há muito tempo. Ele é definido por Moreira (2008) como:

> "(...) uma técnica para converter a previsão de demanda de um item em uma programação das necessidades das partes dos componentes que compõem esse item."

Segundo Nahamias (1989), seu uso iniciou-se na General Motors, na década de 1920, quando se calculava a quantidade de itens necessários à fabricação de certo número de carros. Porém, o uso sistemático dessa técnica deu-se a partir da década de 1970, nos Estados Unidos.

De uma maneira bastante simples, podemos imaginar o MRP como o cálculo de uma receita de bolo. Em qualquer receita temos os ingredientes, suas quantidades e o tempo de preparo. Em um primeiro momento, temos que saber a quantidade de pessoas para a qual vamos preparar a receita. Com isso, por meio de uma simples multiplicação, saberemos a quantidade necessária de material para realizarmos nossa receita. Por exemplo:

Bolo de Chocolate Básico

Ingredientes:

1 Caixa de mistura para bolo

150 ml de leite

3 ovos

100 g de margarina

Modo de preparo:

1 - Misture o conteúdo do pacote com o leite, os ovos e a margarina por 2 minutos.

2 - Bata na batedeira em velocidade alta durante 5 minutos.

3 - Coloque a massa em uma fôrma e deixe descansar por 3 minutos.

4 - Leve ao forno e deixe assar por 40 minutos.

5 - Deixe esfriar por 15 minutos, desenforme e sirva.

Serve 5 pessoas.

Imaginemos que a nossa lista de convidados possua dez pessoas, portanto, inicialmente, teremos que comprar as seguintes quantidades de materiais:

2 Caixas de mistura para bolo

300 ml de leite

6 ovos

200 g de margarina

Porém, antes da compra dos ingredientes, vamos verificar os materiais que já temos em nossa residência, ou seja, devemos consultar preliminarmente nosso estoque. Imaginemos que já tenhamos em nossa residência: 300 ml de leite, 200 g de margarina e 2 ovos, sendo assim devemos comprar apenas 2 caixas de mistura para bolo e 4 ovos.

Após verificarmos as quantidades dos materiais para o preparo da receita, temos que enxergar o seu tempo de preparo, assim, quando os convidados chegarem, o bolo já estará pronto. Somando-se o tempo de preparo, temos:

1ª etapa – 2 minutos

2ª etapa – 5 minutos

3ª etapa – 3 minutos

4ª etapa – 40 minutos

5ª etapa – 15 minutos

Total do tempo de preparo – 65 minutos

Se quisermos servir o bolo às 17h, devemos iniciar seu preparo às 15h55 e, consequentemente, todos os ingredientes já devem estar disponíveis.

Comparando o exemplo anterior com a realidade em uma produção, ficaríamos com a condição mostrada na Tabela 3.2.

Tabela 3.2 Exemplo de MRP

RECEITA	PRODUÇÃO
Bolo	Produto acabado
Quantidade de Convidados	Demanda do produto
Ingredientes	Matéria-prima
Tempo total de preparo	Tempo de manufatura do produto

Fonte: elaborado pelo autor.

Portanto, o MRP fornece os materiais necessários para a produção e o momento correto para chegada deles. Para que essas informações sejam obtidas corretamente, é necessária a entrada dos seguintes dados:

- **Tipo da demanda do produto**
  O MRP separa os materiais em dois tipos devido a sua demanda, independente ou dependente. Como exemplo de itens com demanda independente, podemos citar os produtos acabados, já que a quantidade produzida abastecerá diretamente o estoque, com a influência apenas da demanda mercadológica do item. Os itens com demanda dependente são os materiais e as peças que compõem o produto acabado, já que esses materiais dependem do produto acabado para o seu consumo.

- **Quantidade de demanda para determinado produto**
  Como o MRP calcula, entre outras coisas, a necessidade de compra de materiais para a fabricação de determinado produto acabado, é necessário abastecê-lo com a quantidade necessária de fabricação do produto. Em outras palavras, devemos dizer ao MRP qual a quantidade esperada da venda (ou quantidade já vendida) dos produtos acabados.

- **Estrutura do produto**
  Também chamada de Árvore do Produto, é a representação gráfica de todos os materiais que compõem determinado produto acabado.

Esses materiais costumam ser chamados de "itens filhos", enquanto o produto ao qual eles estão ligados é chamado de "item pai". Conforme representação na Figura 3.3.

Figura 3.3 Estrutura do Produto

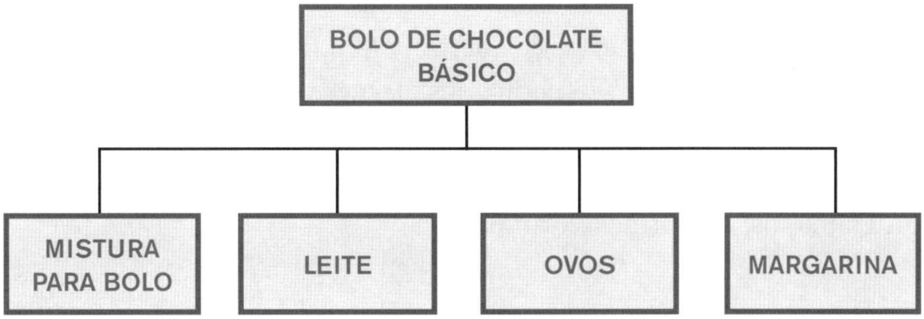

Fonte: elaborado pelo autor.

Dessa estrutura, sai a Lista de Materiais (*Bill of Material* – BOM). Essa lista informa a quantidade necessária de materiais para produzir uma unidade do item "pai" – sua principal função é dispor, de maneira rápida, informações sobre a composição do produto.

- **Tempo de obtenção dos itens**

  Com a informação do tempo de obtenção dos itens, conseguiremos estruturar a ação de produzir ou comprar determinado material somente no momento necessário.

  Aumentar o estoque, no menor tempo que seja, aumenta drasticamente os custos de produção, portanto as empresas têm interesse em comprar ou fabricar o material somente no momento exato em que necessitam dele. Quanto antes o material for adquirido ou fabricado, mais tempo ele ficará em estoque, aumentando, consequentemente, os custos de estoques. Desse modo, as empresas buscam dispor os materiais para a fabricação dos produtos o mais tarde possível, desde que isso não impacte na falta de produto para atendimento ao cliente.

  Outra informação a ser considerada para cálculo do MRP é a do tempo de obtenção dos itens.

- **Estoques dos materiais**

  Já que o MRP realiza o cálculo com base na necessidade de cada material, é de fundamental importância saber o quanto de cada material resta ainda em estoque, para que essa quantidade seja debitada do valor de aquisição/fabricação. No nosso exemplo, verificamos a quantidade de matérias-primas (ingredientes) que tínhamos em estoque antes de realizarmos as compras e preparar a receita.

- **Recebimentos programados**

  Neste item encaixam-se todos os pedidos já realizados com os fornecedores e as ordens de produção já abertas em nossa fábrica. Esses pedidos e essas ordens devem ser deduzidos da necessidade de compra. Com a informação da demanda necessária do item, o MRP calcula a necessidade líquida, subtraindo da demanda o estoque disponível e os recebimentos programados, conforme a fórmula:

  Necessidades Líquidas = Necessidades Brutas – Estoque Disponível – Recebimentos Programados

Visando facilitar a visualização da metodologia de cálculo do MRP, costuma-se utilizar uma Tabela 3.3.

Tabela 3.3 Tabela MRP

SEMANA	1	2	3	4	5
Necessidades brutas					
Estoque disponível					
Recebimentos programados					
Necessidades líquidas					
Liberação de ordem					

Fonte: adaptado de Moreira (2008)

Para visualizar a metodologia de cálculo do sistema MRP, vamos acompanhar o seguinte exemplo (adaptado de Moreira, 2008, p. 542).

Um brinquedo consiste na montagem de quatro componentes, como mostrado na Árvore do Produto na Figura 3.3 (o número entre parênteses indica a quantidade necessária de cada material).

Figura 3.4 Árvore do Produto (MRP)

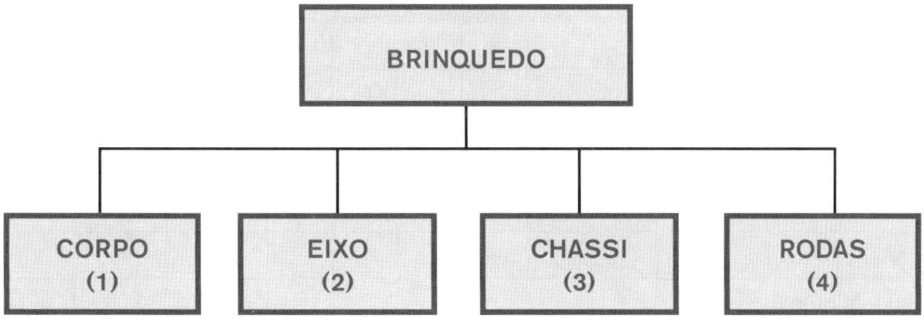

Fonte: elaborado pelo autor.

Sabe-se que a demanda do brinquedo é de 400 unidades na semana 6 e 200 unidades na semana 12. Uma vez disponíveis os componentes, a montagem final é feita em uma semana. Após a última montagem (que aconteceu na semana 2) permaneceram os seguintes estoques:

- Brinquedo – 50 unidades
- Corpo – 60 unidades
- Eixo – 100 unidades
- Chassi – 40 unidades
- Rodas – 150 unidades

Os tempos de espera para a aquisição dos componentes – Corpo, Chassi e Rodas – são de uma semana, enquanto para o componente Eixo é de três semanas.

Pode-se preencher uma tabela MRP para cada um dos itens (Brinquedo, Corpo, Eixo, Chassi e Rodas), assumindo que as quantidades necessárias são exatamente iguais às Necessidades Líquidas. Para início da contagem de datas, assuma que estamos na semana 1.

Solução:

Visando facilitar a resolução do exercício, vamos realizar a montagem das tabelas iniciando pelo item "Pai", demonstrado na Tabela 3.4.

Tabela 3.4 Item "Pai"- Brinquedo

ITEM: BRINQUEDO												
SEMANA	1	2	3	4	5	6	7	8	9	10	11	12
Necessidades brutas						400						200
Estoque disponível		50										
Recebimentos programados												
Necessidades líquidas												
Liberação de ordem												

Fonte: Moreira, 2008.

Inicialmente, a tabela é preenchida com a quantidade de demanda necessária (no nosso caso, 400 unidades na semana 6 e 200 unidades na semana 12) e com a quantidade em estoque disponível (50 unidades). Caso houvesse alguma ordem de produção na fábrica (material em processo) para ser entregue posteriormente, a linha referente a recebimentos programados deveria ser preenchida.

Realizamos, então, o cálculo das necessidades líquidas, sendo:

Necessidades Líquidas = Necessidades Brutas – Estoque Disponível – Recebimentos Programados

Para a semana 6:

Necessidades Líquidas = 400 – 50 – 0 = 350 unidades

Para a semana 12:

Necessidades Líquidas = 200 – 0 – 0 = 200 unidades

Tabela 3.5 Item "Pai"- Necessidades Líquidas

ITEM: BRINQUEDO												
SEMANA	1	2	3	4	5	6	7	8	9	10	11	12
Necessidades brutas						400						200
Estoque disponível		50										
Recebimentos programados												
Necessidades líquidas						350						200
Liberação de ordem												

Fonte: Moreira, 2008.

Como a montagem final é realizada em uma semana, necessariamente o início desta montagem deverá ser na semana anterior. Portanto deveremos emitir a Ordem de Produção uma semana antes da entrega do produto. No nosso caso, nas semanas 5 e 11, ficando a tabela da seguinte maneira (Tabela 3.6):

Tabela 3.6 Item "Pai"- Liberação de ordens

ITEM: BRINQUEDO												
SEMANA	1	2	3	4	5	6	7	8	9	10	11	12
Necessidades brutas						400						200
Estoque disponível		50										
Recebimentos programados												
Necessidades líquidas						350						200
Liberação de ordem					350						200	

Fonte: Moreira, 2008

Com a liberação da ordem de fabricação e o consequente início da montagem na semana 5 e na semana 11, é necessário que todos os materiais estejam disponibilizados para a montagem dessa mercadoria, para isso, portanto, temos que realizar um nova tabela (Tabela 3.7) para cada material utilizado.

Tabela 3.7 Item "filho"- Corpo

ITEM: CORPO (UTILIZAÇÃO 1 UNIDADE POR BRINQUEDO)												
SEMANA	1	2	3	4	5	6	7	8	9	10	11	12
Necessidades brutas					350						200	
Estoque disponível		60										
Recebimentos programados												
Necessidades líquidas						290					200	
Liberação de ordem					290					200		

Fonte: Moreira, 2008.

Percebe-se que a necessidade bruta do item "filho" é dado pelo momento da liberação da ordem de fabricação do item "pai". Outro ponto a ser considerado é a quantidade de material que será utilizada no item. No caso do corpo, é utilizado um corpo para cada brinquedo produzido.

Em seguida apresentamos a tabela para todos os outros itens (Tabelas 3.8, 3.9 e 3.10):

Tabela 3.8 Item "filho"- Eixo

ITEM: EIXO (UTILIZAÇÃO 2 UNIDADES POR BRINQUEDO)												
SEMANA	1	2	3	4	5	6	7	8	9	10	11	12
Necessidades brutas					700						400	
Estoque disponível		100										
Recebimentos programados												
Necessidades líquidas					600						400	
Liberação de ordem		600										

Fonte: Moreira, 2008.

Tabela 3.9 Item "filho"- Chassi

ITEM: CHASSI (UTILIZAÇÃO 1 UNIDADE POR BRINQUEDO)												
SEMANA	1	2	3	4	5	6	7	8	9	10	11	12
Necessidades brutas					350						200	
Estoque disponível		40										
Recebimentos programados												
Necessidades líquidas						310					200	
Liberação de ordem					310					200		

Fonte: Moreira, 2008.

Tabela 3.10 Item "filho"- Rodas

ITEM: RODAS (UTILIZAÇÃO 4 UNIDADES POR BRINQUEDO)												
SEMANA	1	2	3	4	5	6	7	8	9	10	11	12
Necessidades brutas					1.400						800	
Estoque disponível		150										
Recebimentos programados												
Necessidades líquidas						1.250					800	
Liberação de ordem					1.250					800		

Fonte: Moreira, 2008.

Com as tabelas de MRP preenchidas para cada item, identificamos a necessidade da data e da quantidade da liberação das ordens de produção e compra de cada material.

3.4.1 Lote Econômico de Fabricação

No exemplo anterior, adotamos que a quantidade a ser fabricada ou comprada é exatamente igual à próxima quantidade a ser consumida. Com esse modelo, verificamos que trabalhamos sempre com estoque zero, mas no dia a dia esse método de análise não consegue ser utilizado, pois dependemos de tamanho de lotes predefinidos, seja um lote mínimo ou lotes múltiplos de alguma unidade de medida (caixas, fardos, paletes etc.). Outro ponto que torna essa informação falsa é que, quanto mais vezes realizamos a compra ou a fabricação, os custos fixos desses pedidos não são absorvidos pelas quantidades.

Para isso, cria-se o Lote Econômico de Fabricação, que visa conduzir a menores custos do que o sistema de fabricação obtido anteriormente.

O Lote Econômico de Fabricação (LEF) é dado pela equação a seguir:

LEF = Raiz 2*Cprep*D/Cm

Onde:

Cprep é o custo de preparação da linha ou máquina a receber o produto, ou seja, o custo fixo para a realização do *setup* no equipamento.

D = demanda esperada do item dentro de um período preestabelecido.

Cm = custo para manter uma unidade em estoque pelo mesmo período ao qual se refere a demanda. (Em nosso caso adotamos o período como sendo a semana.)

Exemplo:

Suponhamos a matéria-prima "A", utilizada durante o processo produtivo, com a seguinte demanda e custos (Tabela 3.11):

Tabela 3.11 Demanda

SEMANA	1	2	3	4	5	6	7	8
DEMANDA	200		200		270		200	250

Fonte: elaborado pelo autor.

Custos de preparação: R$ 1.000,00

Custo de manutenção: R$ 1,50 por unidade a cada semana

Pode-se calcular os custos totais de preparação e manutenção para esse período, adotando as seguintes políticas:

a) Fabricação em lotes econômicos

b) Fabricação lote a lote, de acordo com a necessidade

Solução:

a) **Política de fabricação em lotes econômicos**

Adotemos como taxa de consumo semanal a média no período.

Portanto: 200 + 200 + 270 + 200 + 250 = 1.120,00/8 = 140 uns

Aplicando a equação do LEF, ficamos:

LEF = Raiz (2*Cprep * D/Cm)

LEF = Raiz (2*1.000*140/2) = 374 unidades

Agora vamos verificar quantas vezes são necessárias para a fabricação no período, tomando como premissa o lote econômico de fabricação. Para descobrirmos essa quantidade, monta-se o quadro (Tabela 3.12) a seguir:

Tabela 3.12 Produção em Lotes

SEMANA	1	2	3	4	5	6	7	8
DEMANDA	200		200		270		200	250
ESTOQUE INICIAL	0	174	174		348	78	78	252
FABRICAÇÃO	374		374	348	0		374	0
ESTOQUE FINAL	174		348		78		252	2

Fonte: elaborado pelo autor.

Verifica-se que na primeira semana estamos sem estoque de materiais, portanto, temos a necessidade de fabricar um lote de 374 unidades. Como temos 200 unidades de demanda para esse item, ao final dessa semana, restam em estoque 174 unidades que serão carregadas para as próximas semanas. A análise a ser realizada para as próximas semanas é a mesma da primeira, ou seja, verifica-se a demanda, desconta-se a quantidade que temos em estoque e solicita-se a fabricação da quantidade do lote econômico.

Realizando as análises para todas as semanas, percebe-se que teremos três rodadas de produção. Como para cada *setup* temos um custo de R$ 1.000,00, o valor de preparação ficará conforme a seguir:

Custo de Preparação = 3*1.000,00 = R$ 3.000,00

Ainda resta calcular o custo do estoque mantido no período, para isso necessitamos inicialmente saber a quantidade média de estoque no período, que é dada pela soma dos estoques dividida pelas 8 semanas analisadas.

Estoque médio = 174 + 174 + 348 + 348 + 78 + 78 + 252 = 1.104 / 8 = 138 unidades

Portanto, o custo total de manutenção de estoques no período é dado por:

Custo total de manutenção = 8 semanas x R$ 1,50 a unidade por semana x 138 unidades = R$ 1.656,00

Somando-se com o custo de preparação, o custo total ficará:

Custo total = R$ 1.656,00 + R$ 3.000,00 = R$ 4.656,00

Esse custo está relacionado ao total de 8 semanas. Para descobrirmos o custo semanal, deveremos dividir o valor encontrado por 8, ficando da seguinte forma:

R$ 4.656,00/8 = R$ 582,00

b) **Fabricação de acordo com a necessidade**

Neste caso, vamos produzir somente quando existir a demanda e na quantidade exata da demanda, ficando com o quadro da seguinte maneira:

Tabela 3.13 Produção de acordo com a necessidade

SEMANA	1	2	3	4	5	6	7	8
DEMANDA	200		200		270		200	250
ESTOQUE INICIAL	0		0		0		0	0
FABRICAÇÃO	200		200		270		200	250
ESTOQUE FINAL	0		0		0		0	0

Fonte: elaborado pelo autor.

Calculando o custo para esta opção, teríamos:

Custo de Preparação:

5*R$ 1.000,00 = R$ 5.000,00

Como não temos custos de estoque (já que o estoque será sempre zero), o custo total para este plano será apenas o da preparação, que seria de R$ 5.000,00. Dividindo pela quantidade de semanas, o custo ficaria em R$ 625,00 por semana.

Comparando com a resposta do item a, verificamos que obtém-se um custo menor para a fabricação trabalhando com a quantidade do lote econômico, mesmo que isso demande um estoque maior de produto.

Portanto, ficamos com os seguintes custos totais para fabricação:

a) R$ 4.656,00
b) R$ 5.000,00

3.4.2 *Manufacturing Resources Planning* (MRP)

Verificamos como o MRP auxilia nas decisões referentes ao planejamento de materiais tomando como base a decisão de fabricação dos produtos finais, com suas quantidades e datas predefinidas. Com isso, o MRP visa produzir e comprar a quantidade necessária de materiais, para obter o menor custo possível em sua aquisição e estocagem, visando trabalhar com o estoque da forma mais otimizante possível.

Para um bom planejamento de produção, não basta apenas disponibilizar os materiais no momento certo de sua utilização, temos que considerar se existe capacidade suficiente para realizar essa produção programada. Em outras palavras, precisa ser analisado se existem recursos humanos e equipamentos para cumprir o plano no prazo. Não adianta entregar os materiais no momento certo se a sua unidade fabril não possui capacidade para atendimento ao plano. Para isso, possuímos outra ferramenta que norteia essa administração de capacidade, chama-se MRP II.

Conforme verificado na Figura 3.2, o MRP responde às perguntas O quê? Quanto? e Quando? Produzir ou comprar determinada mercadoria. Já o MRP II, responde ao questionamento Como? (com quais recursos) produziremos essa mercadoria.

Figura 3.14 Abrangência do MRP e do MRP II

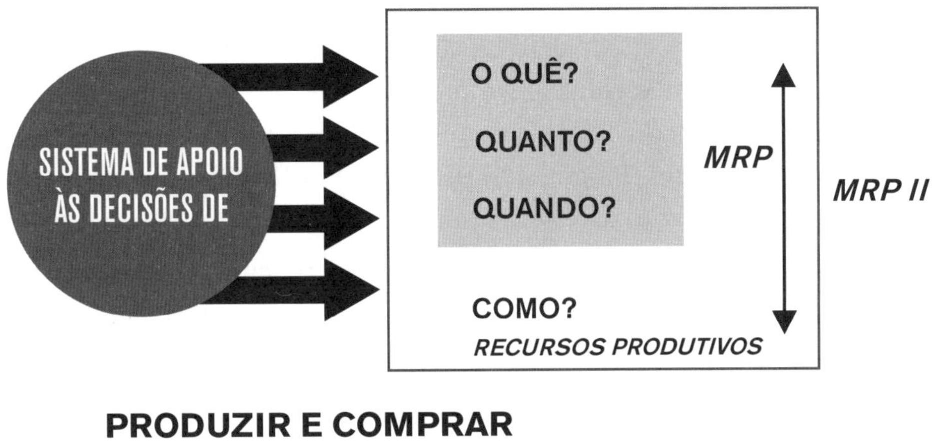

Fonte: Corrêa, Gianesi e Caon, 2001, p. 140.

Conforme Corrêa (2001):

> "(...) o planejamento de capacidade é uma atividade crítica desenvolvida paralelamente ao planejamento de materiais."

De nada adianta comprarmos todos os materiais, trabalharmos para que eles cheguem na data correta (solicitada pelo MRP), se eles ficarão em estoque até aguardar toda a fila de produção ser concluída. Com isso, os custos que foram reduzidos na geração do MRP, serão acrescentados com a não utilização dos materiais, gerando estoques.

O Planejamento da Capacidade lida com informações relacionadas com a identificação de gargalos no fluxo de produção e o estabelecimento da programação de curto prazo.

Quando falamos de capacidade, geralmente pensamos na capacidade física de produção. Assim, um hotel que tenha 50 quartos tem sua capacidade limitada a esse número de hóspedes. Já uma indústria que consiga produzir 100 camisetas por dia também tem sua capacidade limitada a essa quantidade de peças.

Porém, esses números, na verdade, descrevem a escala dessa operação. Nem sempre a capacidade de processamento, seja de materiais, de informações, ou de consumidores, é determinada pela escala da operação. Uma variável que precisa ser levada em consideração para determinar a capacidade de produção é o tempo necessário para processar e produzir determinado produto. Assim, se o tempo de processamento de um hóspede no hotel é uma diária, a capacidade total é de 50 atendimentos por dia. Porém, se esse período for menor, como no caso dos motéis, a capacidade de processamento de consumidores sobe consideravelmente. Analisemos o caso de um estacionamento: se todos os ocupantes utilizarem o estacionamento durante todo o dia e a noite, sua capacidade está limitada à quantidade de vagas existentes. Porém, se o período de utilização for por hora, a capacidade de processamento do estacionamento cresce muito.

O gerenciamento da capacidade é uma tarefa que procura equilibrar o dimensionamento de recursos (investimentos em instalações, equipamentos, pessoas etc.) com o comportamento da demanda (variabilidade, sazonalidade, expectativas dos clientes), mas nem sempre o equilíbrio perfeito entre oferta e demanda é alcançado. É bastante provável que nas empresas sejam mesclados períodos de ociosidade em seus recursos com períodos de falta de capacidade, atrasando a entrega de mercadorias ou serviços aos seus clientes.

O MRP II, assim como o MRP, é baseado no uso de computadores. Ele integra planejamento e programação da produção. O sistema é formado por diversos módulos, sendo que os módulos principais do MRP II são:

- Módulo de planejamento da produção (*production planning*): usado no planejamento de longo prazo, auxilia os gestores a tomar decisões sobre os níveis agregados de estoques e produção em cada período.
- Módulo de planejamento mestre da produção (*master production schedule* ou MPS): divide os planos de produção agregados em produtos individualizados. Auxilia o gestor a tomar decisões sobre o planejamento das quantidades de itens de demanda independente que deverão ser produzidos e níveis de estoques a serem mantidos.
- Módulo de cálculo de necessidade de materiais (*material requirements planning* ou MRP): é o sistema que originou o MRP II. Transforma as

necessidades de produtos em necessidades de compras e de produção de itens componentes.

- Módulo de cálculo de necessidade de capacidade (*capacity requirements planning* ou CRP): calcula a capacidade necessária de cada centro produtivo, identificando ociosidades, excessos de capacidade e possíveis insuficiências.

Portanto, de maneira simplificada, podemos dizer que o MRP, inicialmente, trabalha com o "mundo ideal", onde não temos restrições de capacidades, tanto em equipamentos como em mão de obra, e o MRP II introduz a análise de capacidades em nossos processos. Somente após essa análise podemos dizer que o plano de produção está apto a ser cumprido.

3.5 *Optimized Production Technology* (OPT)

Desenvolvida pelo físico Goldratt em seu livro *A meta*, OPT é uma técnica de gestão da produção composta de dois elementos: sua filosofia composta de nove princípios e um software.

Goldratt e Cox (1997) afirmam que a meta principal das empresas é ganhar dinheiro, e a abordagem OPT advoga exatamente esse objetivo. Todo o sistema da manufatura da empresa deve contribuir com esse objetivo básico, por meio da atuação sobre três elementos:

- **Fluxo de materiais.** É a taxa segundo a qual o sistema gera dinheiro por meio da venda de seus produtos. Deve-se notar que fluxo refere-se ao fluxo de produtos vendidos. Os produtos feitos mas não vendidos ainda são classificados como estoques.
- **Estoque**. Quantificado pelo dinheiro que a empresa empregou nos bens que pretende vender. Refere-se ao valor apenas das MPs envolvidas. Não se inclui o "valor adicionado" ou o "conteúdo do trabalho".
- **Despesas operacionais**. O dinheiro que o sistema gasta para transformar estoque em fluxo.

Para se atingir a meta, é necessário aumentar os ganhos e simultaneamente reduzir os estoques e as despesas operacionais. Ao buscar esses objetivos, o gestor deve entender como se relacionam dois tipos de recursos presentes em todas as fábricas:

- os recursos gargalo, cuja capacidade é igual ou menor do que a demanda colocada nele;
- os recurso não gargalo, cuja capacidade é maior do que a demanda colocada nele.

A filosofia OPT é composta por nove princípios (Goldratt e Cox, 1997):

1. Balancear o fluxo e não a capacidade: a ênfase do sistema é no fluxo de materiais e não na capacidade dos recursos, justamente o contrário da abordagem tradicional, utilizada no sistema MRP II.
2. O nível de utilização de um recurso não gargalo não é determinado por sua disponibilidade, mas sim por alguma outra restrição do sistema.
3. A utilização e a ativação de um recurso não são sinônimos: se um recurso não puder ser absorvido por um recurso gargalo, ativá-lo, ou seja, emitir ordens de compra e de produção, pode significar perdas com estoques. Como não contribui para atingir os objetivos da empresa, a ativação do recurso não pode ser chamada de utilização.
4. Uma hora perdida num recurso gargalo é uma hora perdida por todo o sistema produtivo, pois o recurso gargalo limita a capacidade do fluxo de produção, afetando todo o sistema produtivo.
5. Uma hora economizada num recurso não gargalo é apenas uma ilusão, pois não afeta a capacidade do sistema, já que ele é limitado pelo recurso gargalo.
6. Os gargalos governam o volume de produção e o volume dos estoques.
7. O lote de transferência pode não ser igual ao lote de processamento. Dentro do contexto da filosofia OPT, a flexibilidade em como os lotes serão processados é essencial para uma eficiente operação do sistema produtivo.
8. O lote de processamento deve ser variável e não fixo: ele é uma função da programação que pode variar de operação para operação.
9. A programação de atividades e a capacidade produtiva devem ser consideradas simultaneamente e não sequencialmente. Os *lead times* são resultados da programação e não podem ser predeterminados.

Para a implantação do OPT, temos cinco passos a serem seguidos:

Passo 1 – Identificar a restrição do processo

Neste passo, realiza-se o mapeamento de todo o processo, identificando o recurso gargalo (esse recurso pode ser uma operação, um equipamento ou mão de obra), direcionando todos os esforços para ele.

Passo 2 – Explorar a restrição do processo

Após identificar o recurso gargalo, iniciam-se os questionamentos sobre ele. Esses questionamentos visam à busca de informações e ao conhecimento do recurso gargalo.

Passo 3 – Subordinar todo o restante do processo em detrimento do recurso com restrições

Na ótica do OPT, todas as fases do processo devem girar em torno do recurso "gargalo". Portanto a capacidade produtiva ou de prestação de serviços da empresa será restringida pela capacidade do "gargalo". Todas as atenções da organização deverão estar focadas nesse recurso.

Passo 4 – Procurar relaxar a restrição

Após a implantação de práticas para aumentar a capacidade do recurso restritivo, deve-se, durante um pequeno período, observar a eficácia dessas práticas, visando garantir que elas tenham sido bem implantadas.

Passo 5 – Identificar nova restrição

O conceito de OPT prega que todas as organizações possuem restrições em seu processo e, quando uma restrição é superada, temos que analisar novamente todo o processo com o intuito de encontrar a nova restrição e realizar o trabalho voltando ao primeiro passo.

TEXTO COMPLEMENTAR

GESTÃO DA CAPACIDADE E DA DEMANDA EM SERVIÇOS LOGÍSTICOS

Kleber Figueiredo

CONCEITO E GESTÃO DA CAPACIDADE

Diversos artigos publicados nesta mesma revista e em outras fontes especializadas chamam a atenção para o significativo impacto que o serviço logístico tem sobre a satisfação do cliente. Consagrados autores afirmam que o resultado de todo esforço logístico é prestar um serviço que atenda e até mesmo supere as expectativas dos clientes. Dentre os atributos do serviço logístico consistentemente apontados como os mais valorizados pelos clientes, estão:

- Disponibilidade: a habilidade de atender os pedidos dos clientes em tempo determinado.
- Entregas no prazo: a habilidade de fornecer os produtos no prazo acordado, com pequena variabilidade.
- Comunicações: a habilidade de dar informações rápidas e relevantes a qualquer dúvida do cliente.
- Serviço pós-venda: a habilidade de resolver os problemas que o cliente possa vir a ter com o produto adquirido.

Para atender esses atributos, o prestador do serviço precisa ter CAPACIDADE. A capacidade é o potencial produtivo de um processo. O número de entregas que podem ser feitas em um dia, o número de pedidos que podem ser processados em uma hora ou o número de atendimentos que um técnico pode fazer em uma semana são exemplos de medidas de capacidade. A capacidade é determinada pelos recursos de que o sistema dispõe para desempenhar suas atividades. Espaço para armazenagem, veículos de entrega, investimento em estoque, técnicos para dar assistência aos clientes etc. são exemplos de recursos que determinam a capacidade de prestação do serviço logístico.

A gestão da capacidade em um sistema prestador de serviços é um dos principais desafios gerenciais. Para muitos especialistas em temas de serviços, a forma como a capacidade é gerenciada pode determinar se um negócio é rentável ou não. Isso porque o dimensionamento da capacidade afeta o desempenho da empresa pois tem impacto nos investimentos e nos custos operacionais. Em função de certas características dos serviços, a capacidade é perecível, não pode ser estocada. Um assento vazio em um avião, uma vez encerrado o *check-in* do voo, não pode ser estocado para um dia em que a demanda por aquele voo supere a oferta de assentos. Um técnico que apenas tem duas visitas programadas para um dia não pode "estocar" suas horas ociosas para outro dia em que o número de solicitações de serviço supere sua capacidade de atendimento.

O parágrafo anterior ilustra a complexidade do gerenciamento da capacidade. É uma tarefa que procura equilibrar o dimensionamento de recursos (investimentos em instalações, equipamentos, pessoas etc.) com o comportamento da demanda (variabilidade, sazonalidade, expectativas dos clientes). É possível que o prestador de serviço experimente períodos de ociosidade em alguns ou todos os seus recursos e períodos de falta de capacidade de atendimento gerando insatisfação dos clientes, má percepção sobre a qualidade de seu serviço, vendas perdidas etc. O equilíbrio perfeito entre oferta e demanda quase nunca é alcançado. Um exemplo recente de uma situação ocorrida em nosso país comprova a complexidade da questão: por meio da televisão e dos jornais, o Brasil acompanhou, na primeira quinzena do último mês de abril, um sério problema de capacidade de um serviço logístico. A supersafra de soja e milho provocou engarrafamentos de até 100 quilômetros nas estradas do Paraná. Uma fila de mais de 4 mil caminhões congestionou os acessos ao porto de Paranaguá, cuja capacidade de processamento era de 500 caminhões por dia. Caminhões parados durante dias, motoristas irritados, tempo e dinheiro perdidos por muita gente foi o saldo de uma situação indesejável para todas as partes envolvidas. Como declarou um diretor do porto, "nenhum porto pode ser dimensionado pelo pico da demanda". Soluções como o descarregamento em armazéns foi a maneira encontrada para liberar os caminhões.

Estratégias para a gestão da capacidade em serviços

Existem duas estratégias básicas para gerenciar a capacidade em serviços. A primeira consiste em "perseguir" a demanda. Se a demanda sobe, a capacidade sobe; se a demanda diminui, a capacidade também diminui. Trata-se de uma estratégia apropriada para serviços cuja sazonalidade é acentuada ou a flutuação da demanda é muita intensa e imprevisível. Sua adoção é indicada em processos intensivos em mão de obra abundante e pouco especializada e quando os investimentos em recursos físicos são mínimos.

A segunda estratégia consiste em fixar a capacidade em um nível capaz de atender determinado percentual da demanda máxima esperada. É a estratégia de nível de serviço. A decisão sobre o percentual deve levar em conta o tipo de serviço, o quanto os clientes estão dispostos a pagar pela disponibilidade, o quanto significa a falta de capacidade e o custo da ociosidade dos recursos quando a demanda é inferior ao nível de capacidade fixado. Assim, por exemplo, uma empresa preparada para atender em 24 horas todos os pedidos que chegarem até as 18 horas do dia anterior necessita de uma capacidade superior a uma outra que diz que atende em 24 horas apenas os pedidos provenientes de determinada área geográfica. Certamente a primeira empresa dispõe de mais recursos, sejam eles pessoas, veículos ou tecnologia. Seu custo estrutural deve ser maior mas talvez isso lhe dê a possibilidade de atender clientes mais exigentes, dispostos a pagar pela disponibilidade do serviço.

Como todo serviço é constituído de processos, é possível que, para determinado processo, seja indicada a utilização da estratégia de acompanhamento da demanda e, para outro, o mais viável seja fixar a capacidade. As duas estratégias têm vantagens e desvantagens, e o gerente esclarecido procurará, em quase todos os casos, afastar-se dos dois extremos.

Em nenhum dos casos, entretanto, o gerente está isento de tentar resolver os dois problemas potenciais. No primeiro caso, o da ociosidade nos períodos em que a demanda é normal, e, no segundo, o fato de não atender a demanda superior à capacidade decidida. A literatura sobre gestão de capacidade em serviços oferece uma série de "truques" à disposição dos gerentes interessados em ajustar oferta e demanda, ou seja, procurar diminuir o *gap* existente entre capacidade e demanda naqueles períodos em que a oferta supera a demanda ou naqueles em que a demanda supera a capacidade.

Trabalhando a capacidade. O gerente de um serviço tem mais poder para trabalhar a oferta do que a demanda. Afinal, a oferta fica dimensionada a partir dos recursos da empresa e, obviamente, tais recursos são variáveis controláveis pela gerência.

Serviços móveis/distribuir a capacidade em locais especiais. A flexibilidade de locação pode aumentar a utilização das instalações, alocando dinamicamente o fornecimento dos serviços mais perto da demanda potencial. É útil quando a demanda varia geograficamente por um período de tempo.

Compartilhamento de capacidade, inclusive com competidores. Quando é necessário investir em equipamentos caros cuja capacidade é superior à necessidade, pode-se pensar em compartilhar seu uso com outras empresas que passam por situação semelhante. Trata-se de uma prática comum, por exemplo, entre empresas de aviação que compartilham assentos em determinados voos, pessoal e equipamentos de terra (escadas, transportadores de bagagens etc.) em aeroportos nos quais operam com pequena frequência.

Tecnologia para economizar tempo. Pode aumentar significativamente a eficiência das instalações e a capacidade do sistema. Os códigos de barras e suas múltiplas aplicações constituem um bom exemplo de economia de tempo em operações de armazenagem. Já nas operações de transporte, os *softwares* de roteirização são um ótimo auxílio na otimização dos tempos de entrega ao programar eficientemente a coleta e entrega de encomendas.

Pré-processamento de pedidos. A natureza de alguns serviços permite a execução de certas tarefas antes que o serviço seja realmente efetuado. Essas etapas pré-processadas constituem um *buffer* para enfrentar as horas de pico.

A possibilidade do pré-processamento está altamente correlacionada com o grau de padronização dos produtos e processos. Muitas empresas de serviço usam o pré-processamento da informação para reduzir o tempo de serviço. Exemplos conhecidos são os de restaurantes *delivery* ou companhias de rádio táxi que unicamente com o número do telefone do cliente já sabem o endereço, o pedido mais comum ou o roteiro que o cliente faz com maior frequência, agilizando o atendimento e aumentando a capacidade da operação.

Padronizar as operações em determinados períodos, inclusive eliminando certas atividades. Se a capacidade é escassa em alguns períodos, fazer um estudo das atividades que mais consomem capacidade e verificar oportunidades de padronizá-las. Algumas, inclusive, podem ser temporariamente eliminadas. Empresas que vendem poucos produtos altamente padronizados têm vantagem porque isso aumenta a eficiência de suas instalações de serviço. A padronização permite uma previsão de demanda mais precisa, minimizando um dos complicadores do gerenciamento da capacidade.

Aumentar o quadro de funcionários e/ou empregar mão de obra em tempo parcial. Aumentar o quadro de funcionários para acomodar o pico de demanda é uma alternativa útil em alguns tipos de operações de serviços. Muitas empresas contratam mão de obra temporária para enfrentar a alta demanda nos últimos meses do ano. O ciclo do pico de demanda varia de acordo com o tipo de negócio que pode corresponder a certas horas do dia, certos dias da semana, certas semanas do mês ou certos meses do ano. A utilização de mão de obra em tempo parcial pode ser uma opção quando os picos de demanda ocorrem de uma forma previsível e consistente. Nesses casos, a empresa normalmente mantém uma base de funcionários em tempo integral que opera o sistema durante as horas de baixa demanda e contrata funcionários para trabalhar em curtos períodos do dia para atender aos horários de pico.

Empregados multifuncionais. Uma vez que um sistema de serviços pode envolver a realização de atividades que requerem habilidades diferentes e que a demanda por essas atividades pode variar, empregados capazes de executar tarefas diversas podem ser realocados no sistema, permitindo que um pico de demanda por determinada atividade seja mais facilmente atendido. Além disso, essa estratégia diminui a monotonia da função e aumenta o conhecimento e o envolvimento do empregado com o processo. Alguns supermercados, por exemplo, treinam seus repositores de estoque para trabalhar como caixa. Quando o gerente identifica um aumento nas filas dos caixas, esses repositores são convocados para atender a demanda nos *check outs*.

Aumento da participação do cliente. A utilização do próprio cliente na realização de algumas atividades durante a prestação de serviços pode ser uma maneira de aumentar a capacidade do sistema. A participação do cliente realizando ou facilitando a realização de algumas atividades reduz tempos, aumentando a capacidade do sistema como um todo. Para isso, o cliente deve ser bem informado sobre como executar a tarefa que lhe cabe e deve perceber algum benefício, como desconto ou agilização do processo. A operação de recebimento de pedidos, por exemplo, pode ter sua capacidade aumentada se o próprio cliente já dispor de um formulário com os itens que a empresa vende, os códigos desses itens etc. Pedidos feitos via Internet cumprem esse papel.

Estender ou redistribuir horários de atendimento. Para atender a demanda sem expandir a capacidade física, pode-se ajustar o horário de funcionamento. Alguns serviços têm essa flexibilidade e assim conseguem aumentar sua oferta. As entregas noturnas são um bom exemplo, principalmente em determinadas zonas em que no horário normal o trânsito é caótico, há restrições de estacionamento, há uma série de outros fornecedores fazendo entregas etc.

Oferta de serviços complementares. Esse mecanismo, especialmente compatível com serviços altamente sazonais, permite que dois ou mais serviços sejam oferecidos em diferentes períodos do ano a fim de se estabelecer uma demanda mais homogênea. Um exemplo seria as empresas de manutenção de equipamentos de refrigeração, que poderiam consertar ar-condicionado no verão e aquecedores no inverno, quando a demanda diminui.

Serviços feitos para "lotes" de clientes. É uma maneira excelente de aumentar a eficiência e a flexibilidade quando o serviço pode ser executado simultaneamente para um grupo de clientes. Algumas empresas de serviço têm a flexibilidade de aumentar o tamanho do "lote" para responder a aumentos de demanda (economia de escala). A consolidação de cargas é um exemplo que se enquadra nesse tipo de mecanismo. Entretanto, o tempo necessário para a formação do lote pode significar a perda do cliente que não está disposto a receber o serviço no prazo que convém à empresa e não a ele.

Pequenos investimentos para eliminar gargalos. Quando um serviço é prestado por meio de uma sequência de processos, é preciso conhecer os tempos de execução em cada processo para identificar o gargalo do sistema. Isso porque a capacidade do sistema fica determinada pelo processo mais lento.

Subcontratação. A subcontratação temporária de algumas atividades pode aumentar a capacidade do sistema nos momentos de pico de demanda.

É o caso, por exemplo, de empresas que têm sua frota própria para entregas em períodos de demanda normal e que contam com um cadastro de empresas de transportes ou mesmo transportistas independentes que são contratados para atender a demanda extraordinária. As desvantagens ou dificuldades residem na diminuição do controle sobre o serviço, o que pode gerar problemas de qualidade ou custos maiores. Entretanto é uma forma de reduzir a alavancagem operacional diante do comportamento instável da demanda.

Conclusão

O gerente interessado em buscar o equilíbrio entre oferta e demanda em seu sistema de prestação de serviços dispõe de um razoável leque de alternativas. Dependendo do serviço, algumas alternativas são mais aplicáveis do que outras. É preciso ter um bom conhecimento sobre a estrutura dos custos de servir e sobre as reações dos clientes dos diversos segmentos que a empresa atende. Neste artigo oferecemos alternativas para tentar ajustar a capacidade à demanda.

FIGUEIREDO, Kleber. Gestão da capacidade e da demanda em serviços logísticos. Disponível em: <http://www.centrodelogistica.org/new/fs-public.htm>. Acesso em: 09.01.08.

Referências

CAXITO, Fabiano de Andrade. *Produção:* fundamentos e processo. Curitiba: IESDE Brasil, 2008.

CORRÊA, Henrique L.; GIANESI, Irineu G. N.; CAON, Mauro. *Planejamento, programação e controle da produção.* MRP ll / ERP – conceitos, uso e implantação. 4. ed. São Paulo: Atlas, 2001.

CORRÊA, L. H.; GIANESI, I. *Just in time, MRP II e OPT:* um enfoque estratégico. São Paulo: Atlas, 1993.

GOLDRATT, Eliyahu M.; COX, Jeff. *A meta.* 12. ed. São Paulo: Educator, 1997.

FIGUEIREDO, Kleber. *Gestão da capacidade e da demanda em serviços logísticos.* Disponível em: <http://www.centrodelogistica.org/new/fs-public.htm>. Acesso em: 09 jan. 08.

MARTINS, Petrônio G.. *Administracão da produção.* São Paulo: Saraiva, 2005.

MAXIMIANO, Antonio Amaru. *Teoria geral da administração:* da revolução urbana à revolução digital. São Paulo: Atlas, 2002.

MOREIRA, Daniel Augusto. *Administração da produção e operações.* São Paulo: Cengage Learning, 2008.

NAHMIAS, Steven. *Production and operations analysis.* McGraw-Hill/Irwin, 1989.

4

QUALIDADE NA LOGÍSTICA

VISÃO DO CAPÍTULO

Este capítulo conceituará a qualidade em serviços, discutindo aplicações da qualidade em empresas relacionadas ao setor logístico. Hoje as empresas são cobradas por desempenhos satisfatórios, de acordo com o que foi acordado com seus clientes, e, caso não mantenham esse desempenho durante o atendimento, poderão ser penalizadas, inclusive com multas e/ou até o cancelamento do contrato.

Para isso, desenvolveremos neste capítulo as relações existentes entre os clientes e fornecedores, e como essa relação deve ser controlada (acompanhada), bem como os benefícios alcançados pelos dois lados do processo, quando a qualidade é aplicada ao sistema de gerenciamento, inclusive o estratégico.

OBJETIVOS DO CAPÍTULO

Desenvolver no leitor a importância da qualidade nos processos e, particularmente, em processos de serviços logísticos. Para tanto, definiremos qualidade, serviços e os processos para medirmos o desempenho da operação por meio de indicadores.

4.1 História da qualidade

A existência de uma grande preocupação com a questão da qualidade de bens e serviços vem de muito tempo. Nas antigas relações de troca, os consumidores já inspecionavam os produtos acabados quanto à existência de defeitos.

Com a evolução industrial e o surgimento da produção em massa, deu-se, inicialmente nos Estados Unidos e, depois, no Japão, início ao controle estatístico com suas técnicas e seus procedimentos, controles e sistemas de qualidade.

O estatístico americano W. A. Shewhart, ao preocupar-se com a variabilidade na produção de bens e serviços, desenvolveu na década de 1920 o Controle Estatístico de Processo (CEP) e criou o Ciclo PDCA (*Plan, Do, Check and Action*), ou seja, planejar, executar, verificar e agir na melhoria dos processos.

À época, o Japão convidou W. E. Deming para treinar os homens de negócio do país, os industriais e empresários, quanto à gestão da qualidade, numa tentativa de se reerguer da destruição causada pela Segunda Guerra Mundial. O resultado hoje é um país como potência mundial.

A partir da década de 1980, a preocupação passa a ser com o planejamento estratégico interligado às técnicas de gestão, para um mercado altamente competitivo no qual o desempenho das empresas pode ser atingido por deficiência na capacitação humana, por modelos gerenciais arcaicos, por tomadas de decisão sem sustentabilidade e pela falta de processos para melhoria contínua.

Atualmente, para Robles (2001) um dos fatores que apresenta melhor resultado em termos competitivos é a qualidade quando priorizada.

4.2 Conceito de qualidade

Talvez o valor de qualidade seja conhecido por todos, mas, quando se trata do conceito, a percepção de cada parte interessada pode ser diferente, conforme seus anseios e suas necessidades. Pode-se pensar, então, que qualidade é fazer as coisas de forma certa, ou seja, o que foi combinado com o cliente e, se ele ficar satisfeito, é porque a qualidade foi atingida.

De maneira inerente, pode-se entender por qualidade a competência em atingir o objetivo que foi definido, uma vez que ela pode estar em tudo que se faz e não apenas nas consequências do que foi feito.

> "Qualidade é um conjunto de características de desempenho de um produto ou serviço que, em conformidade com as especificações, atende e, por vezes, supera as expectativas e os anseios do consumidor (cliente)" (Barros, 1996).

Para Deming (1990), apenas o cliente pode definir a qualidade de um serviço ou produto; dessa forma, ela passa a ser um termo relativo que muda conforme a evolução das necessidades do consumidor. Assim, os gestores precisam estar aptos a perceber a importância das pesquisas junto aos consumidores, as teorias e aplicações dos métodos estatísticos aos processos.

Deming desenvolveu 14 pontos, considerados princípios necessários para uma gestão competitiva:

1. Criar uma declaração de objetivos e propósitos, para a melhoria constante dos produtos e serviços, a fim de se tornar competitivo e criar empregos.
2. Aprender e adotar a nova filosofia. A política de transformação traz responsabilidades e desperta para o desafio.

3. Parar com a dependência da inspeção para atingir a qualidade. Prevenir e investir, colocando a produção com qualidade em primeiro lugar.
4. Acabar com a política de compra baseada no preço. Dar importância à minimização dos custos totais e formação de parcerias.
5. Aperfeiçoar continuamente o sistema de produção e serviços.
6. Instituir o treinamento da função.
7. Instituir a liderança. Estabelecer novas formas de direção, renovando as práticas de chefia.
8. Eliminar o medo. Evitar uma gestão autoritária, criando a confiança.
9. Derrubar as barreiras entre os departamentos. O trabalho deve ser realizado em equipe para atingir os objetivos organizacionais.
10. Eliminar os slogans e metas numéricas para a força de trabalho, uma vez que a maioria dos problemas de qualidade é inerente aos processos e sistemas.
11. Abandonar as cotas numéricas, usar métodos de melhoramento.
12. Remover as barreiras que tiram o direito do trabalhador de se orgulhar do que faz.
13. Instituir um programa de educação e autodesenvolvimento.
14. Estruturar a empresa de forma que o trabalho realize a transformação.

Juran (1991) define qualidade como um ajuste ao uso e estabelece três pontos fundamentais:

- **Planejamento da Qualidade:** identificar os clientes, estabelecer as suas necessidades, desenvolver características dos produtos e processos que satisfaçam essas necessidades, transferir os resultados para o nível operacional.
- **Controle da Qualidade:** manter o processo planejado, a fim de alcançar as metas. Avaliar o nível de desempenho, comparando-o às metas estabelecidas e tomar medidas que atuem nas diferenças.
- **Melhoria da Qualidade:** criar mudanças que tragam benefícios e atinjam altos níveis de desempenho. Definir uma base que proporcione a melhoria da qualidade, identificar e selecionar projetos de melhoria, criar equipes de projetos comprometidas com o sucesso, motivar e treinar as equipes para manter o nível de melhoria.

Juran baseia-se nas expectativas e necessidades dos clientes e não necessariamente na reformulação da estrutura empresarial.

4.3 Qualidade em serviços

A questão da qualidade nas empresas prestadoras de serviços talvez se apresente de forma centrada por sua interação com os clientes num possível processo produtivo, ao qual o consumidor está integrado e em que tenha possibilidades de modificá-lo.

O serviço possui a característica de ser intangível, por isso não pode ser estocado e, se não consumido, pode ser considerado perdido. Dessa forma, talvez a meta da qualidade consista na flexibilidade quanto aos valores oferecidos aos clientes.

Pode-se perceber, portanto, que a qualidade dos serviços oferecidos não pode ser limitada a um público, ou seja, a qualidade deve abranger a todos os envolvidos nessa ação. Las Casas (1999) conclui que as organizações precisam priorizar as necessidades, atingir as expectativas, sanar dúvidas, resolver problemas, auxiliar e beneficiar os seus proprietários, colaboradores, clientes e todos que com elas se relacionam.

Algumas considerações na questão da qualidade em prestação de serviços podem ser importantes como considerar que todos na empresa têm algo com que contribuir e que todo esforço em busca de melhoria resulta em competitividade, já que, afinal, existe sempre uma maneira melhor de se fazer algo, pensando na qualidade em todo o decorrer do processo e não só no resultado final.

A trajetória da qualidade percebida pelo cliente pode ser observada na Figura 4.1, a seguir:

Figura 4.1 Qualidade em serviços

Fonte: Gianesi; Corrêa, 1996.

4.4 Nível de serviço logístico

O sucesso da empresa pode ser influenciado pelo nível de serviço oferecido, uma vez que as organizações, ao almejar sucesso, precisam dar maior atenção ao gerenciamento dos processos que resultam em valor ao consumidor. Ao estabelecer as necessidades quanto aos serviços para os clientes e sua forma de medição, pode-se conseguir determinar padrões de nível de serviço e planejar serviços logísticos.

O conceito de nível de serviço, segundo Ballou (1993) é:

> "O nível de serviço logístico é a qualidade com que o fluxo de bens e serviços é gerenciado. É o resultado líquido de todos os esforços logísticos da firma. É o desempenho oferecido pelos fornecedores aos seus clientes no atendimento dos pedidos. O nível de serviço logístico é fator-chave do conjunto de valores logísticos que as empresas oferecem a seus clientes para assegurar sua fidelidade (p. 73).

Vários fatores individuais são representados pelos serviços oferecidos, conforme classificação de Ballou (1993):

- Os elementos de pré-transação que determinam o ambiente para um nível de serviço bom.
- Os elementos de transação que estão envolvidos de forma direta nos resultados obtidos.
- Os elementos de pós-transação que representam a base necessária para manter o produto no campo.

Figura 4.2 Elementos do nível de serviço

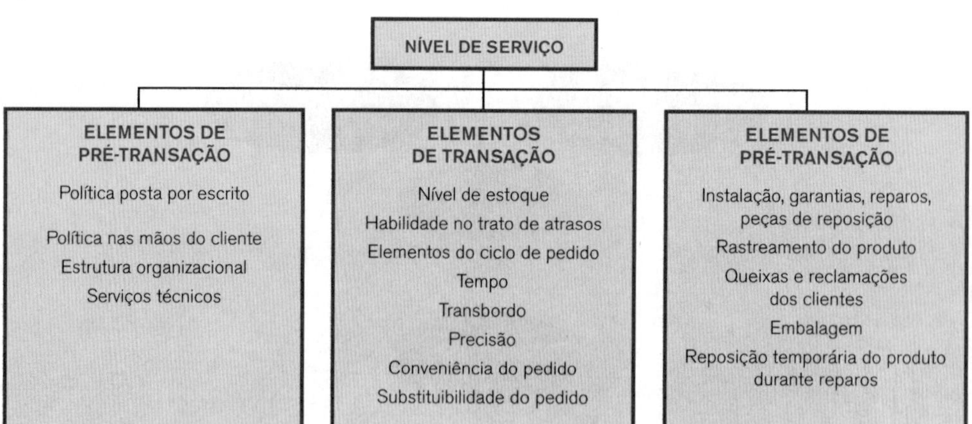

Fonte: adaptado de Ballou (1993).

4.5 Indicadores de desempenho

Conforme Hijjar (2005, p. 10), a atividade logística, como qualquer sistema, deve ter o seu desempenho monitorado, pois com um bom gerenciamento logístico o resultado final será:

- diminuição dos prazos de entrega;
- aumento da confiabilidade (prazos e quantidades) na entrega;
- redução dos níveis de estoque;
- redução dos problemas com qualidade;
- redução dos preços dos produtos.

O desempenho, segundo o dicionário do IMAM (2008), é uma variável – síntese de múltiplas dimensões que expressa o grau de sucesso ou fracasso de uma entidade em relação a(s) outra(s), ou em relação a si própria, em um instante anterior.

Para Gomes e Ribeiro (2004), quanto mais abrangente e completo for o elenco de indicadores de desempenho, melhor será o processo de monitoração e, consequentemente, maior a sua capacidade de responder aos desafios do ambiente competitivo. Esses indicadores são assim classificados:

- **Custos:** conjunto de indicadores em duas abordagens, ou seja, o custo total, voltado para a análise do sistema logístico como um todo, e o custo dos componentes, voltado para a análise funcional das atividades logísticas.
- **Ativo:** medidas de desempenho dos ativos da empresa.
- **Serviço ao cliente:** indicadores voltados para medir o impacto dos serviços do ponto de vista do cliente.
- **Eficiência:** razão entre os insumos e resultados de dado processo de transformação.

Em última análise, o sucesso ou o fracasso de qualquer negócio será determinado pelo nível de valor entregue ao cliente nos mercados escolhidos. O valor para cada cliente pode ser definido, de forma bem simples, como a diferença entre os benefícios percebidos de uma transação e os custos totais incorridos. Outra maneira de expressar essa ideia é, segundo Conceição (2004):

$$\text{Valor para o Cliente} = \frac{\text{Percepções de Benefícios}}{\text{Custo Total de Propriedades}}$$

Definir "vantagem competitiva" de forma mais objetiva é, simplesmente, dizer que as empresas bem-sucedidas em geral são aquelas que entregam mais valor aos clientes do que seus concorrentes. Em outras palavras, a relação custo-benefício dessa empresa é mais atraente do que a de outras que atuam no mesmo segmento de mercado.

O gerenciamento logístico tem capacidade de causar impacto tanto no numerador quanto no denominador da relação de valor para o cliente. Essa questão torna-se mais clara se expandirmos a relação do seguinte modo:

$$\text{Valor para o Cliente} = \frac{\text{Qualidade X Serviços}}{\text{Custo X Tempo}}$$

Para Christopher (2007), cada um dos elementos constituintes pode ser assim definido:

- **Qualidade:** a funcionalidade, o desempenho e a especificação técnica da oferta.
- **Serviços:** a disponibilidade, o suporte e o compromisso com o cliente.
- **Custo:** os custos de transação do cliente, incluindo preço e custos derivados do ciclo de vida.
- **Tempo:** o tempo necessário para responder às exigências do cliente; por exemplo, tempo de espera e entrega.

4.6 Estratégia X indicadores de desempenho

As estratégias servem como guia para as empresas desenvolverem e utilizarem recursos-chave, para atingir os objetivos desejados em um ambiente dinâmico e competitivo (Fawcett e Clinton, 1997). No entanto, os impactos que as estratégias têm nas operações dependem de como elas são transmitidas para a organização e da sistemática de sua avaliação.

O desenvolvimento de um comportamento operacional compatível com a estratégia definida é fortemente influenciado pelo acompanhamento de indicadores que monitoram as atividades que agregam valor ao negócio. Em outras palavras, os indicadores de desempenho são um meio para se analisar o cumprimento dos objetivos previamente traçados pelo planejamento estratégico.

4.6.1 Indicadores de desempenho logístico

Os indicadores tornaram-se tão populares para controlar a qualidade da manufatura que passaram a ser usados em outras áreas para outras finalidades. Na Logística, eles avaliam e auxiliam o controle de sua performance.

A busca por eficiência tem como pré-requisito a alta qualidade dos serviços prestados ao cliente final (Fleury, 2000). No entanto, atualmente, para se atingir esse objetivo, não basta apenas aprimorar as atividades internas da empresa. É fundamental também que exista um alto nível de integração entre os parceiros de uma mesma cadeia.

As empresas têm se conscientizado, cada vez mais, de que não é possível atender às exigências de serviço dos clientes e, simultaneamente, cumprir com os objetivos de custo da empresa, sem trabalhar de forma coordenada com outros participantes da cadeia de suprimentos (Fleury, 2000).

Como a atividade logística na maioria das vezes não é a atividade fim das organizações, mas é vista como valor agregado na forma de nível de serviço prestado ao cliente, destacam-se a avaliação da qualidade do serviço e os indicadores organizacionais relacionados aos serviços, antes de propriamente introduzir os indicadores de desempenho.

Sharma e colaboradores (1995, p. 12) acreditam que a satisfação dos clientes é fundamental para o sucesso da empresa, pois o nível de satisfação determina se o cliente fará novos negócios com ela ou a indicará para outros. Nesse caso, o desempenho do produto é destacado pelos autores como um fator importante para que a satisfação seja atingida.

Entretanto, o atual ambiente de negócios torna difícil a obtenção de vantagens competitivas sustentáveis por meio do fornecimento de produtos de qualidade superior, pois outras empresas são capazes de fazer o mesmo. Por esse motivo, os autores sugerem que serviços logísticos superiores são uma ferramenta importante para gerar a satisfação dos clientes e desenvolver uma vantagem competitiva sustentável, pois, além de não serem facilmente reproduzíveis, também não são percebidos como uma arma competitiva pelos concorrentes.

Segundo Gianesi e Corrêa (1996), os clientes avaliam um serviço pela comparação entre sua expectativa e sua percepção em relação ao serviço realizado.

Quanto ao potencial conflito entre as expectativas do cliente e sua real necessidade, os mesmo autores sugerem que se devem identificar tanto as expectativas e necessidades desse cliente e atender suas expectativas no curto prazo quanto visar a suas reais necessidades no longo prazo e procurar identificar as expectativas para que convirjam para as necessidades.

Esses autores também enfatizam a importância de indicadores de desempenho que meçam a satisfação do cliente sobre os processos considerados. Propõem medidas objetivas, quantificáveis, mas também outras que meçam o desempenho qualitativo, tão importante para a avaliação.

Assim, os indicadores de desempenho logístico podem monitorar a qualidade das atividades logísticas internas ou a de seus parceiros (fornecedores).

O aprimoramento da logística interna da empresa, por meio da melhoria dos processos e do fluxo de dados e informações que trafegam em cada um dos departamentos e entre essas entidades, há tempos vem sendo objeto de preocupação das empresas. Por isso, o monitoramento das atividades logísticas internas não é uma novidade no ambiente empresarial.

Evidentemente, em uma empresa existem vários processos logísticos. No entanto, o acompanhamento de indicadores para todos eles não é recomendado, sob pena de tornar o processo de coleta de dados demasiadamente complexo e dificultar a tomada de decisões diante de informações dispersas. Aqui, os indicadores de desempenho logístico interno, segundo Ângelo (2005), compreendem quatro áreas-chave:

- atendimento do Pedido ao Cliente;
- gestão de Estoques;
- armazenagem;
- gestão de Transportes.

A necessidade em aprimorar as relações entre empresas de uma cadeia fez surgir a preocupação com o monitoramento de indicadores de âmbito externo. Muito mais do que ferramentas de acompanhamento do serviço prestado pelos parceiros da cadeia de suprimentos para possível negociação, os indicadores de desempenho logístico externo são fundamentais para definir políticas e processos internos que dependem do desempenho de seus parceiros. Além disso, eles são essenciais na coordenação de políticas que garantam a competitividade da cadeia de suprimentos.

Quadro 4.1 Principais indicadores em operações de serviços (resumo de autores)

INDICADOR	DEFINIÇÃO NA LITERATURA DE OPERAÇÕES EM SERVIÇOS
Quantidade	Essa dimensão tem uma definição muito ampla, podendo representar diversas medidas, como volume, peças, receitas (Thompson, 2002).
Qualidade	Qualidade é o hiato entre a expectativa do cliente e sua percepção do serviço prestado (Parasumaran, Zeithaml e Berry, 1998), o que exige a definição de atributos da qualidade.
Eficácia	Definida como "fazer a coisa certa", expressa de forma quantitativa o alcance de uma meta ou objetivo do negócio (Vuorinen et al., 1998). Costuma ser medida comparando o resultado alcançado contra uma meta de resultado estabelecida, sem levar em conta o consumo de recursos.
Nível de serviço	Planejamento quantitativo (ou objetivo) da qualidade que indica uma meta (Slack e Lewis, 2001). É um tipo específico de eficácia. Exemplo: percentual de atendimentos realizados dentro de uma meta de tempo.
Eficiência	Definida como "fazer certa a coisa", expressa de forma quantitativa quanto uma atividade consome de insumos para gerar dada quantidade de produto (Vuorinen et al., 1998). Costuma ser medida comparando o consumo de insumos para obter determinada saída contra um padrão de consumo estabelecido para aquela saída.
Produtividade	Expressa uma relação quantitativa entre fatores de produção (entradas do processo de transformação) e produtos (saídas do processo de transformação) (Gupta, 1995; Looy et al., 1998; Vuoeinen et al., 1998). Costuma ser medida como uma taxa da saída do processo (numerador) pela entrada do processo (denominador). Pode ser dimensional (reais por empregado ou produtos por minuto) ou adimensional (reais por reais).

Fonte: Gomes, 2004, p. 122.

O estabelecimento de padrões é parte do planejamento e deve estar em conformidade com a estratégia, mediante os recursos e procedimentos adotados. Os padrões, segundo Certo e Peter (1993), são:

> "medidas de desempenho que possibilitarão ao negócio atingir seus objetivos de longo prazo com sucesso".

Portanto, o momento de estabelecer padrões no processo de planejamento é o mesmo em que devem ser encontrados e definidos parâmetros para avaliação do desempenho dos métodos competitivos, os quais são escolhidos para que se realize a estratégia da empresa. E é por meio deles que se detalham as expectativas dos gestores e projetistas sobre o que se espera das operações.

Existem padrões naturais, tais como os de tempo de tarefa, de produtividade e de custos, que são mais fáceis de determinar; e padrões mais ambíguos e artificiais, tais como qualidade, que requerem revisões e auditorias, pois elas minimizam a ambiguidade – uma grave ameaça ao processo de gestão eficaz.

Para se evitar a ambiguidade é necessária uma definição precisa e comunicação eficaz dos padrões, evitar excesso de generalização, estabelecer correlação entre padrões e sistemas de medição e avaliação de desempenho. Conforme sugere Schmenner (1999), são providências importantíssimas, que requerem a participação de:

- especialistas, que podem fazer parte do próprio quadro de funcionários da empresa e que conheçam bem as tarefas;
- engenharia de processo, que utiliza técnicas como estudos e tempos e movimentos, análise de atividade ou processo para racionalização de recursos;
- especialistas em marketing, conhecedores das expectativas dos clientes;
- especialistas em ***benchmarking***, capazes de absorver o que melhor se faz no ambiente da empresa e o que pode ser utilizado em seu benefício.

Enfim, é necessário operacionalizar medidas úteis e consistentes sobre o que se deseja administrar. Deve-se, segundo Sink e Turttle (1989), definir como:

- coletar os dados necessários para a medida;
- decidir o que é contábil para a medida, qual escala será usada e qual atributo;
- decidir qual é o processo, o tratamento e a transformação de dados em informação e no correspondente relato.

Para operacionalizar as medidas que avaliarão o desempenho, é importante entender sua dimensão estratégica, ou seja, detectar o que ele deve refletir, em termos dos fatores estratégicos do negócio, das bases competitivas, das competências e dos métodos essenciais, a serem adotados para o sucesso organizacional. Tais fatores devem ser representados por números que possam ser computados como atributos.

Os indicadores de processo são específicos e devem ser elaborados pela equipe com a participação da administração para garantir a convergência de interesses em direção a metas estratégicas.

Como o objetivo dessas melhorias é atender às necessidades dos consumidores, e assim garantir o desejo de sucesso dos negócios dos empreendedores, os indicadores de desempenho da estratégia devem privilegiar os critérios de avaliação que motivem e encorajem a organização a realizar os objetivos estratégicos.

4.7 Perspectivas de medição

O Modelo de Competência Logística, desenvolvido na pesquisa World Class Logistics no ano de 1995, sugere que a competência "mensuração do desempenho logístico" é composta por três habilidades ou perspectivas de medição de performance: a avaliação funcional ou por atividades, a avaliação de processo ou de sistema e o *benchmarking*. Além do grupo de Michigan, outros autores, como Bowersox (2001), também discutem a perspectiva mais adequada para a mensuração de desempenho.

As medidas funcionais avaliam a eficiência e a eficácia das tarefas. Para Bowersox (2001), elas são pré-requisitos para o gerenciamento e controle do desempenho logístico, fornecendo aos gerentes informações para identificação de problemas e a base para a melhoria contínua. Entretanto, de forma geral, não avaliam o desempenho do processo completo de satisfação dos clientes.

Para Christopher (2007), o conceito de processo engloba a ideia de uma série de elementos conectados, que formam um todo e mostram propriedades de conjunto preferenciais em relação às das partes individuais que o compõem. Sob essa perspectiva, uma empresa pode ser vista como uma série de subsistemas organizados de forma funcional, que interagem entre si para atingir objetivos comuns e minimizar as contradições internas.

Ainda segundo Bowersox (2001), as métricas e os processos do *benchmarking* são componentes fundamentais para o alcance da competência logística e obtenção de vantagens competitivas. Além disso, o *benchmarking* é um aspecto essencial para a mensuração abrangente do desempenho logístico.

ESTUDO DE CASO

Como estudo de caso, citarei uma pesquisa realizada por meu grupo de pesquisa em qualidade em serviços logísticos, trabalho publicado no XXIX ENEGEP (Encontro Nacional de Engenharia de Produção), sob o tema: "Análise da qualidade de serviços de prestadores em serviços logísticos".

Como metodologia de pesquisa, optou-se por um trabalho de levantamento em empresas do segmento de prestação de serviços logísticos. Dessa forma, para medição de indicadores foi desenvolvido um questionário que contemplasse esses indicadores a serem medidos. Nesse questionário, estabeleceram-se questões relativas a determinados grupos que impactam na qualidade dos serviços logísticos. Após a coleta dos principais grupos da empresa, foram feitas questões referentes aos seguintes temas:

- gestão de pessoas;
- clientes;
- padronização;
- sistemas de medição;
- melhorias contínuas;
- fornecedores;
- liderança.

Para cada grupo foram realizados determinados números de perguntas, pontuadas numa escala de 1 a 6, onde 1 corresponde a regular e 6 a ótimo.

Para execução da pesquisa foram entrevistadas 23 empresas de todos os portes.

Resultados

Os dados tabulados permitiram analisar a qualidade nas empresas pesquisadas. Além disso, a pesquisa permitiu também que os itens analisados fossem considerados indicadores de qualidade que podem ser medidos por outras empresas, permitindo que essas se comparem aos prestadores de serviço logístico pesquisados.

Gestão de pessoas

Quanto à gestão de pessoas, os resultados são apresentados na Figura 4.3.

Figura 4.3 Gestão de Pessoas

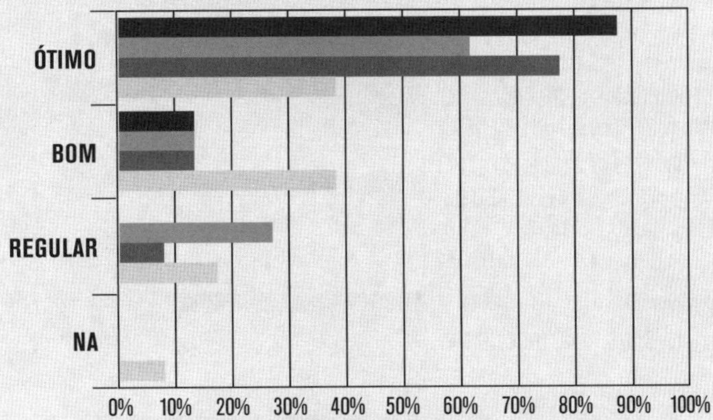

- Os funcionários têm os recursos necessários para executar suas atividades com a qualidade requerida.
- O planejamento para capacitação e treinamento envolve 100% dos funcionários.
- Existe uma descrição do cargo que inclui as definições de perfil e requisitos desejáveis do funcionário.
- As pessoas têm poder para fazer mudanças no trabalho.

Fonte: Formigoni, A; Rodrigues, E. F.; Reis, J. G. M. Evidencia-se, pela figura, que a maioria das empresas provê os funcionários de recursos necessários para que suas atividades sejam exercidas no melhor nível de qualidade. Claro que isso não significa a ausência de variâncias no serviço, pois elas são influenciadas pelo fator humano.

Informações relativas aos clientes

Quanto às informações relativas aos clientes, os resultados são apresentados na Figura 4.4.

Figura 4.4 Informações relativas aos clientes

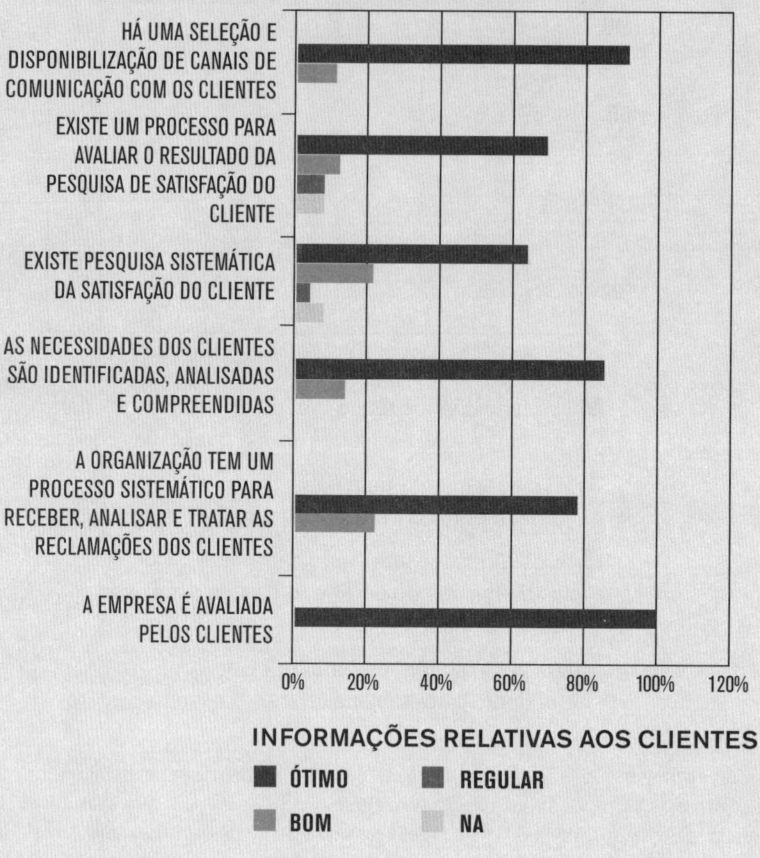

Fonte: Formigoni, A.; Rodrigues, E. F.; Reis, J. G. M.

As empresas se mostram aptas a atender as exigências dos clientes e facilitar o acesso deles a essas exigências.

Informações relativas à padronização

Quanto às informações de padronização, os resultados são apresentados na Figura 4.5.

Figura 4.5 Informações relativas à padronização

Fonte: Formigoni, A.; Rodrigues, E. F.; Reis, J. G. M.

Informações relativas aos sistemas de medição

Quanto às informações relativas aos sistemas de medição das empresas, os resultados são apresentados na Figura 4.6.

Figura 4.6 Informações relativas aos sistemas de medição

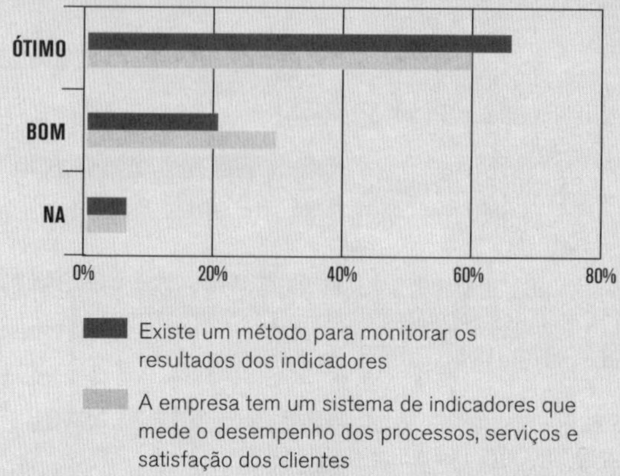

Fonte: Formigoni, A.; Rodrigues, E. F.; Reis, J. G. M.

De acordo com o gráfico, a maioria das empresas afirma monitorar seus resultados.

Informações relativas à melhoria contínua

Quanto às informações relativas à melhoria contínua, os resultados obtidos são apresentados na Figura 4.7.

Figura 4.7 Informações relativas à melhoria contínua

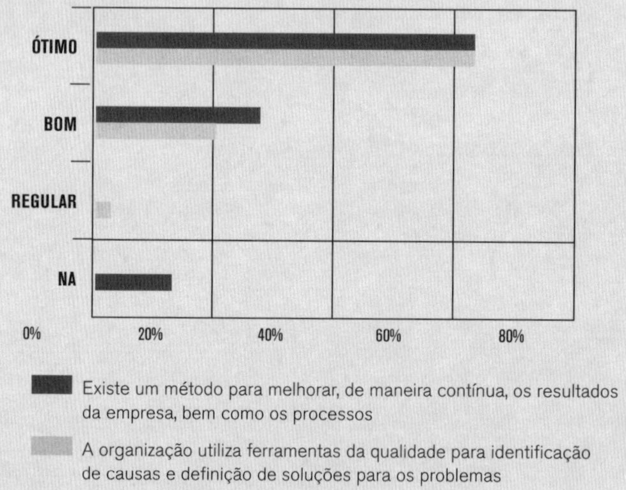

Fonte: Formigoni, A.; Rodrigues, E. F.; Reis, J. G. M.

A Figura 4.7 demonstra a importância da qualidade e da melhoria contínua para as empresas pesquisadas.

Informações relativas aos fornecedores

Os resultados obtidos quanto às informações relativas aos fornecedores são apresentados na Figura 4.8.

Figura 4.8 Informações relativas aos fornecedores

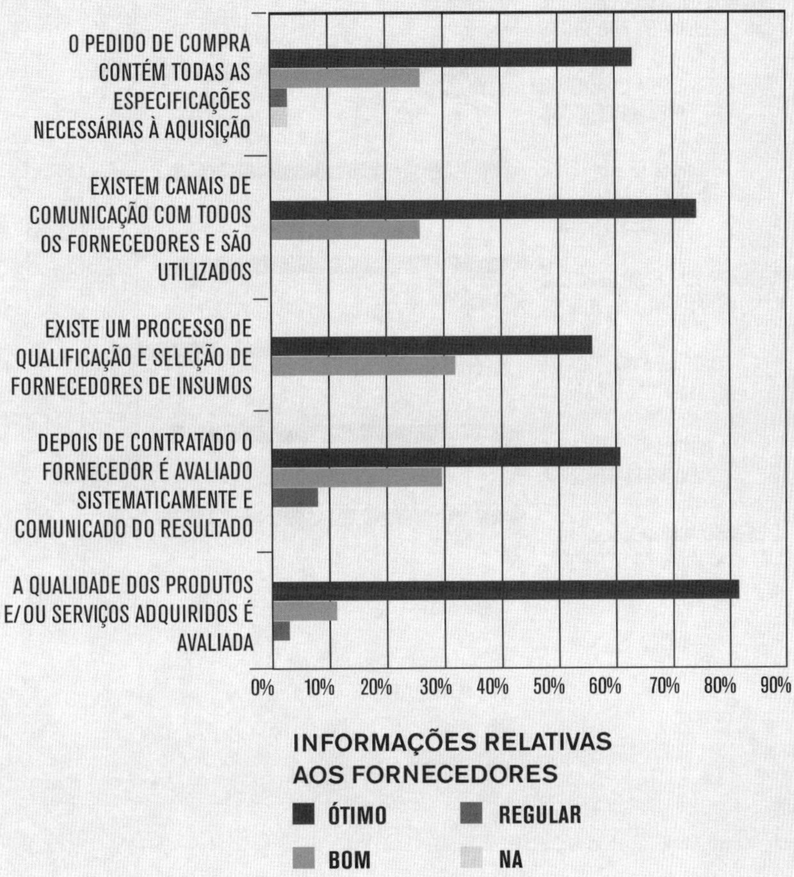

Fonte: Formigoni, A.; Rodrigues, E. F.; Reis, J. G. M.

A Figura 4.8 demonstra que as empresas estão aptas a lidar com seus fornecedores.

Liderança

Quanto à liderança, os resultados são apresentados na Figura 4.9.

Figura 4.9 Liderança

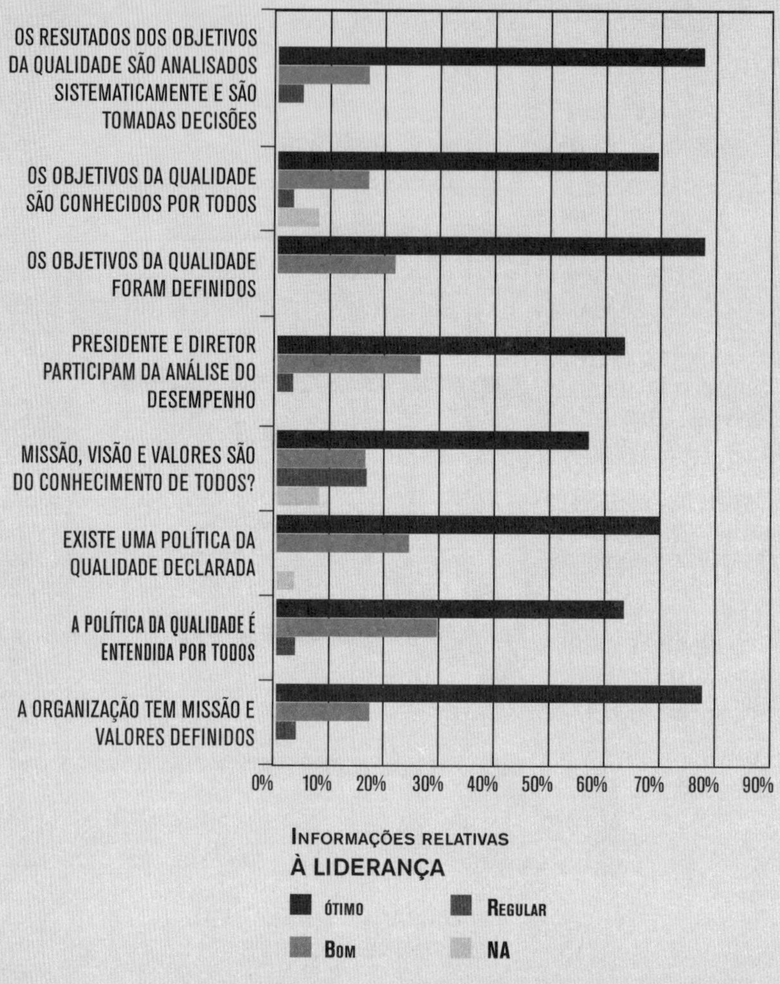

Fonte: Formigoni, A.; Rodrigues, E. F.; Reis, J. G. M.

Considerações finais

O objetivo deste trabalho foi avaliar a qualidade dos prestadores de serviços logísticos, bem como propor indicadores para avaliá-la.

A pesquisa permite também que empresas do mesmo segmento utilizem seus resultados para se compararem com outros provedores de serviço logístico.

Como crítica ao modelo, considera-se que, para uma maior precisão da avaliação da qualidade dos prestadores de serviços logísticos, caberia avaliar a satisfação do cliente, a qual será o próximo passo dessa pesquisa.

Referências

ABNT/ CB–25. *Comitê Brasileiro de Qualidade*. Disponível em <http://www.inmetro.gov.br/qualidade/cb25docorient.pdf>. Acesso em: 28 ago. 2008.

ÂNGELO, Lívia B. *Indicadores de desempenho logístico*. Santa Catarina: UFSC, 2005.

BARROS, C. D'Artagnan C. *Excelência em serviços*: questão de sobrevivência no mercado. Rio de Janeiro: Qualitymark, 1996.

BALLOU, R. H. *Gerenciamento da cadeia de suprimentos/logística empresarial*. Porto Alegre: Bookman, 2006.

_______. *Logística empresarial:* transportes, administração de materiais e distribuição física. São Paulo: Atlas, 1993.

BOWERSOX, D. J.; CLOSS, D. J. *Logística empresarial*. São Paulo: Atlas, 2001.

CAMPOS, V. F. *Controle da qualidade total:* no estilo japonês. Rio de Janeiro: Bloch, 1992.

CERTO, S. C.; PETER, J. P. *Administração estratégica:* planejamento e implantação da estratégia. São Paulo: Makron Books, 1993.

CHRISTOPHER, Martin. *Logística e gerenciamento da cadeia de suprimentos*. 2. ed. São Paulo: Thomson Learning, 2007.

CONCEIÇÃO, Samuel V. *Avaliação de desempenho logístico da cadeia brasileira de suprimentos de refrigerantes*. Belo Horizonte: UFMG, 2004.

CROSBY, P. B. *Qualidade é investimento*. Rio de Janeiro: José Olimpio, 1985.

DEMING, W. E. *Qualidade e revolução da administração*. Rio de Janeiro: Marques Saraiva, 1990.

FAWCETT, S. E; CLINTON, S. R. *Logística e gerenciamento da cadeia de suprimentos*. São Paulo: Pioneira, 1997.

FLEURY, Paulo Fernando. *Logística empresarial a perspectiva Brasil*. São Paulo: Imam, 2000.

FLEURY, Paulo; RIBEIRO, Aline. *A Indústria de operadores logísticos no Brasil:* uma análise dos principais operadores, Rio de Janeiro, 2001.

FORMIGONI, A; RODRIGUES, E F; REIS, J G M. *Análise da qualidade de serviços em prestadores de serviços logísticos*. XXIX ENEGEP, 2009.

GIANESI, I. G. N.; CORRÊA, H.L. *Administração estratégica de serviços*: operações para a satisfação do cliente. São Paulo: Atlas, 1996.

GOMES, L. M. *O Dilema entre qualidade e produtividade no serviço de atendimento ao cliente (SAC)*: Um estudo de caso brasileiro. Tese (Mestrado em administração UFRJ). 2003. Disponível em: <http//www.centrodelogistica.com.br/new/teses/pdf/20set04_Leonardo_Gomes.pdf.> Acesso em: 16 jul. 2008.

GOMES, Carlos Francisco Simões; RIBEIRO, Priscilla Cristina Cabral. *Gestão da cadeia de suprimentos integrada à tecnologia da informação*. São Paulo: Thomas Learning, 2004.

GUPTA, K. 1995. Motion planning for re-orientation using finger tracking. In: Proceedings of the 1995 IEEE International Conference on Robotics and Automation, 1995. p. 446-451.

HIJJAR, Maria F. *Diagnóstico externo do desempenho logístico:* utilizando pesquisas de serviço ao cliente para identificação de oportunidades de melhorias. Rio de Janeiro: UFRJ, 2005.

JURAN, J. M. *Juran na liderança pela qualidade*. São Paulo: Pioneira, 1993.

JURAN, J. M.; GRYNA, F. *Controle da qualidade*: conceitos, políticas e filosofias da qualidade. São Paulo: Makron Books, McGraw-Hill, 1991.

KOTLER, P. *Administração de marketing:* análise, planejamento, implementação e controle. 5. ed. São Paulo: Atlas, 1998.

LAS CASAS, A. L. *Marketing de serviços*. 2. ed. São Paulo: Atlas, 2000.

______. *Qualidade total em serviços:* conceitos, exercícios, casos práticos. 3. ed. São Paulo: Atlas, 1999.

LUNA, M. M. M. Operadores logísticos. In: NOVAES, A. G. *Logística e gerenciamento da cadeia de distribuição*. Rio de Janeiro: Elsevier, 2007.

MENDES, M. O. *Serviços industriais, resposta técnica, sistema brasileiro de resposta técnica*. Ministério da Ciência e Tecnologia. 2005. Disponível em: <http://sbrt.ibict.br/upload/sbrt392.pdf>. Acesso em: 24 ago. 2008.

MUSCAT, A; FLEURY, A. *Indicadores da qualidade e produtividade na indústria brasileira. Revista indicadores da Qualidade e Produtividade Brasileira*, vol. 1, fev. 1992.

OAKLAND, J. S. *Gerenciamento da qualidade total:* TQM. São Paulo: Nobel, 1994.

PALADINI, E. P. *Gestão da qualidade:* Teoria e prática. 2. ed. São Paulo: Atlas, 2004.

PARASURAMAN, A; BERRY, Leonard L; ZEITHAML, Valarie A. SERVQUAL: A Multiple-item scale for measuring consumer perceptions of service quality. *Journal of Retailing*, 64, 1, p.12-40, 1988.

PORTER, M. E. *Estratégia competitiva:* técnicas para análise de indústrias e da concorrência. Rio de Janeiro: Campus, 1986.

REZENDE, Antonio Carlos et. al. *Dicionário do IMAM:* supply Chain, logística, movimentação e armazenagem, embalagem, transporte, comércio exterior, produtividade, qualidade, tecnologia da informação. 2. ed., rev. e ampl. São Paulo, SP : IMAM, 2008.

ROBLES, L. T. *A Prestação de serviços de logística integrada na indústria automobilística no Brasil:* em busca de alianças logísticas estratégicas.Tese (Doutorado). São Paulo: Universidade de São Paulo, 2001.

RODRIGUES, P. R. A. *Introdução aos sistemas de transporte no Brasil e à logística internacional.* 3. ed. São Paulo: Aduaneiras, 2006.

SHARMA, A.; GREWAL, D.; LEVY, M. The customer satisfaction/logistics interface. *Journal of Business Logistics*, v. 10, n. 2, p. 1-21, 1995.

SCHMENNER, R. W. *Administração de operações em serviços*. São Paulo: Futura, 1999.

SINK, S.; TURTTLE, T. *Planning and measurement in your organization of the future*. Georgia: Industrial of Engineers, 1989.

SLACK, N. et al. *Administração da produção*. São Paulo: Atlas, 1996.

SLACK, N.; LEWIS, M. *Operations Strategy*. New York: Prentice Hall, 2001.

STOFFEL, I. *Administração do desempenho:* metodologia gerencial de excelência. Florianópolis: Perspectiva, 1997.

THOMPSON, Arthur A. Jr.; STRICKLAND, A. J. III. *Planejamento estratégico:* elaboração, implementação e execução. São Paulo: Pioneira Thomson Learning, 2002.

VAN LOOY, B; DESMET, S; KROLS, K; VAN DIERDONCK, R. Psychological Empowerment in a service environment: some empirical findings. *Advances in Services Marketing and Management*. 7, p. 293-311, 1998.

VUORINEN, I; HA¨NNINEN, J; VIITASALO, M.; HELMINEN, U; KUOSA, H. Proportion of copepod biomass declines with decreasing salinity in the Baltic Sea. *ICES Journal of Marine Science*, 55, p. 767–774, 1998.

ZIMMERMMAN, C. D; ENEL, J. W. Indústrias de serviços. In: JURAN. J.; GRYNA, F. M. *Controle da Qualidade:* qualidade em diferentes sistemas de produção. São Paulo: Makron Books: McGraw-Hill, 1991.

5

DISTRIBUIÇÃO E MARKETING

VISÃO DO CAPÍTULO

A organização dos canais de distribuição é de suma importância para que produtos e serviços alcancem seu consumidor final. Assim, compreender o que são, suas características e como se dividem é essencial para uma logística eficiente. Os canais de distribuição são, então, responsáveis pelas transferências dos bens e responsabilidades numa cadeia de suprimentos. Outro aspecto importante aos consumidores que deve ser considerado são as estratégias de distribuição física a serem utilizadas. De acordo com a opção escolhida, a distribuição física afeta as percepções do cliente quanto ao preço e serviço. Todas essas atividades relacionam-se ao marketing, que tem papel fundamental no processo de distribuição, pois é ele que define o mercado e como atendê-lo. Neste capítulo abordaremos: os canais de distribuição, os tipos de distribuição física, marketing no canal de distribuição, conflitos e o papel estratégico do marketing na logística. Ao final, teremos um estudo de caso que demonstrará a aplicação prática dos conceitos abordados no capítulo.

OBJETIVOS DO CAPÍTULO

Proporcionar ao leitor os conhecimentos de canal e distribuição, sua importância e funcionalidade diante de um cenário logístico de uma empresa, sob os aspectos da:

- aplicabilidade do marketing, e sua estratégia de relacionamento;
- estrutura dos canais;
- influência dos modais no canal.

5.1 Canais de distribuição

Os canais de distribuição representam a transferência de posse das mercadorias que ocorre do fabricante, passando pelos varejistas e/ou atacadistas até chegar ao consumidor final.

Bowersox, Closs e Cooper (2006) afirmam que o canal de distribuição pode ser definido como uma rede de organizações e instituições que, em combinação, desempenham todas as funções exigidas para ligar fabricantes a clientes finais, a fim de realizar a tarefa de marketing.

Dessa forma, os canais de distribuição envolvem:

- **Fabricantes**: que são responsáveis pela produção dos produtos acabados.
- **Atacadistas**: que atuam como intermediários para que os fabricantes possam alcançar mercados em que há menor acesso de distribuição.
- **Distribuidores**: que representam os fabricantes nos diversos mercados para a distribuição dos produtos.
- **Varejistas**: que revendem os produtos da cadeia de distribuição (lojistas).
- **Assistência técnica**: que prestam serviços de pós-venda.

Diante desse tipo de estruturação, é possível questionar:

Por que existem intermediários na comercialização de produtos?

Por que os grandes varejistas, por exemplo, não fabricam os produtos que comercializam?

Por que a manufatura não se encarrega de vender seus próprios produtos?

A resposta a essas questões envolve a eficiência do sistema. A estrutura do canal de distribuição garante a rápida disponibilidade do produto nos segmentos de mercado identificados como prioritários; intensifica ao máximo o potencial de vendas do produto comercializado; permite a cooperação entre os participantes da cadeia de suprimentos; garante um nível de serviço preestabelecido pelos parceiros da cadeia de suprimentos a todos os atores; garante um fluxo rápido e preciso de informações entre os elementos participantes da cadeia; permite, de forma integrada e permanente, a redução de custos, atuando não isoladamente, mas sim com base na análise da cadeia de valor.

Alguns exemplos de canais de distribuição podem ser vistos na Figura 5.1.

Figura 5.1 Exemplos de canais de distribuição

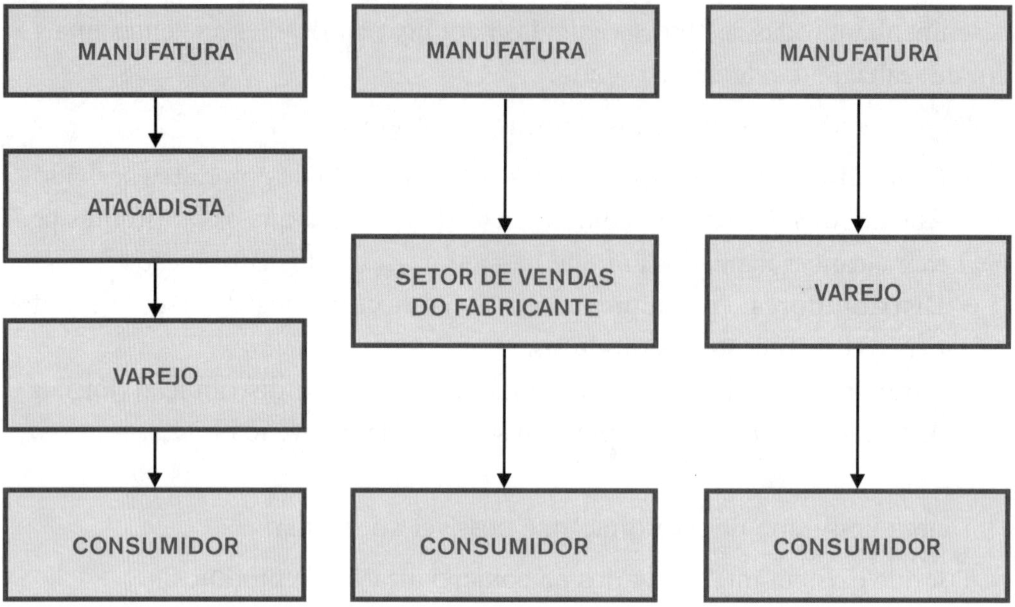

Fonte: adaptado de Novaes, 2007, p. 424.

Os tipos de estruturas dos canais de distribuição variam de produto para produto e de mercado para mercado. Algumas situações possíveis são:

- o fabricante abastece diretamente as lojas de varejo;
- o fabricante abastece seus próprios depósitos ou centros de distribuição e, a partir daí, abastece as lojas de varejo;
- o fabricante abastece os centros de distribuição do varejista, que, por sua vez, abastecem as lojas;
- o fabricante abastece os depósitos do atacadista ou distribuidor que, por sua vez, abastecem as lojas;
- o fabricante distribui seus produtos para o centro de distribuição de um operador logístico que, posteriormente, faz a entrega às lojas de varejo;
- o fabricante entrega o produto diretamente no domicílio do consumidor final, utilizando o serviço de correio ou serviço de *courier*.

Independentemente da forma utilizada, os canais de distribuição facilitam o processo de distribuição de produtos, entretanto é importante que se tenha em conta a diferença entre canais de distribuição e distribuição física: o primeiro consiste na transferência da posse entre os atores da cadeia de suprimentos; já a distribuição física consiste na transferência física dos produtos entre os atores à jusante da cadeia de suprimentos. A seguir, vamos estudar mais detalhadamente o processo de distribuição física.

5.2 Distribuição

A explosão de variedade de produtos e serviços e o aumento das necessidades humanas por alimentos, roupas, carros, tecnologias geraram uma demanda enorme para os serviços logísticos. Esse impacto tem levado as operações logísticas a um lugar de destaque nas organizações. As atividades que compõem a logística são várias, desde o processo de compras, passando pelo processo de armazenagem, terminando no processo de transporte. Na figura 5.2 é possível demonstrar as diversas atividades logísticas.

Figura 5.2 Atividades logísticas

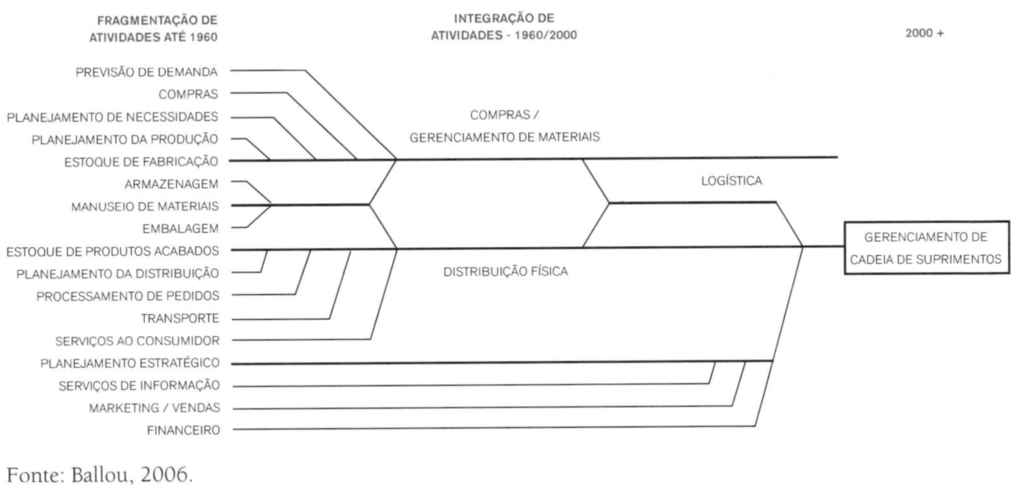

Fonte: Ballou, 2006.

Com a evolução dos conceitos de logística, suas atividades, que nos anos 1960 eram fragmentadas, foram se agrupando, formando o conceito atual de logística e, posteriormente, convergindo ao *Supply Chain Management*. Nesse processo a então distribuição física tem um papel de extrema importância para o sucesso das organizações. O professor Ronald Ballou (1993), um dos principais desenvolvedores da logística empresarial mundial, afirma que a distribuição física consiste na entrega dos produtos nos elos finais da cadeia de suprimentos, ou seja, à jusante do fabricante, seguindo ao varejo e/ou ao consumidor final.

Distribuição física é o ramo da logística empresarial que trata da movimentação, estocagem e do processamento de pedidos dos produtos finais da firma.

Novaes (2007) corrobora o exposto afirmando que a distribuição física compreende os processos operacionais e de controle que permitem transferir os produtos desde o ponto de fabricação até o ponto em que a mercadoria é finalmente entregue ao consumidor.

Para se realizar a distribuição física, é importante estabelecer atributos do processo, ou seja, quais são as características a serem consideradas para o seu sucesso operacional, que podem ser identificados como:

- tipo de distribuição a ser adotada de acordo com o canal de distribuição escolhido;
- tipos de modo de transporte a serem utilizados: rodoviário, ferroviário, aéreo, marítimo, dutoviário;
- tipos de veículos de cada categoria;
- utilização de *transit points*, centros de distribuição, armazéns;
- distância do mercado;
- características da carga: perecibilidade, fragilidade, periculosidade;
- risco da operação;
- tempo de atendimento entre pedido e entrega.

O **tipo de distribuição** é a combinação das estratégias a serem utilizadas para cumprir com o que foi estabelecido nos canais de distribuição.

Os **tipos de modo de transporte** são as diferentes possibilidades de transporte, cuja escolha depende de diversas análises, como disponibilidade, frequência e qualidade do serviço. Esses fatores afetam diretamente a escolha do modal de transporte.

Os **tipos de veículos** correspondem ao equipamento a ser utilizado em determinado modo de transporte. Por exemplo, se o modo rodoviário é escolhido para o transporte, é necessário estudar o tamanho desse veículo, seu peso bruto total, sua tara líquida, se todas as ruas por onde circulará têm acesso a esse tipo de veículo; além das decisões quanto ao tipo de carroceria a ser utilizada: graneleira, frigorificada, plataforma etc.

Utilização de ***transit point***; centros de distribuição e armazéns são utilizados com a finalidade de aumentar a eficiência do processo de distribuição dos produtos, pois permitem o uso de estratégias de carregamento e descarregamento como *cross-docking*, montagem, combinação, fracionamento, além de facilitar a penetração nos mercados.

A **distância do mercado** é outro fator a ser considerado. Quanto mais distantes forem os mercados, maior é a necessidade de intermediários nos canais de distribuição e de instalações físicas ou estratégias de distribuição.

As **características da carga** também são um fator preponderante na distribuição. Se o produto é perecível, necessita de determinados cuidados; se é frágil, dificulta o empilhamento; se químico, exige transporte em separado. Assim, é fundamental saber as características da carga para lidar com sua compatibilidade ou seu carregamento adequado.

O **risco da operação** é mais um aspecto para se lidar na distribuição. Carregamentos de medicamentos, por exemplo, possuem limitações de quantidades de transporte por veículo, devido a seu alto valor agregado, além de que os operadores ficam sujeitos a risco de morte nos assaltos e interceptações. Os produtos químicos e perigosos, por sua vez, apresentam risco ambiental, de incêndio e explosão, o que torna o processo de distribuição extremamente complexo e burocrático.

Finalmente, **o tempo de atendimento entre pedido e entrega**, o chamado *lead time* das operações, tem um impacto direto na distribuição. Quanto menores os prazos, maiores são as necessidades de equipamentos e instalações para cumpri-los de acordo com o requerido pelos clientes.

O processo de distribuição física pode ser realizado de duas maneiras: a distribuição um para um, ou seja, uma origem e um destino; a distribuição um para muitos, com uma origem e múltiplos destinos, conforme se vê na Figura 5.3.

Figura 5.3 Tipos de distribuição física

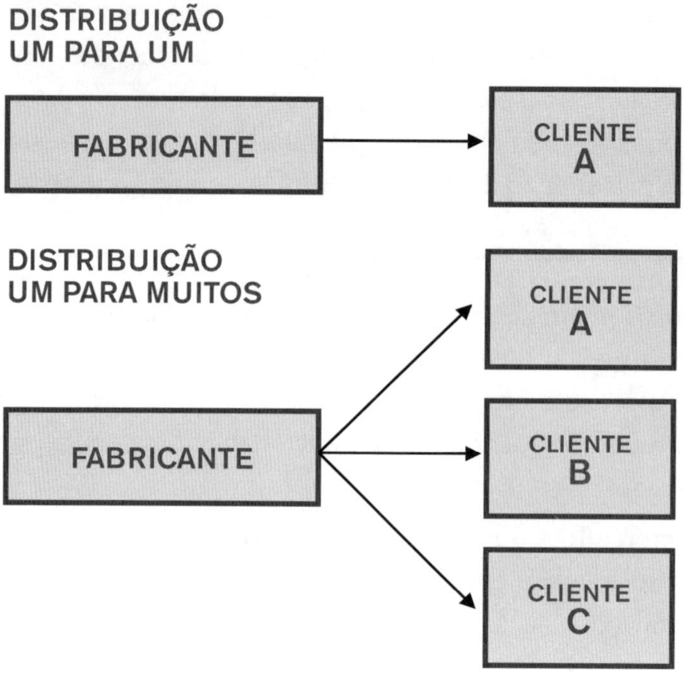

Fonte: elaborado pelos autores.

5.3 Distribuição um para um

A distribuição física um para um, também conhecida como transferência, consiste na movimentação de cargas de uma única origem para um único destino. Esse tipo de distribuição é utilizado para grandes clientes, para transferir carga no processo de distribuição, ou ainda para facilitar o processo. Geralmente é utilizado nos processos anteriores à chegada ao consumidor final ou ao varejista.

O transporte para esse tipo de distribuição é feito por veículos maiores como carretas, bitrens, ou até mesmo por transporte ferroviário. Devido a essa razão, otimizam-se as operações de transporte e reduzem-se os custos individuais de movimentação dos itens, impactando menos o valor do frete no consumidor final.

A distribuição um para um também é utilizada por transportadores para consolidar cargas e diminuir seus custos. Um transportador em São Paulo, por exemplo, pode coletar a carga na região metropolitana com veículos de pequeno porte, consolidar a carga em um centro de distribuição e transferi-la por caminhões de grande porte para o Rio de Janeiro. Depois, fraciona novamente a carga e faz a distribuição um para muitos, reduzindo os custos operacionais. A Figura 5.4 apresenta o esquema citado.

Figura 5.4 Exemplo de distribuição

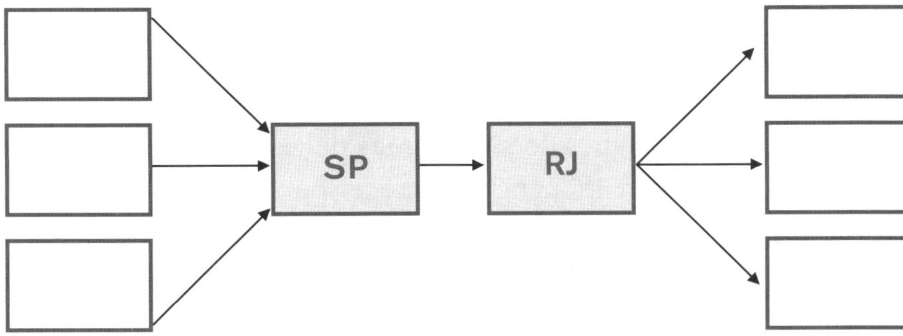

Fonte: elaborado pelos autores.

5.4 Distribuição um para muitos

A distribuição um para muitos consiste na distribuição a partir do fabricante diretamente para os clientes em pequenas quantidades. Um dos exemplos mais visíveis desse tipo de distribuição é o comércio eletrônico, em que o cliente compra pela internet e a empresa faz a distribuição aos seus diversos clientes, muitas vezes utilizando estruturas prontas como a dos Correios.

Esse tipo de distribuição é mais complexo devido ao fracionamento da carga e ao grande número de pontos de entrega. A distribuição um para muitos deve considerar muitos aspectos:

- região atendida;
- número de clientes;
- diversidade da carga;
- áreas de restrição;
- janela de entrega;
- legislações;
- frequência.

O primeiro aspecto a ser considerado é a **região atendida**, que corresponde à área de entrega; de acordo com o tamanho da região, maior será a complexidade operacional.

O segundo aspecto é o **número de clientes**, um fator preponderante para determinar as estruturas necessárias para a operação de distribuição, pois é com base na quantidade que se determinam os veículos necessários e a forma de se roteirizar as entregas.

O terceiro ponto é a **diversidade da carga**, que envolve diferentes tipos de itens, ao contrário da distribuição um para muitos em que a carga geralmente é de um único tipo. Dessa forma, a diversidade da carga afeta a distribuição e os custos relacionados à operação.

Outro ponto a ser referenciado são as **áreas de restrição**, pois a entrega nas regiões metropolitanas sofre influências do poder público que determina regiões de restrição à circulação de determinados veículos, influenciando no processo de distribuição e nos custos associados. Por exemplo, a cidade de São Paulo tem uma área restrita de 100 km² na região central que complica as operações de entrega nessa área.

A **janela de entrega** é outro fator preponderante na distribuição física um para um, pois determina os horários de entrega no processo de distribuição. Com o trânsito cada vez mais caótico, a necessidade de veículos aumenta quando as janelas de entrega são pequenas, ou o serviço piora à medida que os clientes não são atendidos a tempo.

As **legislações** também influenciam no processo de distribuição, determinando horários de acesso, nível de ruído e até mesmo a janela de entrega.

A **frequência** diz respeito à assiduidade com que o cliente recebe a carga. Se a carga é entregue semanalmente, permite que o equipamento e as equipes de trabalho sejam utilizados em outras entregas nos demais dias.

Por fim, outro elemento a ser considerado é a **roteirização**, que influencia a maximização dos equipamentos com um melhor planejamento da rota. Hoje, muitos softwares podem ser utilizados para facilitar o processo de distribuição.

Acima de tudo, o processo de distribuição física envolve planejamento, porém, para efetuá-lo com qualidade, é preciso apurar em detalhe os custos associados e entender as diversas características de públicos e mercados, como também dos equipamentos e instalações necessárias para esse fim.

5.5 Marketing

5.5.1 Marketing na distribuição

Para entender o papel do marketing nos canais de distribuição, precisamos entender o que é marketing, como ele funciona e como pode ser aplicado.

A *American Marketing Association* define marketing como:

> uma função organizacional e um conjunto de processos que envolvem criação, comunicação e entrega de valor aos clientes, bem como a gestão do relacionamento com eles, de modo a beneficiar a organização e seus clientes.

Considerando que sempre haverá a necessidade de se vender algo, podemos determinar o objetivo do marketing como minimizador do esforço de venda. A partir do momento em que se entendem e se conhecem bem as necessidades e características do cliente, o produto se vende por si próprio, convergindo para um cliente que quer comprá-lo, faltando apenas criar os meios que facilitem o acesso do cliente ao produto, o que podemos chamar de acessibilidade.

O marketing pode ser aplicado nas seguintes áreas:

- **Bens:** que constituem a maior parte do empenho do marketing, envolvendo eletrodomésticos, carros, roupas, entre outros, e que sustentam a economia moderna;
- **Serviços:** classificados como bens intangíveis, podem ser exemplificados pelas empresas aéreas, os barbeiros, a hotelaria, as locadoras de autos, assistências médicas, entre outros. Correspondem a 70% da produção dos Estados Unidos e podem ser oferecidos aos clientes como um conjunto de comodidades, como um *fast-food*;
- **Lugares:** trabalham para atrair turistas, empresas e novos moradores, a fim de trazer o desenvolvimento econômico para a região;
- **Propriedades:** usadas no esforço de promover a venda dos direitos intangíveis de posse de imóveis ou bens financeiros, para pessoa física ou jurídica;
- **Organizações:** onde o marketing é aplicado na construção da imagem sólida e positiva no ponto de vista do cliente.

As empresas enviam ao cliente uma proposta de valor, que é

> um conjunto de benefícios que são construídos por um mix de produtos, serviços, informações e experiências.

Essa proposta passa por uma avaliação subjetiva do cliente a respeito do valor percebido e o que está disposto a pagar para adquirir o produto, e será tida como bem-sucedida se proporcionar o valor e a satisfação esperados pelo cliente-alvo.

O valor é o foco do marketing; então, criação, identificação, comunicação, entrega e monitoramento do valor passam a ter uma grande importância quando confrontadas as expectativas e o valor percebido do cliente e, a partir dessa comparação, pode-se averiguar o resultado obtido, com a satisfação ou não do cliente.

5.5.2 Marketing e o canal de distribuição

> Os **canais de distribuição** são os meios utilizados pelas empresas para levar seus produtos aos seus clientes.

O gerenciamento desses canais envolve atividades complexas, pois pretende encontrar um equilíbrio entre os custos e o nível de serviço disponibilizado ao cliente, o que nem sempre é uma tarefa fácil.

A importância da distribuição está no fato de que, se for bem realizada, pode gerar uma vantagem competitiva às empresas, e o oposto pode condenar um produto ou até mesmo a organização, trazendo, assim, consequências indesejáveis.

No gerenciamento do canal de distribuição, há dois fatores que devem ser considerados: a gestão logística, que envolve a colocação do produto no local, o tempo e as condições para consumo (distribuição física); e a estratégia de canal, que desenvolve todos os processos, dentre eles as decisões sobre a estrutura e o processo de gerenciamento (canais de distribuição). O processo de gerenciamento não trata apenas da venda do produto, inclui também a agregação de valor a ele quando facilita a acessibilidade do cliente a ele, atendendo a suas expectativas.

Para Coughlan e colaboradores (2001), o gerenciamento dos canais pode ser dividido em seis etapas:

1. Segmentação: definir as demandas por serviço divididas por segmentos, identificando características e limites ambientais.
2. Posicionamento: definir a estrutura e o fluxo ótimo para o canal de cada segmento.
3. Estabelecimento de novos canais.
4. Aperfeiçoamento dos canais existentes.
5. Definição de alvos, escolha do segmento-alvo considerando os limites gerenciais e ambientais.
6. Implantação do canal.

Os membros do canal desempenham funções nos processos de: reunir informações sobre os clientes, ambientes e concorrentes; desenvolver e divulgar a mensagem para estimular a compra; negociar preços; fornecer condições de armazenagem e movimentação; fornecer condições de financiamento; e assegurar a transferência de posse do bem do fabricante para o comprador.

5.5.3 Marketing de relacionamento no canal de distribuição

Ver o canal de distribuição como apenas um meio de transferência do produto das empresas aos consumidores é uma concepção antiga. Atualmente ele é visto como parte integrante de uma cadeia, que, além de distribuir o produto, agrega-lhe valor. Além disso, hoje se reconhece que os canais oferecem uma vantagem competitiva por meio da possibilidade de disponibilizar o produto de maneira a ser mais eficiente do que a concorrência.

A função do canal não é unilateral. O foco do relacionamento entre os canais está mudando e tende a deixar o sistema de integração vertical para assumir uma integração horizontal. Essas formas afetam a maneira como o canal é controlado, e os pesquisadores determinam três formas diferentes de relacionamento:

- **Controle autoritário:** baseia-se na relação unilateral, e o fabricante impõe suas condições do canal, associada a uma integração vertical.
- **Controle contratual:** meio bilateral em que as partes fazem um acordo em relação às responsabilidades das atividades.
- **Controle normativo:** envolve um compartilhamento das responsabilidades e as partes agem em igualdade de condições, buscando soluções para atender os interesses de ambos.

5.5.4 Conflitos no canal de distribuição

Podemos considerar natural o conflito nos canais de distribuição porque, apesar de haver uma dependência de fabricantes, distribuidores e consumidores, nem sempre existe um alinhamento estratégico entre as partes. O uso do marketing de relacionamento entre as partes pode ser um instrumento valioso para desenvolver um relacionamento baseado na cooperação ou para, ao menos, amenizar o problema.

Apesar da importância do relacionamento entre fabricantes e varejistas, existe uma verdadeira guerra entre as partes, que insistem em melhores condições de negociação, abrindo mão de um processo ganha-ganha, em que se faz necessário um bom entrosamento entre as partes, para um processo perde-ganha, em que apenas uma ganha, por utilizar a força do poder de compra para oprimir uma das partes com poder inferior.

De acordo com Barnes (2002) os relacionamentos entre fornecedores e varejistas são tão importantes quanto os funcionários, pois são vistos como representantes das empresas aos olhos dos clientes.

Podemos considerar, então, que o marketing de relacionamento visa aumentar a satisfação do cliente, propiciando a manutenção e a regularidade das compras, além de despertar a preferência em relação aos produtos da concorrência.

O canal de distribuição gerado entre as partes pode ser considerado uma via de mão dupla, ou seja, é o mesmo canal desenvolvido e oferecido pelo fabricante aos varejistas, podendo haver reciprocidade: o varejista oferece um retorno de informações que envolvem dados, experiências e conhecimento sobre a performance dos produtos nos pontos de venda, efeitos sobre as ações de marketing desenvolvidas pelos fabricantes e, por fim, sobre a relação dos clientes com os produtos. Assim, práticas como o ECR e o *Quick Response* representam esse uso do canal para que os varejistas repassem a demanda com maior precisão aos fornecedores e fabricantes.

O compartilhamento de dados sobres os clientes, referentes às tendências de mercado e às possíveis intenções, pode ser utilizado por ambos para obter o direcionamento de uma campanha de marketing, buscando um fluxo de informações e ações equilibradas entre as partes, para obter benefícios mútuos.

O bom desempenho das empresas no processo de venda de seus produtos envolve todos os elos do canal de distribuição, porém seus efeitos não poderão superar as incompatibilidades de processo, preços fora da faixa de mercado e problemas logísticos. McKenna (1999) destaca que as empresas encaram dificuldades quando pensam em um elo de cada vez, concentrando-se nas propagandas, na produção ou nos canais de distribuição, sem reconhecer que todas as funções estão diretamente relacionadas e que, ao ignorá-las, tem-se uma cadeia corrompida e um produto fadado ao fracasso.

5.5.5 Papel estratégico do marketing na Logística

A estratégia e o planejamento são aspectos de suma importância para uma empresa quanto ao seu relacionamento com os clientes. A estratégia de marketing de relacionamento faz parte da estrutura organizacional da empresa, conciliando as políticas comerciais, de atendimento e de distribuição dos produtos, de acordo com as expectativas dos clientes. Com isso, tenta-se consolidar a imagem corporativa da empresa, que se associa a fatores positivos e decisivos no momento da compra pelo cliente. É nesse momento de escolha que o cliente avalia as qualidades do produto, levando em conta se o produto agrega valores, como: o grau de relacionamento com o fornecedor, a confiabilidade da marca, a acessibilidade ao produto, entre outros.

CANAIS DE DISTRIBUIÇÃO NA PRÁTICA

BOTICÁRIO

A Boticário é uma das maiores empresas brasileiras e compete diretamente com a Natura e Avon, empresas que trabalham com venda direta. A Boticário utiliza uma estratégia diferente das concorrentes, distribuindo seus produtos por 2.810 lojas franqueadas espalhadas pelo país. A empresa utilizava armazenagem descentralizada em nove CDs, o que gerava custos e ineficiência do sistema. Para melhorar a sua distribuição, a empresa optou por estabelecer um CD na cidade de Registro, São Paulo. Esse CD atende a região metropolitana de São Paulo, que representa 30% das entregas da companhia. Com investimento de R$ 85 milhões, o centro de distribuição tem 36 docas e capacidade para distribuir 700 caixas por hora, com espaço de armazenagem de 50 milhões de itens. Com o surgimento do novo CD, a empresa abastecerá os demais mercados por meio de *transit points* e *crossdocking* nos antigos Centros de Distribuição. A empresa trabalha com 1.500 SKUs.

Fonte: Adaptado da Revista Tecnologística n° 172, 03/2010.

A estratégia tem um direcionamento para o cliente. Não sendo possível oferecer tudo o que o cliente quer, identificam-se suas necessidades, tentando lhe proporcionar um pacote que atenda boa parte delas e que ainda tenha condições de gerar lucros para o fabricante. Outro aspecto importante dessa orientação é criar relacionamento duradouro: com a satisfação do cliente, a busca é obter a sua lealdade para haver pouca variação dos volumes produzidos e movimentados, descartando-se ociosidade da estrutura quando não há venda de produtos e o excesso de produtos com relação à capacidade da estrutura, o que gera custos extras, gastos de recursos e, consequentemente, a redução dos lucros.

Existe uma relação entre valor, satisfação e fidelidade: cliente satisfeito traz benefícios para a empresa, tende a comprar daquelas que lhe oferecem o maior valor. Uma vez fidelizados, tendem a ser menos sensíveis a preços, elogiam a empresa, os produtos e serviços proporcionados no mercado. Contudo, essa relação pode variar conforme o setor e a situação competitiva.

Como descrito neste capítulo, os canais de distribuição têm grande importância no desempenho das empresas, podendo determinar como será sua posição no mercado. Então o que deve conter um canal de distribuição para obter vantagem competitiva? Podemos relacionar os tópicos:

- determinar qual será o cliente-alvo;
- identificar suas necessidades;
- determinar o quanto poderá ser gasto na operação, para que no final a empresa lucre;
- criar a acessibilidade do produto aos clientes, definindo modais, nível de serviço, prestadores de serviços envolvidos, entre outros;
- desenvolver relacionamento com os vários agentes da cadeia de distribuição, para que se agregue valor ao produto, quando disponibilizados aos clientes, e que este cliente tenha percepção do valor e esteja disposto a pagar pelo pacote proporcionado;
- por fim, a manutenção desses clientes, levantando-se informações sobre a satisfação, tendências de mercado, e tudo que esteja dentro das condições da empresa para que possa melhorar o relacionamento e o valor percebido pelo cliente.

Neste capítulo estudamos os canais de distribuição, definindo distribuição física e entendendo a importância do marketing para a entrega de produtos e serviços aos clientes, e, claro, o principal: a entrega do valor.

Num mercado competitivo, a logística torna-se mais necessária como a chave da porta que conduz ao sucesso. Só a compreensão dos canais de distribuição e sua geração de valor permitirão tirar o máximo da eficiência logística.

ESTUDO DE CASO: LOJAS AMERICANAS

A Lojas Americanas foi fundada na cidade de Niterói, no Rio de Janeiro, em 1929, por um grupo de americanos que havia partido dos Estados Unidos rumo a Buenos Aires, a fim de abrir uma loja no estilo *Five and Ten Cents* – lojas que faziam sucesso nos Estados Unidos e na Europa por vender produtos de baixo custo. Porém, no navio, conheceram alguns brasileiros que os convidaram para conhecer o Rio de Janeiro e acabaram se estabelecendo por lá. No final do primeiro ano, eram três lojas no Rio e uma em São Paulo.

No final de 1999, a empresa adentrou o mercado de comércio eletrônico com a criação de uma empresa subsidiária composta por seis outras empresas, as quais detinham ações correspondentes a 33% do capital social da nova empresa.

No ano de 2005, adquiriu o canal de TV Shoptime e seu site de comércio eletrônico de mesmo nome, além de criar uma *joint venture* com o banco Itaú, por meio do seu braço de crédito pessoal, para realizar financiamentos e empréstimos em suas lojas.

Em 2006, fundiu-se ao Portal Submarino em um negócio de R$ 2 bilhões. Para administrar a fusão de seus portais, criou uma empresa conhecida como Business to World (B2W), com o objetivo de ser o maior varejista do mundo pela Internet. Em 2007, na busca de consolidar-se mais no mercado, adquiriu a marca Blockbuster, transformando as locadoras em lojas de conveniência, com o nome de Americanas Express, e iniciando o processo de locação pela Internet. Na Figura 5.5, ilustra-se a divisão das empresas do grupo.

Figura 5.5 Composição dos negócios da empresa

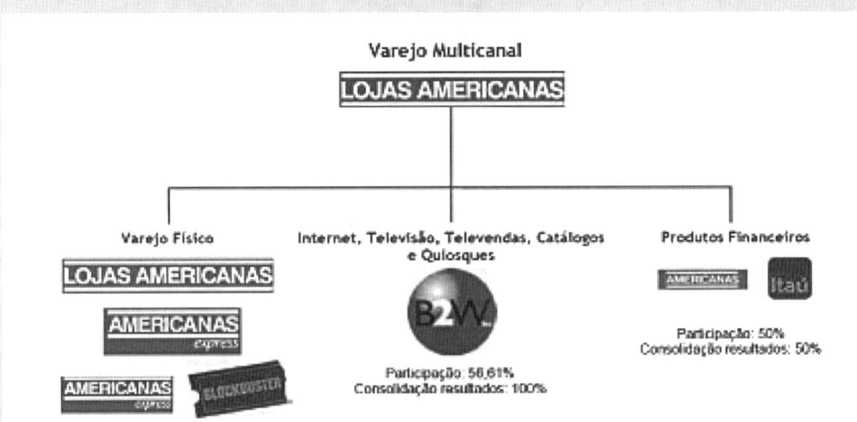

Fonte: LASA. Relatório da Administração, 2009.

Os meios de comercialização da empresa envolvem diversos canais de distribuição – televendas (com anúncios por televisão e catálogos), televisão, catálogos, quiosques e Internet.

A empresa fornece 700 mil itens distribuídos em 30 categorias diferentes; é composta por seis lojas diferentes, sendo três de itens variados, como eletrônicos, telefonia, informática, produtos automotivos, entre outros; uma de ingressos para eventos; uma para venda de pacotes de viagens; e outra de financiamento.

Para facilitar o processo de expansão e melhorar a sinergia, consolidou as atividades das diversas operações em centros de distribuição conjuntos. Hoje a empresa atua no mercado nacional e internacional pelos diversos canais de distribuição. A Figura 5.6 ilustra alguns canais de distribuição da empresa.

Figura 5.6 Canais de distribuição Lojas Americanas

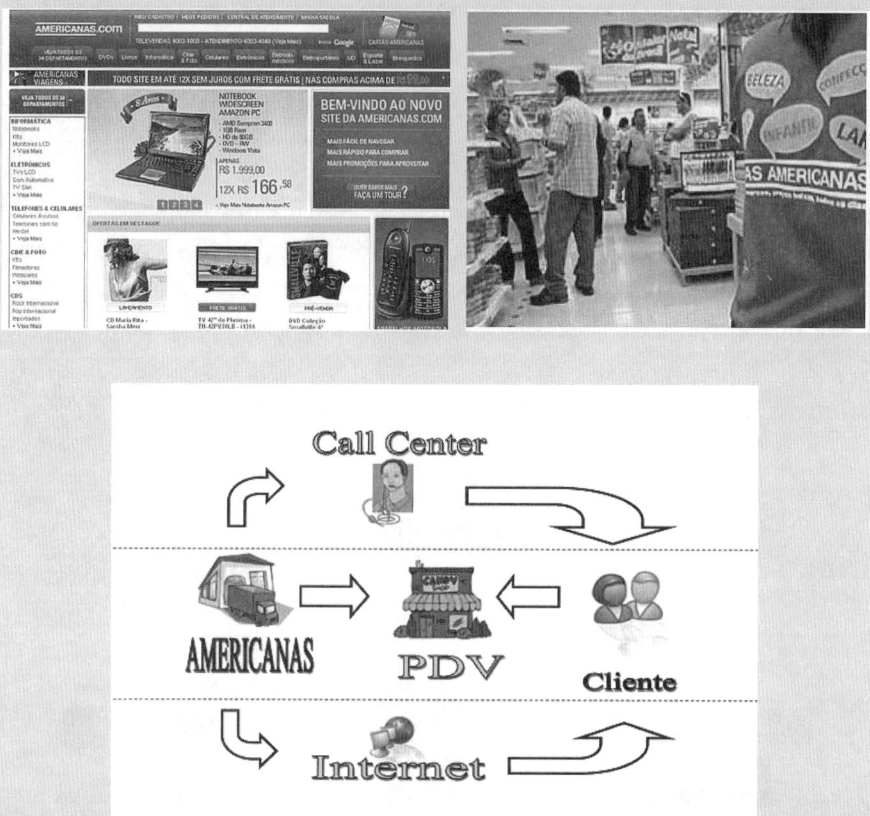

Fonte: adaptado de site Lojas Americanas, 2010.

Referências

BALLOU, R. H. *Gerenciamento da cadeia de suprimentos/logística empresarial.* 5. ed. Porto Alegre: Bookman, 2006.

________, Ronald H. *Logística empresarial:* transporte, administração de materiais e distribuição física. São Paulo: Atlas, 1993.

BARNES, James G. *Segredos da gestão pelo relacionamento com os clientes*. Rio de Janeiro: Qualitymark, 2002.

BOWERSOX, D.J.; CLOSS, D.J.; COOPER, M.B. *Gestão logística cadeias de suprimento*. Porto Alegre: Bookman, 2006.

BROW, Stanley A. *CRM – Costumer relationship management*. São Paulo, Makron: 2001.

COSTA NETO, P. L. O; FUSCO, J. A.; REIS, J. G. M. R. A cadeia de suprimentos no segmento de e-commerce/(E-CHAIN): uma proposta de classificação. *Revista Ingepro*, n. 5, julho 2010.

COUGHLAN, Anne T. et al. *Canais de marketing e distribuição*. 6. ed. Porto Alegre: Bookman, 2001.

KOTLER, Phillip. *Administração de marketing*. ***Edição do milênio***. São Paulo: Prentice Hall, 2000.

McKENNA, Regis. *Marketing de relacionamento*. Rio de Janeiro: Campus, 1999.

NOVAES, A.G. *Logística e gerenciamento da cadeia de distribuição*. 3. ed. São Paulo: Elsevier, 2007.

PORTER, Michel. *Vantagem competitiva*. São Paulo: Campus: 1989.

REIS, J.G.M. *Análise da qualidade no business to customer*: um estudo exploratório. Dissertação de Mestrado (Engenharia de Produção). São Paulo: Universidade Paulista, 2008. 210f.

6

GESTÃO DE ARMAZENAGEM

VISÃO DO CAPÍTULO

O capítulo aborda a importância da gestão da armazenagem para as organizações, em razão dos altos custos e riscos associados a armazenagem de matérias primas, produtos em processo e produtos cabados. A ideia principal é apresentar como a correta gestão dos processos relacionados à armazenagem de produtos auxilia a empresa a manter sua competitividade em mercados cada vez mais acirrados.

OBJETIVOS DO CAPÍTULO

- Apontar o papel da gestão da armazenagem nas empresas e sua importância para a busca da competitividade.
- Descrever o conceito de estocagem e armazenagem
- Preparar o leitor para o aprofundamento de seus conhecimentos em áreas relacionadas, subsidiando-o de dados e informações para que possa constituir sua visão crítica.

Para muitos, a palavra *armazenar* está associada à guarda de algum material ou de dados eletrônicos. Para os profissionais que convivem e atuam no segmento das operações logísticas, a palavra *armazenar* representa um verdadeiro complexo de atividades inerentes ao conjunto de operações logísticas.

A armazenagem dentro das empresas representava uma função esquecida; o papel dos colaboradores que atuavam nessa fase do processo ilustrava uma preocupação somente com o cliente interno nas empresas, deixando claro que o importante era fazer as suas funções, não existindo a integração entre as operações que observamos nos conceitos logísticos de hoje em dia.

A palavra integração aponta para a capacidade de as empresas promoverem a execução da atividade de armazenar, com inteligência, objetivando a diminuição de estoques e transformando a atividade em uma gestão de armazenagem. A armazenagem não acrescenta nada ao valor do produto, mas representa porcentagem significativa no seu custo. Assim, ressaltamos que cada centavo conquistado nessa fase diminui o valor do custo total do produto.

A importância da armazenagem é fundamental para o bom desenvolvimento das cadeias de suprimentos que atuam de forma cada vez mais enxuta, com estoques baixos, e em busca constante da aplicação da técnica do *Just in Time* (JIT). Com isso, a armazenagem, para conseguir atender a essas grandes expectativas do mercado, precisa executar suas atividades com perfeição, promovendo, por exemplo, a diminuição dos índices de avarias, a constante oferta de registros confiáveis representados pela acurácia dos estoques, disponibilidade de informações em tempo real (*on-line*), ferramentas como rastreamento e histórico dos produtos, compatibilização dos estoques e preocupações com contaminações cruzadas em determinados segmentos.

No entanto, a capacidade de realização das atividades destacadas depende não só da atuação dos colaboradores do processo de armazenagem, mas do resultado da ação e a otimização conjunta das funções de transporte, armazenagem, aquisição (compras), gerenciamento de níveis e qualidade dos estoques, distribuição física e das informações, de forma a garantir a eliminação de todas as ociosidades existentes.

Diante das necessidades de respostas rápidas e reposições contínuas, a armazenagem ganha importância e destaque nas empresas, representando não mais a tradicional guarda de matérias-primas ou produtos acabados, mas sim uma função administrativa executada por meio de uma gestão estratégica de armazenagem.

Os desafios para estocar materiais e garantir o suprimento no exato momento de consumo podem ser observados em vários exemplos – passagens históricas destacam a necessidade de guardar para não faltar. Os egípcios, muitas vezes protagonizados nos filmes da atualidade, produziam o trigo em fartura no fértil vale do lendário rio Nilo, e o conceito de grandes armazéns já era observado nessa sociedade antiga, mas revolucionária. Podemos relembrar outro exemplo da importância da armazenagem com a famosa fábula da cigarra cantadora e da formiga trabalhadora. Enquanto a cigarra simplesmente consumia seus alimentos dia a dia, a formiga trabalhadora já realizava a armazenagem de seus alimentos a fim de guardá-los para o inverno, quando a escassez era grande e a falta de alimentos, um problema.

Nessa fábula podemos observar que a inteligência para administração dos recursos requer procedimentos e técnicas de armazenagem de maneira sustentável. Não precisamos que o estoque seja farto e alto sempre, mas que atenda a necessidades futuras no momento exato de sua utilização.

Os grandes desafios da armazenagem estão na capacidade de melhor aproveitar os espaços. Os grandes protagonistas da visão que temos hoje de processos de armazenagem – atualmente organizados com ferramentas e tecnologias que possibilitam avanços nas técnicas de manufatura, bem como na fase do produto acabado, idealizadas pelos japoneses (no modelo Toyota de produção) com estoques baixos, e as técnicas do JIT – são conhecidos, entretanto devemos destacar os primórdios da melhoria na utilização dos processos de armazenagem e, consequentemente, transportes. Adiante resumiremos o desenvolvimento dos processos de gestão da armazenagem até o momento.

6.1 A introdução do palete nos processos de armazenagem

Segundo Moura e colaboradores (2004, p. 162), podemos definir o palete como:

> uma plataforma disposta horizontalmente para carregamento, constituída de vigas ou blocos com a(s) face(s) sobre os apoios, cuja altura é compatível com a introdução de garfos de empilhadeiras ou outros sistemas de movimentação.

Permite o arranjo e o agrupamento de materiais, possibilitando a movimentação, estocagem e transporte como uma única carga.

A Figura 6.1 apresenta um palete PBR utilizado na grande maioria das operações logísticas.

Figura 6.1 Exemplo de palete PBR

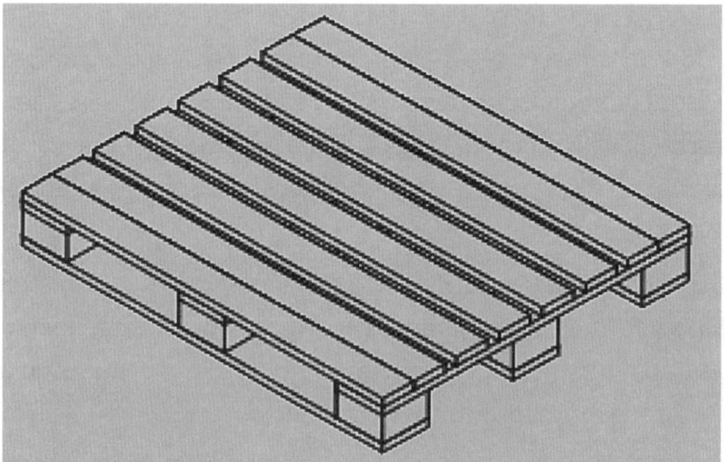

Fonte: <http://www.mohr.com.br/paletes.htm>. Acesso em: 08 fev. 2008.

Podemos destacar a introdução dos paletes na Segunda Guerra Mundial, aliás, mais uma interferência das estratégias militares nos conceitos logísticos, com a utilização de 6 mil empilhadeiras e aproximadamente 6 milhões de paletes.

As primeiras operações com paletes no Brasil foram observadas no segmento automobilístico e nos hipermercados no final da década de 1960 e início da década de 1970. A partir da década de 1980 o palete teve o seu uso concretizado, com o estabelecimento das Normas pela ABNT – NBR 8252 (nov./1983).

Com a criação do PBR (padrão de palete brasileiro 1,00 m x 1,20 m) em 1988 pela Associação Brasileira de Supermercados (ABRAS), as operações começaram a se homogeneizar e finalmente a cultura de paletização das cargas difundiu-se e consolidou-se no Brasil, apresentando grandes avanços para as operações logísticas. Como exemplo das vantagens dos paletes podemos citar sua utilização para padronização no transporte e movimentação de cargas, facilidade e velocidade no armazenamento e movimentação de mercadorias, possibilidade de uso de equipamentos mecânicos no seu manuseio, baixo custo de fabricação, redução de custos pelo fato de consolidar uma situação de intercâmbio entre os seus usuários e ainda por ter uma medida padrão, que facilita o acondicionamento em *racks* e estruturas porta-paletes e ainda se adapta aos diferentes modais de transporte, proporcionando um excelente aproveitamento da carga/transporte.

A capacidade de descarregamento de uma carreta paletizada e da mesma carga solta apresenta números surpreendentes. Segundo estudo da Associação Nacional do Transporte Rodoviário de Cargas (NTC), observamos na Tabela 6.1 a diferença entre os dois formatos de operação. Com a invenção do palete em 1925, foram possíveis avanços significativos na operação dos armazéns, e foram observadas melhorias nos quesitos tempo e avarias. Seu uso foi aplicado primeiramente nas operações marítimas, para agilizar as operações de estiva.

Tabela 6.1 Relação hora/homem em operações de descarregamento de uma carreta.

	NÚMERO DE PESSOAS ENVOLVIDAS	DURAÇÃO DA OPERAÇÃO DE DESCARREGAMENTO	HORA/HOMEM TRABALHADA	NÍVEL DE RISCO DE AVARIA DURANTE O MANUSEIO
CARGA SOLTA	De 6 a 8 ajudantes	Em média 2 horas	12 a 16	Alto
CARGA PALETIZADA	1 operador de empilhadeira	Em média 20 minutos	0,33	Baixo

Hoje, os paletes sofreram uma evolução de acordo com as particularidades de cada operação. Muitas empresas adotam os paletes PBR em suas operações, mas cada vez mais encontramos no mercado diferentes tipos de palete, de diversos materiais e medidas. No mercado, encontramos paletes não só de madeira, mas de alumínio, plástico e materiais reciclados.

6.2 Equipamentos utilizados na armazenagem

As operações de armazenagem apresentam vários avanços nos seus equipamentos, um deles, como falamos, foi o palete. Todavia, temos que destacar os mais diferentes equipamentos utilizados em um processo de armazenagem que colaboram para o bom desenvolvimento de uma Gestão Estratégica de Armazenagem e não simplesmente em um acúmulo de materiais no galpão.

6.2.1 Estrutura porta-paletes

As estruturas porta-paletes caracterizam-se como sendo uma estrutura que possui um conjunto de duas vigas longitudinais aos corredores dos armazéns onde são armazenados os paletes. Permitem a padronização do estoque oferecendo as mais variadas combinações deste, com melhor aproveitamento do espaço do armazém por meio de verticalizações, em que, geralmente, podem ser armazenados dois paletes na primeira posição no térreo ou a 20 cm do piso, dependendo do segmento ao qual o produto pertença, bem como na última posição da estrutura. A estrutura porta-paletes apresenta como principal característica a versatilidade e a facilitação para inventários. A Figura 6.2 ilustra uma estrutura porta-palete com cinco níveis, sendo que no nível A temos paletes blocados, e nos demais paletes individualizados por tipo de produto. A Figura 6.3 apresenta a estrutura porta-palete à esquerda e à direita de uma área de armazenagem utilizando-se da técnica de blocagem.

Figura 6.2 Exemplo de estrutura porta-paletes em um armazém com 10 m de pé-direito

Fonte: elaborada pelo autor.

Figura 6.3 Exemplo de armazém com estrutura porta-palete e área de armazenagem de paletes blocados

Fonte: elaborada pelo autor.

6.2.2 Empilhadeiras

As empilhadeiras são equipamentos que permitem a movimentação de cargas. Os garfos funcionam como estrutura de apoio para o transporte de materiais, na grande maioria paletizados. Existem no mercado alguns exemplos de empilhadeiras, basicamente podemos encontrar as elétricas, hidráulicas, manuais, retráteis e as tracionárias.

A Figura 6.4 exemplifica uma empilhadeira movida a gás GLP e algumas de suas características; na Tabela 6.2 encontramos exemplos e descrições dos tipos de empilhadeiras. Lembrando que muitos segmentos exigem equipamentos customizados, uma vez que suas operações apresentam particularidades específicas, principalmente em relação à emissão de poluentes ou capacidade de movimentação da empilhadeira – capacidade em toneladas, ou alturas de alcance.

Figura 6.4 Empilhadeira movida a gás GLP e suas características

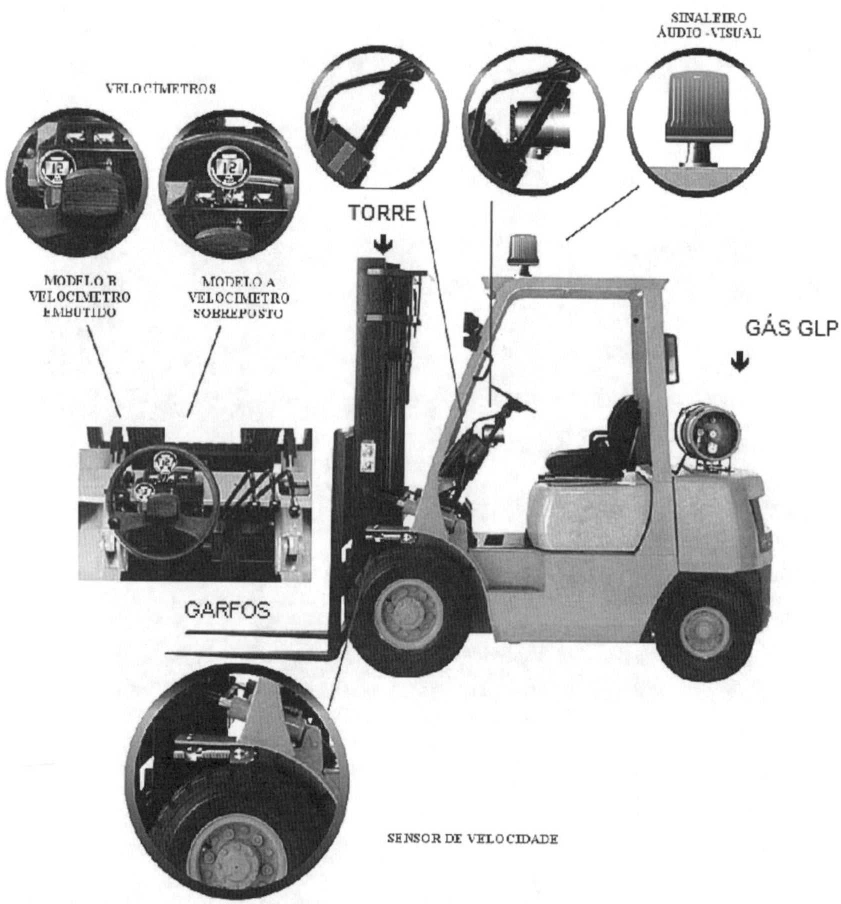

Fonte: <http://www.aloarte.com/CVA_-_empilhadeira_-_F3.jpg>. Acesso em: 15 mar. 2008.

Tabela 6.2 Exemplos de empilhadeiras

TIPOS DE EMPILHADEIRAS	DESCRIÇÃO
Empilhadeira Contrabalançada	Tipo de empilhadeira que possui um contrapeso na parte posterior, para equilibrar com a carga que está em movimento.
Empilhadeira de Mastro Retrátil	Uma forma de empilhadeira que avança a carga, permitindo que os garfos alcancem ou posicionem um palete ou unitizador de produtos.
Empilhadeira de Patola	Uma família de empilhadeiras que pode levantar cargas paletizadas a diferentes alturas. Dependendo do modelo, os operadores podem andar atrás, ou a bordo da empilhadeira.
Empilhadeira "Fora de Estrada"	Forte e robusta para ambientes externos, esta classe de empilhadeiras atravessa superfícies irregulares com facilidade e suporta mudanças de temperatura e outras condições de tempo.
Empilhadeira Lateral	Manipula cargas com grande comprimento pelas laterais em vez de movimentá-las frontalmente.
Empilhadeira Pantográfica	Empilhadeira para corredores estreitos que utiliza pantógrafos para estender os garfos para dentro de um local de estocagem e patolas para dar estabilidade.
Empilhadeira para Corredor Estreito	Empilhadeira para operações em corredores mais estreitos do que os normalmente necessários para empilhadeiras contrabalançadas de uma mesma capacidade. Os tipos de equipamentos para corredores estreitos são representados para empilhadeiras de mastro retrátil e pantográficas.
Empilhadeira para Corredor muito Estreito	Categoria genérica de empilhadeiras laterais e trilaterais que utilizam torres e outros mecanismos para estocagem e retirada de cargas unitizadas.
Empilhadeira Selecionadora de Pedido	Veículo industrial, equipado com uma plataforma de carga e uma plataforma de controle do operador, móvel como um todo no mastro. É do tipo de empilhadeira para corredores estreitos que eleva o operador junto dos garfos até um local de estocagem para separação de itens e caixas diretamente em um palete sobre os garfos.
Empilhadeira Trilateral	Para uso dos corredores estreitos, seus garfos giram 90 graus para qualquer lado em relação à frente da empilhadeira, permitindo ao veículo ficar paralelo às estruturas porta-paletes para estocagem e recuperação.

6.2.3 Equipamentos de movimentação

Movimentar materiais é uma tarefa que demanda grande esforço. A utilização de equipamentos adequados para cada tipo de material a ser transportado pode contribuir para uma melhor execução dessa tarefa, o manuseio ou a movimentação interna de produtos e materiais significa transportar pequenas quantidades de bens por distâncias relativamente pequenas. Basicamente, as empilhadeiras funcionam como o "pulmão" das operações dentro de um armazém, porém para a movimentação de cargas e materiais em um armazém podemos encontrar muitos equipamentos de movimentação de materiais que não possuem a capacidade comparada às empilhadeiras, mas oferecem soluções rápidas e realizam etapas importantes no processo de armazenagem. Além disso, a utilização adequada dos recursos contribui para o aumento da capacidade produtiva e oferece melhores condições de trabalho para os empregados da empresa.

Abaixo, alguns exemplos de equipamentos de movimentação utilizados em operações de carga, descarga e movimentações nos armazéns.

Figura 6.5 Paleteira manual

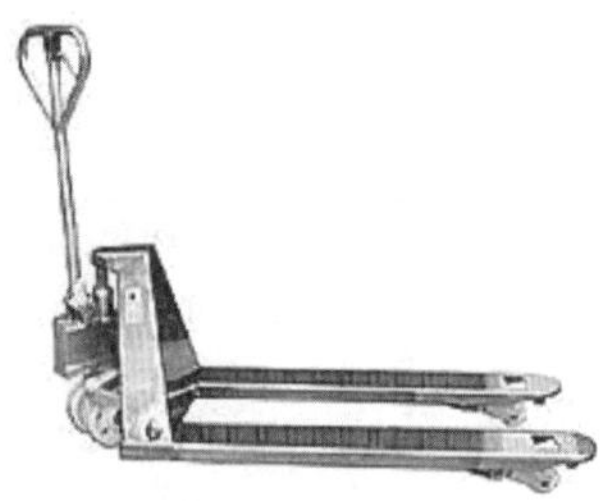

Fonte: <http://www.nei.com.br/images/lg/212080.jpg>. Acesso em: 20 mar. 2008.

Figura 6.6 Paleteira elétrica

Fonte: < http://majoll.com.br/loja/images/tk20.jpg>. Acesso em: 20 mar. 2008.

Figura 6.7 Empilhadeiras manuais

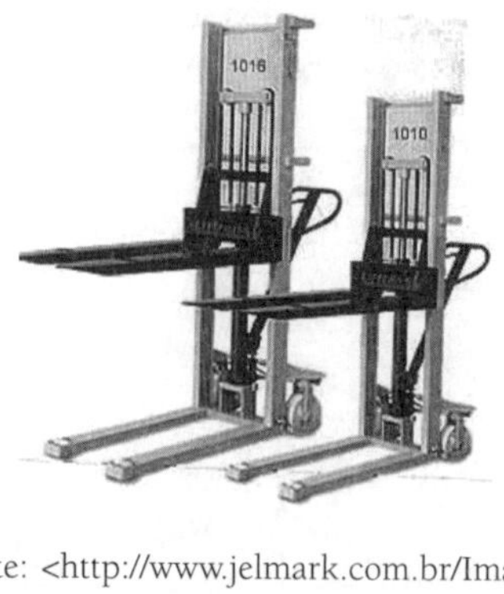

Fonte: <http://www.jelmark.com.br/Imagens/pallette3.jpg>. Acesso em: 20 mar. 2008.

6.3 A revolução dos WMS nas atividades de armazenagem

Sabemos que os equipamentos e os avanços nas ferramentas permitiram o desenvolvimento e aprimoramento do que conhecemos hoje como Gestão de Armazenagem, todavia observamos o grande crescimento dos operadores logísticos no cenário mundial e nas últimas décadas no cenário nacional.

Mas o que realmente podemos destacar como inovação dos processos de armazenagem que não esteja relacionado à capacidade estrutural e física de modernas instalações e equipamentos cada vez mais precisos que atuam como verdadeiros facilitadores das operações de armazenagem?

A resposta para essa pergunta é a mesma para todas as áreas em que percebemos avanços significativos nos últimos anos: o desenvolvimento de *softwares* que customizem a operação desejada, protagonizando soluções antigamente impossibilitadas devido à perda de informações-chave e à descentralização do foco principal da operação.

No caso da Gestão de Armazenagem, o *software* criado é protagonista da correta administração das três atividades básicas e fundamentais para o sucesso de um armazém: Recebimento – Armazenagem – Expedição.

Um *Warehouse Management System* (WMS), ou, em português, Sistema de Gerenciamento de Armazéns, é responsável pelo gerenciamento das operações do dia a dia de um armazém. O *software* normalmente é integrado a um *Enterprise Resource Planning* (ERP), ou Sistema de Planejamento do Recurso Empresarial, o que contribui para a integrar a sistematização e automação dos processos na empresa como um todo.

Os WMS encontrados no mercado logístico buscam agilizar o fluxo de informações dentro numa instalação de armazenagem, melhorando sua operacionalidade e promovendo a otimização do processo, oferecendo as mais variadas soluções para os processos de gerenciamento de um armazém tais como:

- planejamento e alocação de recursos;
- controle das atividades da portaria;
- recebimento;
- inspeção e controle de qualidade;
- estocagem;

- transferências;
- expedição;
- inventários;
- compatibilização dos estoques;
- relatórios;
- endereçamento de acordo com o tipo do produto ou regra de armazenagem;
- rastreabilidade de todo o histórico dos materiais;
- emissão de documentos referentes ao produto que acompanham a nota fiscal;
- acurácia do estoque;
- compactação do estoque e aplicação de técnicas de armazenagem como o sistema FIFO ou FEFO.

Essas possibilidades garantem o gerenciamento eficiente de informação e recursos, permitindo à empresa tirar o máximo proveito dessas atividades.

6.4 As finalidades e atividades da armazenagem

Para Moura e colaboradores (2004, p. 4),

> [...] a armazenagem é uma função que consiste, no seu sentido mais geral, em uma atividade ampla e complexa, sob o ponto de vista operativo, a serviço do processo produtivo e da organização distributiva.

O fim principal do armazém de abastecimento é a constituição de um sistema de alimentação, em relação ao processo produtivo, que serve de guia para a uniformidade e a continuidade deste. O fim principal do armazém de fornecimento de produtos acabados é a constituição de um sistema de alimentação com relação ao mercado que permita ao departamento de vendas proporcionar um serviço oportuno, contínuo e eficiente ao consumidor. As funções do armazém não se limitam ao simples recebimento, conservação e expedição de materiais, elas também incluem tarefas administrativas e contábeis. Algumas vezes, a armazenagem compreende, indiretamente, operações ou processos auxiliares aos ciclos produtivos, como o acondicionamento, a conservação e o reacondicionamento dos produtos

Segundo Bowersox e colaboradores (2007, p. 256), "[...] a finalidade de um armazém é a de contribuir para a eficiência da produção e da distribuição [...]". Embora o papel tradicional dos armazéns tenha sido o armazenamento de estoque, os armazéns contemporâneos apresentam uma proposta de valor mais ampla em termos de benefícios econômicos e de serviço. Os benefícios econômicos incluem consolidação e fracionamento de carga, separação, armazenamento sazonal e logística reversa. Os benefícios de serviço incluem estoque ocasional, estoque de linha completa e serviços com valor agregado. A perspectiva do armazenamento está mudando de uma missão tradicional de armazenamento para uma missão caracterizada por personalização, velocidade e movimentação.

À medida que as empresas se fundiram e se expandiram globalmente, os administradores fizeram crescentes demandas para obter vantagem das economias de escala globais por meio de ganhos em todas as fases das cadeias de suprimentos. De acordo com todas as finalidades da Gestão de Armazenagem, destacamos os ganhos realmente impactantes em toda a cadeia de suprimentos dos produtos quando a fase de armazenagem é executada com qualidade e está inserida na estratégia corporativa das empresas, afinal a produção, bem como as vendas, são fundamentais. No entanto, em determinados momentos, esses materiais devem ser estocados e manuseados, o que relega à armazenagem uma parcela para a obtenção dos ganhos em escala.

6.4.1 Exemplos de operações de armazenagem

Os processos de armazenagem vinculam-se às especificações e particularidades de determinados produtos. A seguir, exemplificaremos como os produtos farmacêuticos (insumos farmacêuticos) obedecem a critérios diferentes de armazenagem.

Especificações para armazenamento de insumos farmacêuticos

Os insumos farmacêuticos que antecedem o produto acabado, ou seja, os medicamentos, obedecem a regras rigorosas de critérios de armazenagem.

Produtos a serem mantidos em temperatura ambiente

Para esses produtos, deve-se manter o local de armazenagem limpo, protegido da luz, com equipamentos de controle da temperatura – com a finalidade de monitorar a temperatura ambiente e controlar pragas –, suas paredes devem ser lisas e com tinta lavável e cantos arredondados. A estocagem deverá respeitar a distância entre o chão e as paredes.

Produtos a serem mantidos em ambientes controlados (temperatura)

Para produtos classificados como termolábeis ou climatizados, deve-se controlar e/ou monitorar a temperatura da área, por meio de ambiente refrigerado (em média até 10°C) ou climatizado (em média até 25°C), com equipamentos de segurança de temperatura, como os termo-higrômetros, prevenindo-se, assim, a baixa (risco de congelamento) ou alta de temperatura (desnaturação das propriedades). A estocagem deverá respeitar a distância entre o chão e as paredes. Para esses produtos, destacamos a utilização de câmaras frias para os materiais refrigerados. No Brasil, a cadeia do frio está em plena expansão. Destacamos para os produtos climatizados os armazéns que instalam mantas térmicas que garantem o isolamento da temperatura, normalmente controlada com forçadores de ar.

Produtos a serem mantidos em ambientes segregados (Portaria n.344 12 de maio de 1998)

Para esses produtos, deve-se obrigatoriamente obedecer à guarda sob chave ou outro dispositivo que ofereça segurança, grades, estruturas porta-paletes com grades ou armazém segregado com acesso restrito a pessoas autorizadas em local exclusivo para esse fim, sob a responsabilidade do farmacêutico responsável.

Gerenciamento de risco na armazenagem

Um mercado promissor para empresas é o de gerenciamento de risco, os armazéns que trabalham com produtos de alto valor agregado como eletrônicos, equipamentos de informática, medicamentos, defensivos agrícolas etc.

O gerenciamento de riscos promove uma série de procedimentos e oferece tecnologias aplicadas para garantir que as mercadorias enviadas ou armazenadas estejam sempre em total segurança.

O DIRETOR DA DUTY – SISTEMAS DE INFORMAÇÕES E LOGÍSTICA EM GERENCIAMENTO DE RISCOS, RICARDO TADEU, DIZ O SEGUINTE SOBRE O GERENCIAMENTO DE RISCO (DUTY, 2008).

GERENCIAMENTO DE RISCOS

O gerenciamento de riscos neutraliza o fato gerador de eventos de sinistros.

QUANTO AO PRÊMIO DE SEGURO:

Permite a prática de prêmios de seguro menores devido à redução da grandeza estatística de sinistro ao longo do tempo e do grau de incerteza futura.

QUANTO AO ROUBO DE MERCADORIAS:

- Reduz os inconvenientes e prejuízos causados aos clientes pelo não recebimento da mercadoria.
- Diminui a concorrência com o mercado paralelo.
- Reduz a exposição no mercado de produtos impróprios para o uso e que poderiam causar danos à percepção e à qualidade da marca.

QUANTO AO GERENCIAMENTO LOGÍSTICO:

- Permite ao cliente embarcador a segurança da mercadoria no depósito.
- Possibilita acompanhamento e informações estatísticas sobre as rotas de entrega.
- Permite ao cliente destinatário melhorar o planejamento do recebimento de mercadorias.

QUANTO ÀS VANTAGENS COMERCIAIS:

Aumenta a competitividade no mercado de transporte associando prevenção de perdas, fluidez de informações e amplo controle operacional independentemente dos perfis de seus fornecedores.

TEXTO COMPLEMENTAR

ARMAZENAGEM – O ELO DA LOGÍSTICA QUE MAIS SE DESENVOLVEU

Dos segmentos da cadeia logística, entre eles o transporte, estocagem e distribuição, a armazenagem foi o que mais evoluiu nos últimos anos, segundo analisou o pesquisador do Centro de Estudos em Logística (COPPEAD), Maurício Pimenta Lima: "Os recursos de transporte não evoluíram tanto como os sistemas de gestão, por exemplo". Segundo ele, a demanda do mercado por respostas rápidas (*Just in Time*) desencadeou um crescimento pela necessidade da otimização de estoques. Isso ficou ainda mais patente com o advento da fragmentação das cargas, agravada com a explosão do *e-commerce*. "A característica das cargas mudou: hoje a entrega é de um CD e não mais de uma caixa de CDs, o que, além do gerenciamento do estoque, demandou a evolução também do setor de separação e manipulação das cargas – o chamado *picking* –, serviço que foi o gargalo no início do advento do *e-commerce*, quando muitos achavam ser o transporte", explicou Pimenta Lima. A fragmentação dos produtos e a necessidade de se armazenar em espaços comuns mercadorias de natureza e tipo diferentes fizeram com que houvesse um crescimento também no setor de tecnologia da informação para adequar a organização e o gerenciamento dos armazéns. Sistemas automáticos de coleta e identificação de mercadorias foram importados, principalmente da Europa e dos Estados Unidos. Aqui, Maurício Lima abre parênteses para falar da diversidade do desenvolvimento da armazenagem nesse locais: "O custo do espaço nos armazéns norte-americanos é mais baixo, o que gerou um desenvolvimento de armazéns horizontais. Já na Europa, onde o custo do espaço é mais elevado, desenvolveu-se o conceito do armazém verticalizado", explicou. Com a evolução, passou-se a agregar valor à armazenagem e foi adotado o conceito de "dar a cara final do produto na última fase da cadeia". Maurício Lima explicou que o conceito envolve, além da armazenagem, a preparação do produto para a distribuição.

Distribuição

Segundo Maurício Pimenta Lima, com base no plano de distribuição e do volume da produção, pode-se optar pela concentração das cargas em centrais (*hubs*) para transbordo ou pela pulverização ou descentralização de mercadorias, no caso de altos volumes, com o objetivo de redução nos custos com transporte.

Há casos em que o centro de distribuição torna-se o estoque do cliente; também já existe o conceito de centro de distribuição para atender ao varejo. "A necessidade de cada empresa definirá a estratégia de distribuição de mercadorias às revendas ou mesmo ao consumidor final", justificou o pesquisador. "O McDonald's conta com um fornecedor para todas as lojas – um operador logístico. Já as Lojas Americanas têm um centro de gerenciamento que envia o 'kit' pronto de produtos para todas as lojas da rede", exemplificou.

SUPPLY CHAIN

O conceito da integração de todas as etapas da cadeia produtiva, a partir de um sólido esquema de fluxo de informação, ou seja, o conceito da logística integrada, é a base para que uma empresa possa ter o *Supply Chain*. Termo muito usado nos dias de hoje, o *Supply Chain* é o conceito da integração transferido à cadeia de suprimento. "É uma ideia difícil de ser disseminada", afirmou Maurício Pimenta Lima. Ele explica: "a dificuldade está em convencer cada fornecedor a trabalhar em sintonia e, o mais complicado, a compartilhar informações de sua companhia. Muitas vezes, o que acontece é de tais informações ficarem disponíveis também para concorrentes". Outra dificuldade da aplicação do ***Supply Chain*** nas companhias é o custo. "Os investimentos em sistemas e em comunicação são altos", afirmou. Ainda assim, Maurício Lima diz que há procura por maior entendimento da cadeia de suprimentos. "As empresas estão encarando o fato de o cliente a cada dia exigir produtos mais específicos e variados – hábito mais difícil de ser atendido do que antes e que demanda modernização e investimentos", concluiu.

Referências

BOWERSOX, D.; CLOSS, D.; COOPER, M. *Gestão da cadeia de suprimentos e logística.* Rio de Janeiro: Elsevier, 2007.

MOURA, R.; CARILLO, E.; BANZATO, E.; GASNIER, D. *Dicionário de Logística.* São Paulo: Imam, 2004.

Sites consultados:

<http://www.duty.com.br>. Acesso em: 30 mar. 2008.

<http://www.nei.com.br/images/lg/212080.jpg>. Acesso em: 20 mar. 2008.

<http://majoll.com.br/loja/images/tk20.jpg>. Acesso em: 20 mar. 2008.

<http://www.jelmark.com.br/Imagens/pallette3.jpg>. Acesso em: 20 mar. 2008.

<http://www.aloarte.com/CVA_-_empilhadeira_-_F3.jpg>.
Acesso em: 15 mar. 2008.

<http://www.mohr.com.br/paletes.htm>. Acesso em: 08 fev. 2008.

7

GESTÃO DE ESTOQUES

VISÃO DO CAPÍTULO

Um dos principais elementos da administração logística é o conceito da gestão de estoque. Na década de 1980, a estratégia de toda empresa que realizava uma gestão de estoques tida como eficiente era baixar a quantidade de itens em estoque a zero, influenciada pelas práticas japonesas que eram, à época, lidas erroneamente como "estoque zero". Isso causou, em alguns casos, problemas às empresas, que não conseguiram atender o seu cliente com níveis de serviço aceitáveis. Atualmente entendemos que o estoque na cadeia de suprimentos é inevitável e o importante é gerenciá-lo de forma que se reduzam seus custos sem comprometer o atendimento do produto ao cliente. Neste capítulo, vamos tratar da função do estoque na cadeia de suprimentos, suas formas de gerenciamento, funções e decisões relacionadas à sua gestão.

OBJETIVOS DO CAPÍTULO

Ao final deste capítulo, você estará apto a entender o funcionamento dos estoques e sua importância para a organização, compreender políticas e ferramentas de gerenciamento de estoques e suas aplicações, relacionar a gestão de estoques com todos os elementos da Cadeia de Suprimentos.

7.1 Gestão de Estoques e armazenagem

Segundo Moreira (1998), entende-se por estoque:

> "Qualquer quantidade de bens físicos que sejam conservados de forma improdutiva, por algum intervalo de tempo aguardando seu uso, ou seja, todo material parado em algum local, desde que não esteja sendo processado ou utilizado naquele momento".

Quando falamos em estoque, imaginamos que ele está concentrado tão somente na indústria. Longe de minimizar o impacto de estoques em setores industriais, verifica-se em todas as áreas da economia, no setor varejista, desde pequenas mercearias localizadas comumente em bairros até os hipermercados das grandes cidades, verificamos estoques no setor agropecuário, no setor de serviços, como é o caso de materiais promocionais e para uso em geral nos escritórios, temos estoque em nossa residência – é só olhar para a sua despensa, dentro de sua geladeira, que o estoque estará lá.

A Cadeia de Suprimentos normalmente consiste de fornecedores, fabricantes e pontos de venda, sendo identificados estoques desde a matéria-prima entregue aos fornecedores para a sua transformação até o produto acabado entregue aos pontos de venda para a sua aquisição pelos clientes, passando por inúmeros depósitos, armazéns, transportes e centros de distribuição.

O principal desafio da gestão adequada de estoques está na identificação de seus benefícios e na verificação e gerenciamento de seus níveis, de forma a adequá-lo à sua real necessidade.

7.1.1 Quais as razões para se ter estoque?

Geralmente a pergunta que é feita quando falamos em gestão de estoques em uma organização é "Preciso manter estoques em uma organização?". Para responder a essa pergunta, vamos examinar os principais motivos que levam uma empresa a manter estoques.

- **Realizar um bom atendimento ao cliente**
  Imagine que você é o cliente de uma grande marca de automóveis e necessita de uma peça de reposição, porém no momento de sua aquisição você é informado pela oficina que a peça está em falta no estoque e que sua entrega vai depender da fabricação e do transporte até a oficina, o que leva um tempo médio de 45 dias. Comumente, você, como cliente daquela oficina, não ficará muito satisfeito com o atendimento e poderá, devido a isso, na sua próxima aquisição de automóvel, não levar em consideração a compra daquela marca, partindo para a marca concorrente.

Percebe-se com esse caso que uma das funções dos estoques é manter a disponibilidade de produtos ou serviços ao cliente em níveis que satisfaçam a sua grande exigência nesse quesito. Com essa disponibilidade, consegue-se, além de manter o cliente, aumentar a quantidade de produtos vendidos.

- **Equacionar demanda com a capacidade de atendimento**
  Nem sempre é possível equacionar a demanda com a capacidade de entrega e/ou de produção (Gráfico 7.1). Como exemplo desse caso, podemos citar uma empresa especializada na fabricação de alimentos de época, como ovos de Páscoa, panetones, entre outros. É sabido que esses produtos possuem grandes vendas em determinadas épocas do ano, mas, em outras épocas, a sua demanda é relativamente baixa.

Gráfico 7.1 Nivelamento da produção de produtos sazonais

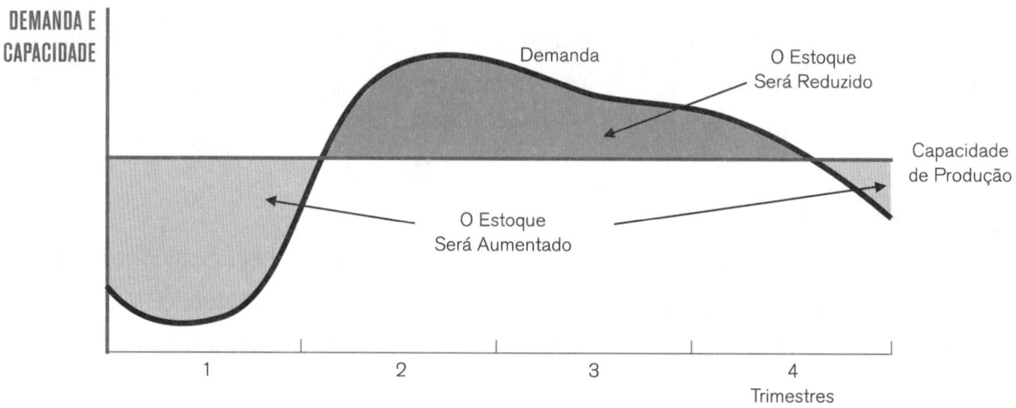

Fonte: adaptado de Gaither; Frazier, 2002.

Percebe-se que, devido à sazonalidade desse tipo de mercadoria, é comum que essas organizações fabriquem e estoquem seus produtos para vendas posteriores, evitando, com isso, ter de gerenciar alguma falta de produtos para seus consumidores ou um aumento repentino de produção, empregando de maneira uniforme a mão de obra e seus equipamentos.

- **Redução de custos de aquisição e transporte**
  É bastante comum verificarmos que, quanto maior a quantidade de compra de determinado material, maiores são os descontos em seu valor e, consequentemente, menor será o preço unitário da aquisição do material. O que é necessário verificar, nesse caso, é qual a quantidade ideal para compra da mercadoria, para que o custo com a manutenção de estoque não seja

elevado, de forma a não compensar o desconto pela quantidade. Posteriormente neste capítulo, falaremos sobre o Lote Econômico de Compras (LEC), que dará os parâmetros necessários para entendermos e gerenciarmos da melhor maneira a quantidade a ser comprada.

De uma forma bem parecida, sabemos que, quanto maior a quantidade transportada em um veículo, menor o custo unitário do frete na carga. E da mesma maneira, o transporte de uma quantidade maior de carga gera um estoque maior de mercadoria, seja em trânsito, seja em seu destino.

O *trade-off* a ser trabalhado é encontrar a quantidade ideal de carga a ser transportada, de modo que não eleve o custo de manutenção dos estoques.

- **Abastecer os canais de distribuição**

  É comum verificarmos, principalmente após o advento da globalização, que as empresas buscam fornecedores em todas as partes do mundo, visando atender clientes localizados em todo território mundial. Isso faz com que as fábricas se encontrem muito distantes do mercado consumidor, visando chegar ao maior numero possível de pontos de venda. Muitos depósitos, armazéns e centros de distribuição – que têm como objetivo suprir o canal de distribuição destes produtos – estão nesses locais.

  Para que o abastecimento aos pontos de venda seja realizado de forma contínua, é necessário ter estoques em todos os pontos de abastecimento, seja nos centros de distribuição, seja transportando-os de um ponto a outro.

  Dependendo da extensão do canal de distribuição do produto, a quantidade de estoques nesse canal é muito grande e necessita ser gerenciada, evitando custos desnecessários para o bom funcionamento da cadeia.

7.1.2 Quais as razões para não se ter estoque?

Em contraposição ao tópico anterior, vamos verificar as razões para que a organização atue com a menor quantidade possível de estoque e realize o seu gerenciamento de forma eficaz.

- **Aumento de custos**

  Em todos os momentos em que pensamos em estoque, nós o relacionamos instintivamente aos custos incorridos que pode gerar para a organização. Esses custos podem ser subdivididos em custos de aquisição e custos de manutenção.

  Entendemos por custo de aquisição o quanto a empresa gasta ao comprar a mercadoria. Esse custo é composto, além do custo da mercadoria, do custo de transporte até o seu local de uso e os custos operacionais do pedido.

No custo de manutenção de estoques estão inclusos os custos para manter o material armazenado por determinado tempo, os quais são compostos pelo custo de capital (investimento em dinheiro da organização na aquisição dessa mercadoria – com isso a empresa deixou de investir esse valor em outras áreas ou aplicações), os custos referentes à armazenagem da mercadoria (que podem ser os custos do espaço ocupado ocupado no armazém) e todos os custos relacionados a seguros, taxas, impostos, perdas ou deterioração da mercadoria. Posteriormente, neste capítulo, serão detalhados os custos de composição dos estoques.

- **Ineficiência na resolução de problemas**
  Imagine que você está navegando por um rio em um bote, quanto maior for o leito do rio menor a possibilidade de você ficar preso em qualquer anomalia que venha a ter no fundo dele. Agora imaginemos que a quantidade de estoques seja a quantidade de água nesse rio e que o que está encoberto por essa água, como as pedras e terras, por exemplo, sejam problemas que podem acontecer durante o processo (Figura 7.1).

Figura 7.1 Manter estoques para encobrir problemas

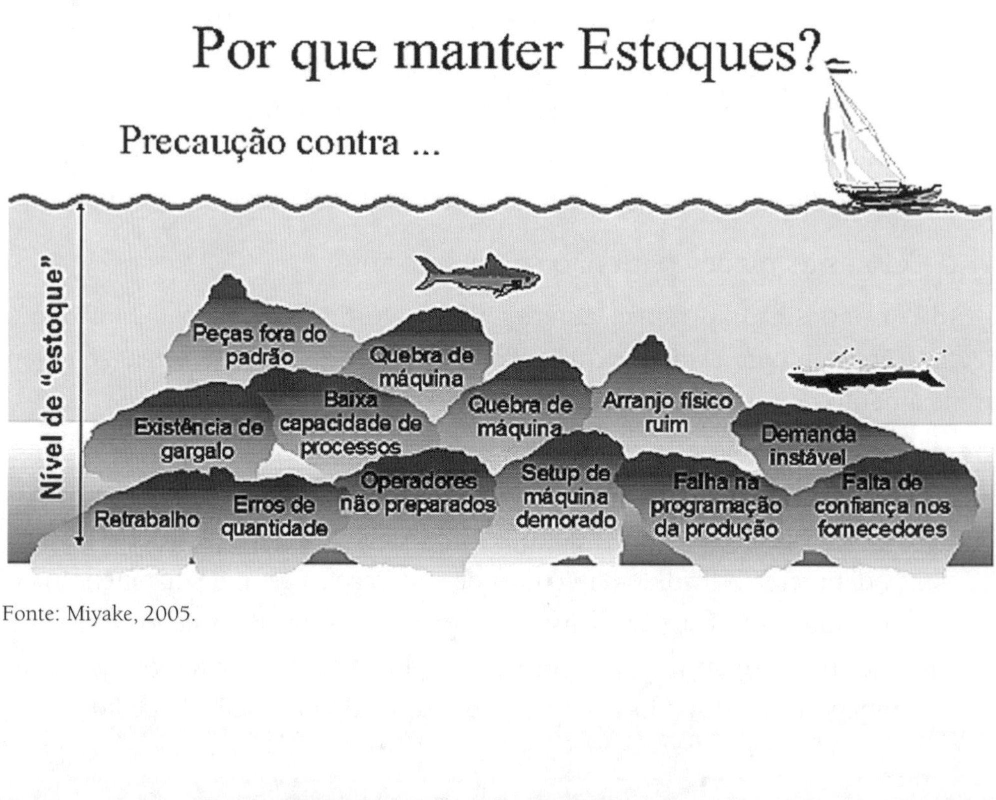

Fonte: Miyake, 2005.

Percebe-se que quanto maior a quantidade de água (estoques) menor a chance de encontrarmos problemas durante o percurso. Porém, a partir do momento que os estoques são reduzidos, os problemas começam a aparecer. Esses problemas podem ser exemplificados como uma má previsão na demanda do item, diversas perdas no processo por causa de problemas com a qualidade do produto ou, ainda, o atraso da entrega das mercadorias devido a fornecedores não confiáveis. A solução mais cômoda e fácil é aumentar o estoque para que esses problemas não comecem a atrapalhar o bom andamento da operação, mas é inevitável trabalhar na causa deles, evitando maiores custos.

7.2 Tipos de estoques

É possível classificar os estoques por grandes grupos e, com isso, conseguir um gerenciamento melhor para cada tipo, utilizando as técnicas e ferramentas ideais para cada grupo.

- **Estoque de matérias-primas**

> É o estoque de qualquer mercadoria que ainda não sofreu alguma transformação por parte do fabricante.

Este estoque se faz necessário para regular a quantidade entregue pelo fornecedor, com a quantidade que será utilizada naquele momento.
Ele é utilizado, também, para gerenciar eventuais problemas de suprimentos do fornecedor.

- **Estoque de Material semiacabado** (produto em processo)

> Trata-se do material parado em determinada linha de montagem, aguardando a sua utilização em outra fase do processo.

Nas indústrias com diversos estágios distintos de produção, é um dos estoques mais onerosos, pois durante o processo de fabricação cada estágio tem determinada capacidade produtiva, que deve ser suprida pela fase anterior no mesmo processo.
Esse estoque é utilizado para regular diferentes taxas de produção entre os equipamentos, seja por diferentes especificações de velocidades de produção, seja por manutenções preventivas ou corretivas.

- **Estoque de produtos acabados**

Considera-se nesse estoque o produto já fabricado e pronto para uso que tem como princípio básico a disponibilidade ao cliente. Este estoque é criado porque a capacidade de produção não tem a mesma frequência da venda do produto e quando a previsão de demanda dos produtos fica acima das vendas reais.

- **Estoque em trânsito**

Toda mercadoria necessita ser transportada de um local a outro e durante esse transporte a mercadoria não é processada, portanto verifica-se outro ponto de estoque, o chamado estoque em trânsito.

Esse transporte pode ocorrer dentro de um armazém (transportando a mercadoria em diferentes localizações num mesmo armazém), ou entre diversos locais de armazenagem e distribuição.

Os fatores que influenciam o custo deste estoque são a quantidade movimentada e o tempo de transporte da mercadoria.

- **Estoque de segurança**

É uma quantidade extra deixada armazenada para suprir alguma anormalidade no abastecimento, como erros de previsão de consumo e atrasos na entrega da mercadoria. O maior benefício do estoque de segurança é que, quando alguma dessas anomalias ocorre no processo, não há a falta da mercadoria ao cliente.

Quanto menos forem os problemas que possam ocorrer durante o processo, menor é a quantidade do estoque de segurança, ou seja, se algum dia determinada organização não tiver mais problemas que impactem seu estoque, a quantidade extra deixada por segurança não mais existirá.

Tabela 7.1 Tipos de estoque, determinantes e seus benefícios

TIPOS DE ESTOQUE	DETERMINANTES	BENEFÍCIOS
Estoque de segurança	Demanda e *lead-time* incerto e incertezas no processo	Aumento no nível de serviço, redução de custos devido a entregas emergenciais e perda de vendas
Estoque de matéria-prima	Aquisição do material dos diversos fornecedores	Aquisição em lotes econômicos de compras, reduzindo os custos da compra dos materiais
Estoque de material semiacabado	*Lead-time* de produção e planejamento e controle de produção	Aumento na utilização do equipamento, redução de investimentos em capacidade adicional
Estoque de produtos acabados	Demanda e *lead-time* incerto, incertezas no processo e frequência de *setup* dos equipamentos	Redução da quantidade de *setups*, aumento no nível de serviço
Estoque em trânsito	Tempo de transporte	Redução nos custos de transporte
Estoque de segurança	Demanda e *lead-time* incerto e incertezas no processo	Aumento no nível de serviço, redução de custos devido a entregas emergenciais e perda de vendas

Fonte: adaptado de Stadler e Kilger, 2002.

7.3 Gestão de estoques

Até o momento, apresentamos todos os conceitos relacionados a estoque, os motivos pelos quais eles ainda existem nas empresas e quais os principais estoques existentes. Agora vamos apresentar maneiras para diminuir os custos incorridos no estoque, lembrando que a melhor maneira de fazê-lo é por meio de uma gestão eficiente dos estoques da empresa.

- **Custos de estoque**
  Os custos envolvidos no gerenciamento dos estoques podem ser simplificados em dois grandes grupos: os custos de aquisição e os custos de manutenção. Os custos de aquisição, também chamados de custos do pedido (ou custos de pedir), incluem todas as despesas que a empresa teve para colocar o produto dentro de seu estabelecimento. Essas despesas podem incluir o custo do processamento e transmissão do pedido ao fornecedor (seja pelos

diversos modos eletrônicos disponíveis ou por métodos manuais), o custo do transporte da mercadoria até o ponto solicitado e o custo de inspeção para verificar a qualidade da mercadoria.

Custos de pedir (CP) = (S x D) / Q

Sendo:

S = Custo médio por pedido

O custo médio por pedido representa o quanto é gasto em média para se realizar um pedido, exemplificando:
A empresa "Produz Eletro", fabricante de produtos eletrônicos, necessita adquirir mil unidades de uma matéria-prima em seu fornecedor, com o preço de R$ 50,00 por unidade. Sabe-se que essa empresa possui os seguintes custos para se realizar um único pedido:

- Transporte do fornecedor até a empresa (em média): R$ 500,00 por carregamento (independentemente da quantidade transportada)
- Custos internos do departamento de compras: R$ 5,00 por pedido (em média)
- Para todo recebimento de mercadoria na empresa, uma unidade é recolhida para inspeção; sabe-se que, para cada inspeção, gasta-se em média R$ 1,00 mais o valor da mercadoria utilizada. Nesse caso, totalizam-se R$ 51,00 por pedido.

Qual o custo médio por pedido para essa empresa?

Temos:
Custo de transporte: R$ 500,00 (por pedido)
Custos do pedido (compras): R$ 5,00 (por pedido)
Custos de inspeção: R$ 51,00 (por pedido)

Logo:

S = 500,00 + 5,00 + 51,00 = R$ 556,00

Portanto, o custo médio por pedido dessa mercadoria na empresa é de R$ 556,00.

D = Média anual da demanda (em unidades)

A média da demanda anual é dada pela divisão da quantidade comprada no ano pelo meses do ano (12 meses). Conforme exemplo a seguir:
Esta mesma empresa compra no ano 1.200 unidades dessa matéria-prima, qual a sua média anual de demanda ?

D = 1.200 / 12 = 100 uns

Q = Quantidade por pedido (lote de compra)

Representa a quantidade comprada a cada pedido.

Exemplo:

Com os dados dos exemplos anteriores, pede-se o custo do pedido para a quantidade comprada de 2 mil unidades.

CP = (S X D) / Q

CP = (556,00 X 100) / 2.000

CP = R$ 27,80

Outro custo de estoque a ser considerado é o custo para manter a mercadoria em estoque. Ele engloba todos os custos de propriedade da mercadoria (custo de posse) durante o ano, que podem ser divididos em quatro grupos menores:

- **Custos de espaço:** Os custos de espaço são cobrados pelo uso da área do prédio onde a mercadoria está armazenada. Este espaço pode ser próprio ou alugado. No custo estão inclusos a iluminação do local, condições especiais de armazenamento da mercadoria (por exemplo, gastos para controle de temperatura da mercadoria armazenada) e custos de construção do local de armazenagem.
- **Custos de capital:** Refere-se ao valor financeiro imobilizado na estocagem. Costumam ser subjetivos e intangíveis, já que representam o ativo de curto e longo prazos da empresa e a taxa de juros e de oportunidade de mercado em que a empresa está inserida.

Não existe uma forma padrão de cálculo, já que cada empresa utiliza a sua própria forma de cálculo. Algumas utilizam a taxa média de retorno dos investimentos da companhia, outras a taxa de atratividade que representa a taxa mínima de retorno que a empresa aceita. Costumam ser aproximadamente 85% dos custos totais anuais de estoque.

- **Custos dos serviços de estocagem:** Refere-se ao cálculo do seguro e dos impostos da mercadoria armazenada. Como as empresas costumam pagar impostos e seguros de acordo com a quantidade de mercadorias estocadas, obviamente, quanto maior a quantidade em estoque, maior o valor pago.
- **Custos dos riscos na armazenagem:** Este custos englobam os custos relacionados a deterioração, roubos, danos e obsolescência do material. Eles são estimados como sendo perda direta da mercadoria armazenada.

O custo médio para manter a mercadoria em estoque, também chamado de custo médio de armazenagem, é calculado da seguinte maneira:

Custo médio de manutenção de estoque anual (Cm) = Q/2 X P X I

Sendo:

Q/2 = Estoque médio da mercadoria

Sabe-se que, a cada instante, o estoque de mercadorias é diferente e que ele varia da quantidade máxima (Q máxima) até a quantidade mínima (onde Q = zero). Portanto, de maneira intuitiva, encontramos o estoque médio dividindo as quantidades de estoque por 2.

P = Preço da mercadoria por unidade

Refere-se ao valor pago na mercadoria. Este valor é composto apenas do preço do item (não inclui fretes e outras despesas).

I = Custo de manutenção de estoque

O custo de manutenção de estoque é um percentual sobre o valor financeiro do estoque, conforme explicado anteriormente em custo de capital.

Exemplo:

A empresa “IndFarma”, que atua no ramo de fabricação de medicamentos farmacêuticos, realiza a aquisição de determinada matéria-prima em lotes de 500 kg; o preço por kg dessa matéria-prima é R$ 20,00 e sabe-se que a empresa usa a taxa de 85% referente ao custo de manutenção de estoques. Qual o custo médio anual de manutenção de estoques da empresa para essa matéria-prima?

Cm = Q/2 X P X I

Cm = 500/2 X 20,00 X 0,85

Cm = R$ 4.250,00

Lote econômico de compras (LEC)

> Lote econômico de compras (LEC) é a quantidade ideal de material a ser adquirida em cada operação de reposição de estoque, em que o custo total de aquisição, bem como os respectivos custos de estocagem, são mínimos para o período considerado.

Um dos principais desafios do administrador logístico é que os custos das atividades a ele subordinadas não caminham todos no mesmo sentido, ou seja, à medida que os custos correspondentes a uma atividade crescem, há uma compensação, de modo que os custos de outra operação, vinculada à mesma atividade logística, caem.

A questão-chave consiste em encontrar o ponto de equilíbrio, isto é, o nível para o qual o conjunto dos custos apresenta o ponto mínimo.

Para produtos comprados, esse ponto de equilíbrio pode ser entendido como sendo função do custo de manutenção de estoques, também chamado de custo de armazenagem (Ca) e do Custo de pedir (Cp), conforme demonstrado na Figura 7.2.

Figura 7.2 Lote econômico de compras

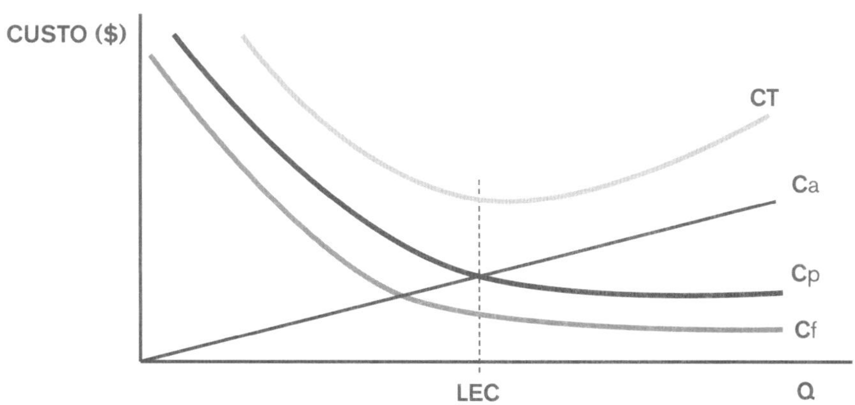

Fonte: Silva; Hedler; Andrade, 2005.

Percebe-se que o Custo total (CT) é menor, no momento em que temos a interseção dos custos de armazenagem com os custos em realizar o pedido, para efetuar. Nessa figura verificamos, também, o Custo de falta (Cf), que é considerado um dos custos mais importantes e arriscados para a empresa, pois a falta de um ou mais produtos representa a perda da oportunidade de venda, e, por consequência, a não entrada de divisas no caixa. Todavia, a falta de produtos pode desencadear situações que vão muito além da perda financeira diante de uma venda não efetuada. A perda de credibilidade com o cliente diante de uma frustração é muito difícil de ser contornada.

A equação que demonstra o lote econômico de compras é dada por:

$$L = \sqrt{(2xQxA) / P}$$

Onde:

L = Lote econômico de compras

Q = Quantidade

A = Custo de cada pedido (incluindo o transporte), também chamado de Cp (Custo de pedir)

P = Custo unitário de estocagem ou Custo de armazenagem (Ca)

É importante salientar que o mesmo conceito que realizamos para o lote econômico de compras aplica-se na relação de abastecimento da manufatura para a área de estoque, recebendo a denominação de lote econômico de produção.

Estoque de segurança

Sabemos que em situações reais, na maioria das vezes, os acontecimentos são diferentes do que prevemos. Para isso, determinamos uma quantidade de estoque para que sirva como "pulmão" e, caso ocorra alguma eventualidade, a mercadoria não venha a faltar em estoque, prejudicando toda a cadeia de suprimentos. Essas eventualidades podem ser:

- **Aumento repentino de demanda:** Devido a ações promocionais, ou a outras ações que motivam o crescimento rápido e inesperado de consumo do item.
- **Atrasos na entrega da mercadoria:** Por mais que o fornecedor já tenha sido escolhido segundo os mais rigorosos critérios de seleção de fornecedores, pode ocorrer que ele não respeite o seu prazo de entrega estimado,

atrasando a entrega da mercadoria e prejudicando toda a cadeia de suprimentos. Outras razões para atrasos na disponibilização da mercadoria é a reprovação de lotes entregues por estarem fora da especificação e a demora para a liberação alfandegária do produto, no caso de material importado.

É importante lembrar que o estoque de segurança é um volume adicional em seu estoque e, consequentemente, um custo adicional para o controle de estoques da empresa, portanto, quanto menor a quantidade de seu estoque de segurança, menor o custo de manutenção de estoque da empresa.

Para se estimar o estoque de segurança, existem diversos modelos, desde um simples formato que envolve o histórico de entregas do item até formatos probabilísticos que atuam com cálculos de desvio-padrão. Vamos apresentar o modelo utilizando o histórico de entregas do item. Para isso é utilizada a seguinte fórmula:

$$\text{ESeg} = (\text{DMáx} - \text{DM}) \times (\text{TRMáx} - \text{TR})$$

Sendo:

ESeg = Estoque de segurança

DMáx = Demanda máxima histórica

DM = Demanda média

TRMáx = Tempo de reposição máximo

TR = Tempo de reposição médio

Exemplo:

Necessitamos calcular o estoque de segurança do item ACME 1, tendo os seguintes dados, referentes ao mês de novembro:

DIA	1	2	3	4	5	6	7	8	9	10
DEMANDA	15	20	10	15	20	15	10	20	5	20

Além disso, o tempo de reposição em dias, das últimas 10 aquisições do item foi:

AQUISIÇÃO	1	2	3	4	5	6	7	8	9	10
T. REPOS.	3	2	2	1	3	1	2	1	3	1

$D_{Máx}$ = ____
DM = ____
$TR_{Máx}$ = ____
TR = ____
E_{Seg} = ____

7.4 Ponto de ressuprimento

O modelo de ponto de ressuprimento, também chamado de Ponto de reposição ou ponto de pedido, por ser um modelo de fácil aplicação, é um dos mais utilizados para o controle de mercadorias em estoque. Ele consiste em realizar a aquisição do item no momento em que este chegar a uma quantidade predeterminada em estoque, conforme verifica-se na Figura 7.3.

Figura 7.3 Modelo de ponto de ressuprimento

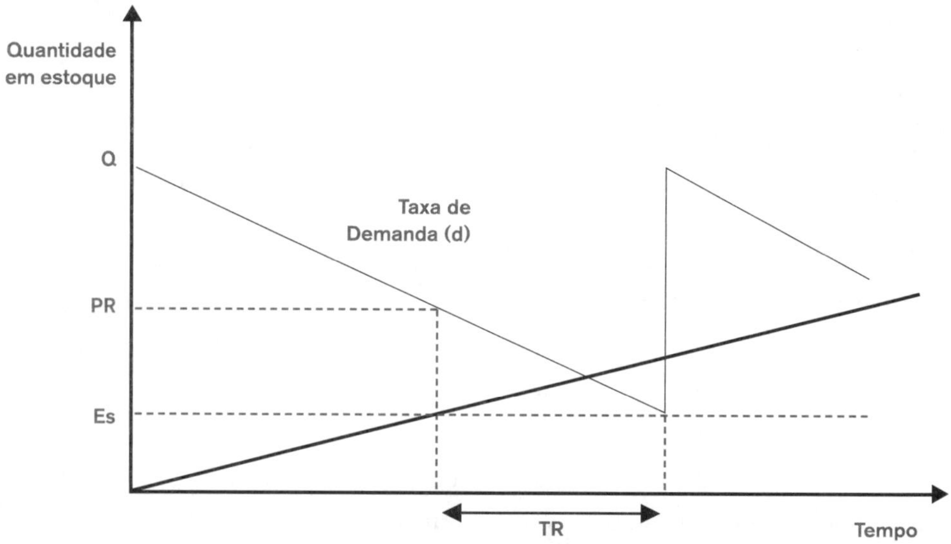

Fonte: Martins, 2005.

Para a operacionalização desse modelo, é necessário o conhecimento de alguns parâmetros:

- TR (Tempo de ressuprimento), também chamado de *lead-time* de compra da mercadoria, ou seja, a partir do momento em que o pedido for colocado, quanto tempo a mercadoria estará em minha empresa, disponível para uso.
- d (Taxa de demanda), que representa o consumo estimado do item.
- ES (Estoque de segurança) do item.

Sua aplicação é dada pela seguinte fórmula:

$$PR = d * LT + ES$$

Exemplo:

O item ACME 2 possui um consumo médio diário de 20 unidades e estoque de segurança de 50 unidades. O prazo de entrega do fornecedor é de cinco dias, calcule o seu ponto de pedido:

$PR = d * LT + ES$

$PR = 20 * 5 + 50$

PR = 150 unidades

7.5 Classificação ABC

Criada pelo italiano Vilfredo Pareto, no final do século XIX, para verificar o comportamento da distribuição de renda da população, a técnica ABC passou a ser utilizada como um instrumento para se examinar e controlar todos os itens de estoque de determinado sistema de operações.

O objetivo é definirmos grupos para os quais diferentes sistemas de controle de estoque serão mais apropriados, resultando em um sistema total mais eficiente em custos. Usamos, dessa forma, sistemas mais caros de operar, mas que permitem um controle mais rigoroso, para controlar itens mais importantes, enquanto sistemas mais baratos de operar e menos rigorosos são utilizados para itens menos "importantes" (em valor de uso).

Os itens mais importantes de todos, segundo a ótica do valor agregado, denominam-se itens da classe A, os intermediários, itens da classe B, e os menos importantes, itens da classe C.

O gráfico de Pareto, também conhecido como curva ABC ou gráfico 80-20, apresenta uma aplicação bem simples, seguindo os seguintes passos:

1º Passo:

Relacionam-se todos os itens que foram consumidos em determinado período. (1)

2º Passo:

Para cada item, registra-se o preço unitário e o consumo no período considerado (se a análise fosse sobre vendas, ou sobre transporte, ao invés de consumo seria usada a quantidade vendida, ou a quantidade transportada etc.). (2 e 3)

3º Passo:

Para cada item, calcula-se o valor do consumo, que é dado pelo preço unitário x consumo. (4)

4º Passo:

Registra-se a classificação do valor do consumo (1 para o maior valor, 2 para o segundo maior valor, e assim por diante). (5)

Conforme Tabela 7.2, segue exemplo da construção da Curva ABC, considerando um controle de estoque, composto de dez itens.

Tabela 7.2 Construção da Curva ABC 1

MATERIAL (1)	PREÇO UNITÁRIO (2)	CONSUMO (3)	VALOR DO CONSUMO (4)	CLASSIFICAÇÃO (5)
MAT1	1,21	123	148,83	4
MAT2	11,90	15	178,50	3
MAT3	3,64	89	323,96	2
MAT4	5,98	12	71,76	5
MAT5	11,20	75	840,00	1
MAT6	11,98	6	71,88	7
MAT7	1,60	22	35,20	10
MAT8	0,38	84	31,92	9
MAT9	5,12	19	97,28	6
MAT10	21,60	3	64,80	8

Fonte: <http://www.sebraesp.com.br>

5º Passo:

Ordenam-se os itens de acordo com a classificação.

6º Passo:

Para cada item, lança-se o valor de consumo acumulado, que é igual ao seu valor de consumo somado ao valor de consumo acumulado da linha anterior. (6)

7º Passo:

Para cada item, calcula-se o percentual sobre o valor total acumulado, que é igual ao seu valor de consumo acumulado dividido pelo valor de consumo acumulado do último item.(7).

Conforme exemplo na Tabela 7.3:

Tabela 7.3 Construção da Curva ABC 2

MATERIAL (1)	VALOR DO CONSUMO (4)	VALOR DO CONSUMO ACUMULADO (6)	% SOBRE O VALOR TOTAL ACUMULADO (7)	CLASSIFICAÇÃO ORDENADA
MAT5	840,00	840,00	45,06	1
MAT3	323,96	1.163,96	62,44	2
MAT2	178,50	1.342,46	72,02	3
MAT1	148,83	1.491,29	80,00	4
MAT4	71,76	1.563,05	83,85	5
MAT9	97,28	1.660,33	89,07	6
MAT6	71,88	1.732,21	92,92	7
MAT10	64,80	1.797,01	96,40	8
MAT8	31,92	1.828,93	98,11	9
MAT7	35,20	1.864,13	100,00	10

Fonte: <http://www.sebraesp.com.br>

Conforme Gomes e Reis (2003), a classificação ABC demonstra que 20% dos itens são considerados A e que correspondem a quase 50% do custo ou consumo anual. Os itens B representam de 20% a 30% do total do número de itens e 20% a 30% do custo ou consumo anual. E 50% dos itens restantes correspondem à classe C e 10% do valor do consumo anual, verificado na Tabela 7.4.

Tabela 7.4 Classificação ABC

	% ITENS	% CUSTO
CLASSE A	20	50
CLASSE B	20 a 30	20 a 30
CLASSE C	50	20

Fonte: Gomes; Reis, 2003.

Pode-se adotar qualquer critério para a definição das classes A, B e C, cada empresa adota seu critério com base em diversos fatores, como quantidade de itens em estoque e a importância estratégica do item para a empresa.

No nosso exemplo, utilizando o critério da Tabela 7.4, verificamos que:

- classe A – 20% dos itens (2 primeiros itens) = 62,44%;
- classe B – 30% dos itens (3 itens seguintes) = (83,85% - 62,44%) = 21,41%;
- classe C (5 itens restantes) = (100% - 83,85%) = 16,15%.

Se tivéssemos, por exemplo, 73 itens ao invés de 10, para A = 20%, seriam os 15 primeiros itens; B = 30%, seriam os 22 itens seguintes; e C = 50%, os 36 restantes.

Para o exemplo anterior, se quiséssemos controlar, digamos, 80% do valor do estoque, teríamos que controlar apenas os quatro primeiros itens (já que eles representam 80%).

O estoque (ou as compras, ou o transporte etc.) dos itens da classe A, tendo em vista seu valor, devem ser mais rigorosamente controlados, e também devem ter estoque de segurança menores, já que possuem um valor agregado relativamente alto. O estoque e a encomenda dos itens de classe C devem ter controles simples, podendo até ter estoque de segurança maiores, já que o custo de armazenagem para esses itens não vai onerar muito o estoque. Já os itens da classe B deverão estar em situação intermediária.

Após essa classificação, verifica-se que poucos itens são responsáveis por grande parte do valor de uso total. Logo, eles deveriam ser os itens de maior atenção gerencial, para os quais vale mais a pena manter controles de estoque mais precisos e rigorosos. Os benefícios do esforço de redução de estoques médios de itens A são muito maiores do que os benefícios de um esforço gerencial similar despendido para manter estoques mais baixos de itens C, que são responsáveis por uma parcela muito menor do valor de uso total dos itens de estoque.

Para facilitar a análise e o entendimento, pode-se, também, plotar um gráfico (Gráfico 7.2) com os dados coletados, onde o eixo "X" representam os itens de estoque e o eixo "Y", os percentuais do custo total acumulados.

Gráfico 7.2 Classificação ABC

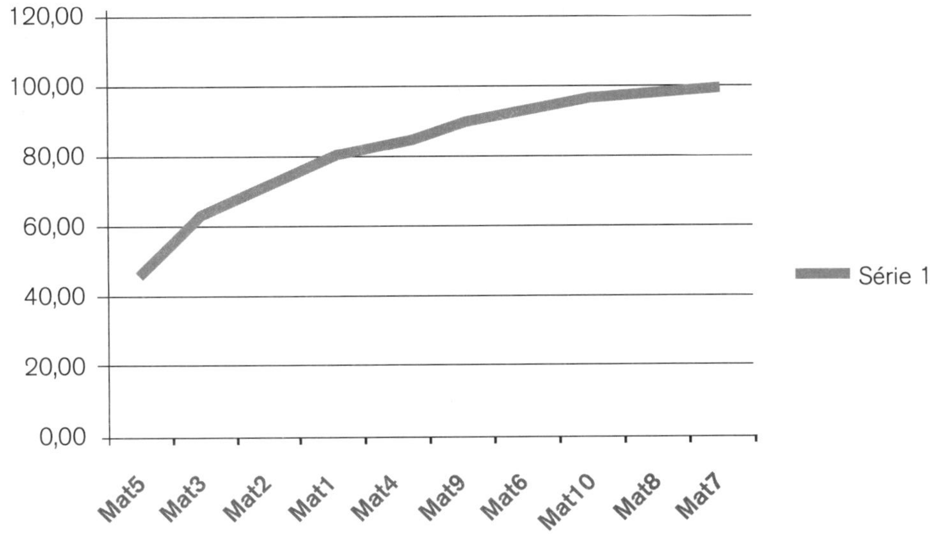

Fonte: elaborado pelo autor.

TEXTO COMPLEMENTAR

GESTÃO DE ESTOQUE: PATRIMÔNIO VERSUS GERAÇÃO DE CAIXA

Aqueles que rodam pelas regiões logísticas do Brasil percebem que empresas de várias atividades estão investindo alto na construção de grandes armazéns. Embora sejam construções imensas para armazenagem e estoque de produtos, muitas vezes dispondo de alta tecnologia, um olhar mais atento permite enxergar empreendimentos cuja gestão se pauta por conceitos patrimonialistas, com guarda de volumes que, em muitos casos, têm giro baixo e geram pouco fluxo de caixa.

Nos processos de armazenagem e estoque, quando se pensa a logística como desenvolvedora de soluções com foco em resultados, contudo, nota-se que os conceitos de geração de caixa se opõem aos patrimonialistas. Nesse sentido, ao compará-los, comprova-se como ideal e lógica a gestão do estoque o mais próxima do modelo de *cross-docking*, um sistema de distribuição no qual a mercadoria recebida no centro de distribuição é imediatamente, ou o mais rapidamente possível, preparada para o carregamento ou expedição para o seu destino final, o cliente ou consumidor.

Ao se colocar um conceito diante de outro, a matemática é clara para identificar vantagens competitivas da armazenagem de giro alto e maior fluxo de caixa.

Nesse contexto, em um cenário mercadológico competitivo, as contas de "ponta do lápis" da logística podem representar o diferencial de custo que torna um produto mais vantajoso do que outro ao consumidor, principalmente para aqueles considerados *commodities*. No Brasil, em alguns setores de competição extrema, como a indústria automotiva e a de produtos *high-tech*, por exemplo, são mais perceptíveis os armazéns administrados sob conceitos de geração de caixa, ou *cross-docking*, que trabalham inseridos em modelos *just in time*.

Em outros setores, contudo, ainda são comuns os grandes armazéns. Por meio de observações empíricas, percebemos que há no país uma cultura de mostrar a força ou riqueza de um empreendimento pelas suas grandes construções. Entretanto, os empresários têm de estar atentos para uma situação na qual aqueles que não se adaptarem às exigências da competição vão "quebrar", independentemente da imagem de força que seus grandes prédios possam gerar. Assim, a análise do movimento do estoque deve levar em consideração o número de vezes que os produtos giram ao mês; aqueles que apresentarem giro inferior a três vezes em um mês certamente vão causar problemas de caixa pelo alto custo de armazenagem.

Em casos mais próximos do ideal, os produtos devem ser armazenados, no máximo, por três dias. Desse modo, setores ainda à margem do sistema *just in time* devem procurar ferramentas que os possibilitem caminhar no sentido da adoção de sistemas de otimização e redução de custos de estoque.

Dados levantados pela Nielsen e divulgados pela Associação Brasileira de Atacadistas e Distribuidores (ABAD), referentes a 2007, identificam que existe uma área de armazenagem seca no setor atacadista de 4,9 milhões de m^2 e área resfriada de quase 200 mil m^2. Tal infraestrutura atende a 900 mil pontos de vendas e movimenta um faturamento anual de R$ 105,8 bilhões, valor que representa 53% do total do mercado do varejo de alimentos, que bateu em R$ 198,5 bilhões. São números bastante expressivos.

Nesse sentido, todas as medidas que possibilitem baixar custos da logística na área de consumo massivo – que no Brasil equivale a 6% dos custos do segmento – para mais perto da média internacional, que é de 4%, terão fortes impactos para elevar o desempenho econômico do setor, tornando os produtos mais competitivos e, consequentemente, mais atraentes aos clientes e consumidores.

No atual panorama, reduzir os custos com logística, adotando modelos de gestão pautados pela geração de caixa, é necessidade urgente do setor, mesmo com todos os entraves, como problemas de infraestrutura de armazenagem, transporte, portos e burocracias governamentais, entre outros. Esses desafios, contudo, têm de ser enfrentados com soluções criativas e adoção de práticas sustentáveis dos negócios, para torná-los mais atraentes em cenários de alta competitividade.

Antonio Wrobleski Filho. Gestão de estoque: patrimônio versus geração de caixa. *Revista Tecnologistica*, fevereiro 2009, p. 68.

Referências

CORRÊA, L. H., GIANESI, I. *Just in Time, MRP II e OPT*: um enfoque estratégico. São Paulo: Atlas, 1993.

DAVIS, M.M.; AQUILANO, N.J; CHASE, R. B. *Fundamentos da administração da produção*. Porto Alegre: Bookman, 2001.

DIAS, Marco Aurélio P. *Administração de materiais*: uma abordagem logística. 4. ed. São Paulo: Atlas, 1993.

GAITHER, N.; FRAZIER, G. *Administração da produção e operações*. São Paulo: Pioneira Thomson Learning, 2002.

GOMES, Maria José Vasconcelos de Magalhães; REIS, Adriano Max Moreira. *Ciências farmacêuticas*: uma abordagem em farmácia hospitalar. São Paulo: Ateneu, 2003.

MARTINS, Petrônio G.; LAUGENI, Fernando P. *Administracão da produção*. São Paulo: Saraiva, 2005.

MOREIRA, Daniel Augusto. *Administração da produção e operações*. São Paulo: Cengage Learning, 2008.

NOVAES, Antonio Galvão N.; ALVARENGA, Antonio Carlos. *Logística Aplicada*: suprimentos e distribuição física. São Paulo: Pioneira, 1994.

STADLER, H.; KILGER, C. *Supply Chain Management and Advanced Planning*. Berlim: Springer, 2002.

SILVA, Christiane de Lima Correa; HEDLER, Francielly; ANDRADE, Marcella Pontara de. *Apostila de Logística Empresarial*. Grupo de Estudos Logísticos – GELOG/UFSC. Santa Catarina, 2005.

TAYLOR, David A. *Logística na cadeia de suprimentos*: uma perspectiva gerencial. São Paulo: Pearson Addison-Wesley, 2005.

Sites: http: www.sebraesp.com.br.

8

GESTÃO DE COMPRAS

VISÃO DO CAPÍTULO

Atualmente e com a concorrência globalizada, as organizações estão cada vez mais criteriosas no ato de comprar. Comprar é uma arte, talvez das mais antigas, motivo pelo qual o padrão atual exige que o comprador, ou o especialista em Suprimentos, possua qualificações, demonstrando conhecer os procedimentos a serem adotados, as características dos materiais, bem como a arte de negociar, essencial na prática das transações. Porém o que comprar? Por quanto comprar? Todas as questões técnicas desses suprimentos estão bem discriminadas? E o que é mais importante na hora da tomada de decisão? Seria o preço? A qualidade? E o prazo de entrega, preenche todos os requisitos dos meus clientes interno e externo? Neste capítulo, teremos uma visão de como a Gestão de Compras poderá agir e quais ações deverão tomar.

OBJETIVOS DO CAPÍTULO

Proporcionar ao leitor os conhecimentos da gestão de compras, sua importância e funcionalidade numa organização:

- Processos de compras;
- Critérios de seleção de fornecedores;
- Tipos de compras;
- Novas formas de compras.

8.1 Introdução e objetivos da área de compras

A aquisição de componentes, insumos, matérias-primas e produtos acabados representa um fator decisivo na atividade de uma organização. De acordo com Ballou (2006), as atividades relacionadas a compras envolvem uma série de fatores, como seleção de fornecedores, qualificação dos serviços, determinação de prazos de vendas, previsões de preços, serviços e mudanças na demanda, entre outros. Já que grande parte do dinheiro de vendas é paga a fornecedores por materiais comprados, reduções pequenas na aquisição dos materiais podem gerar melhorias consideráveis nos lucros. Dessa forma, pode-se dizer que a gestão de compras é de vital importância para o sucesso da empresa.

Conforme Gaither e Frazier (2001), o departamento de compras desempenha um papel fundamental na realização dos objetivos da empresa. Sua missão é perceber as necessidades competitivas dos produtos e serviços, tornando-se responsável pela entrega no momento certo, pelos custos, qualidade e outros elementos na estratégia de operações. É necessário que os gestores de compras ou suprimentos envolvam-se em várias atividades, como manter um banco de dados e a seleção de fornecedores, negociar contratos com estes e agir como intermediário entre os fornecedores e a empresa. Quando o relacionamento entre cliente e fornecedor é de confiança mútua, participação e fornecimento com qualidade assegurada são atingidos, de acordo com Martins e Alt (2009).

Segundo Arnold (1999, p. 209), "essa função é responsável pelo estabelecimento do fluxo dos materiais na firma, pelo segmento junto ao fornecedor, e pela agilização da entrega".

Figura 8.1 Exemplo de estrutura organizacional de compras

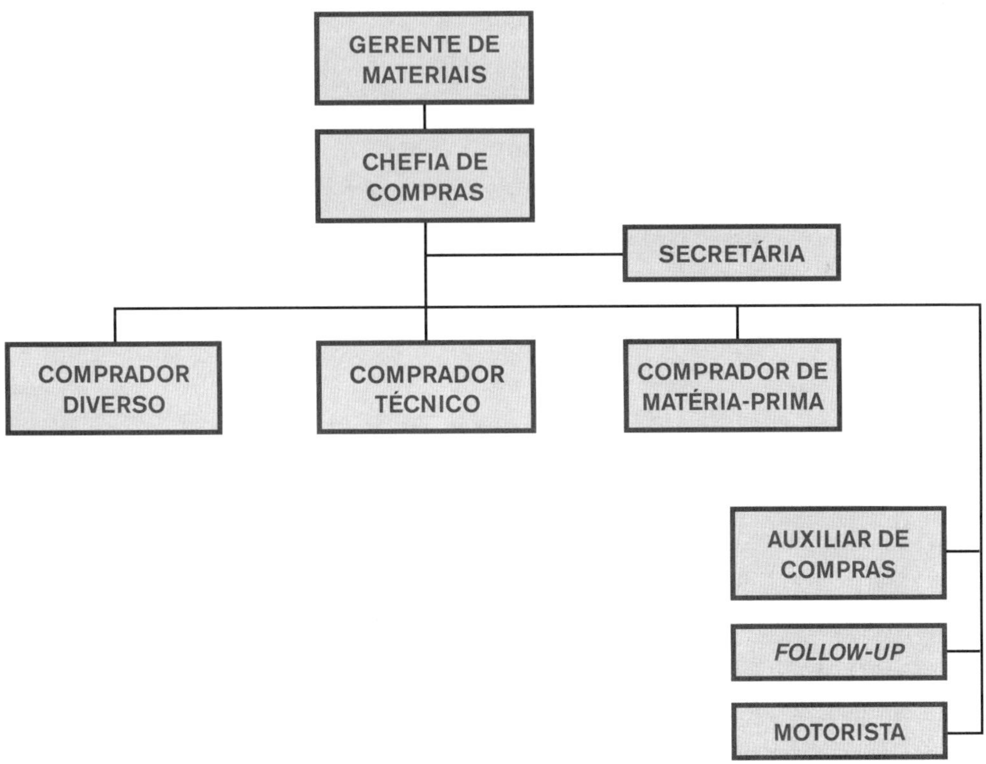

Fonte: Dias, 2009, p. 239.

8.2 Processos de compras

São todas as partes necessárias para dar andamento ao processo de aquisição de materiais, tanto para compras de recursos materiais quanto de recursos patrimoniais, como:

- **Preparação e planejamento:** compreendem os recebimentos das informações, como informações técnicas e elaborações de condições gerais do produto a ser adquirido.
- **Seleção de fornecedores:** a seleção de fornecedor é uma das atividades mais importantes na aquisição, pois é quando a produção começa. E um programa de aquisição não terá sucesso ao menos que relacionamentos cooperativos de fornecedor/cliente sejam estabelecidos e mantidos (Li, Fun e Hung, 1997). Alguns critérios são aplicados nos processos de seleção de fornecedores independentemente do setor de atuação, como solicitação de certificações de sistemas de gestão, especialmente quando a relação comercial se dá no âmbito internacional. Normas como ISO 9001 (gestão da qualidade), ISO 14001 (gestão ambiental) e OHSAS 18001 (gestão de segurança e saúde ocupacional) são referências utilizadas tanto para seleção quanto para auditorias em fornecedores.
- **Cotações, preços e acompanhamento:** nesta fase, o comprador tem todas as características necessárias para desenvolver e solicitar cotações, preços e prazos. Após receber as cotações e definir em qual fornecedor comprar, o acompanhamento do pedido (*follow-up*) deve ser bem criterioso. O cumprimento desse prazo determinará as próximas ações nas organizações e fechará esta etapa do processo.

8.3 Critérios de seleção de fornecedores

Identificar e selecionar fornecedores são responsabilidades fundamentais do departamento de compras. O processo de escolher o fornecedor por ocasião da compra do item é denominado habitualmente de licitação. Alguns o denominam cotação.

A seleção do fornecedor que deverá suprir o item (ou serviço) deve ser cuidadosa. Alguns critérios gerais devem ser utilizados, pelo menos para a maioria dos itens: utilizar fontes múltiplas (nunca depender só de um fornecedor), determinar uma quantidade mínima de cotações (normalmente três), exigir pelo menos duas assinaturas para aprovação, atentar para o preço objetivo, trabalhar sempre com documentos legais (em forma escrita ou equivalente), exigir sempre qualidade e não somente preço, comparar cotações como um todo (preço, garantia, prazo de entrega, condições de pagamento, embalagem, transporte etc.).

Na Figura 8.2, temos um exemplo simplificado de avaliação de fornecedores.

Figura 8.2 Exemplo de avaliação de fornecedores

		PONTUAÇÃO RECEBIDA			PONTUAÇÃO TOTAL		
		FORNECEDORES			FORNECEDORES		
FATOR	PESO	A	B	C	A	B	C
QUALIDADE	10	6	9	9	60	90	90
PREÇO	10	9	8	10	90	80	100
PONTUALIDADE	10	9	9	9	90	90	90
FINANCEIRO	8	8	8	9	64	64	72
					304	324	352

Fonte: elaborado pelo autor.

Utilizamos o método ponderado, no qual determinamos pesos para cada fator. No fator Qualidade, o peso é 10, pois consideramos primordial para a aceitação do nosso produto. Nesse fator, o fornecedor B e o fornecedor C apresentaram as maiores pontuações. Portanto, para calcular a pontuação total, utilizamos a seguinte expressão:

PTF = (Fator Qualidade x PRF) + (Fator Preço x PRF) + (Fator Pontualidade x PRF) + (Fator Financeiro x PRF)

Onde:

PTF = Pontuação Total Fornecedores

PRF = Pontuação Recebida Fornecedores

Na pontuação final, o fornecedor A teve as seguintes avaliações;

PTF Fornecedor A = (10 x 6) + (10 x 9) + (10 x 9) + (8 x 9) = 304 pontos

Assim, ele ficou abaixo da pontuação do fornecedor C, teoricamente escolhido.

8.4 Formas de compras

8.4.1 Pedido de compras

O pedido de compras oficializa as aquisições de produtos, mercadorias ou serviços de uma empresa, de forma que sejam realizadas nas especificações certas, em quantidades adequadas, com boa qualidade e por preços convenientes. Um pedido de compras corretamente elaborado possibilita um melhor acompanhamento, tornando mais fácil o controle de todo o processo de aquisição. Isso dá maior credibilidade à empresa junto ao fornecedor, pois demonstra o bom nível de organização do empreendimento, sinalizando o perfeito conhecimento da linha de mercadorias, produtos ou serviços que explora.

8.4.2 EDI

As redes de intercâmbio eletrônico de dados (EDI, do inglês *Electronic Data Interchange*) são essenciais para conectar os participantes de transações de comércio eletrônico. O EDI envolve a troca eletrônica de documentos comerciais padronizados, especialmente formatados (como pedidos e faturas) e transmitidos eletronicamente por redes de computadores entre parceiros comerciais. O EDI é usado principalmente para a transferência eletrônica de transações repetitivas.

No passado, o EDI trafegava nas redes de valor agregado VAN (rede de serviços de comunicação), que são redes remotas privadas utilizadas por empresas para proporcionar mais capacidade de transmissão, segurança e economia de custos aos serviços de rede. A VAN é, porém, exclusiva para o intercâmbio de dados entre empresas e seus parceiros de negócio. Com a evolução da Internet, surgiu o EDI baseado na Internet (EDI/Internet), cuja troca de dados ocorre nesse ambiente, permitindo a redução de custos da comunicação de EDI em mais de 50%. Essas transações de troca de documentos podem ser realizadas por meio da extranet da empresa, eliminando-se as redes VAN que conhecidamente têm um custo maior (Turban, McLean e Wetherbe, 2004).

Com a evolução dos padrões da Internet, surgiu um novo padrão para troca de dados nesse ambiente, a linguagem XML (*Extensible Markup Language* – padrão de marcação generalizada). A XML é conceituada como uma linguagem para definir, validar e compartilhar formatos de documentos no ambiente da Internet. Seu propósito principal é a facilidade de compartilhamento de informações nesse ambiente. Permite criar, administrar e ter acesso a conteúdo dinâmico, personalizado e customizado na Web. A XML é especialmente indicada para aplicações de comércio eletrônico.

A seguir temos um exemplo de utilização do EDI.

A empresa "Cumbica Motores", que fabrica motores diesel, estabeleceu parcerias com diferentes fornecedores globais, entre eles a empresa "Metal Pesado". Ficou acordado que os pedidos da Cumbica Motores seriam encaminhados eletronicamente (EDI) para a Metal Pesado. Portanto, os pedidos da Cumbica Motores, em vez de serem impressos e enviados por correio ou encaminhados via fax, serão formatados de acordo com normas estabelecidas entre as duas empresas e transmitidas eletronicamente, um EDI por meio da Internet. A Metal Pesado, por seu lado, ao receber os pedidos eletrônicos para a sua aplicação (seu sistema de processamento de pedidos), poderá tratá-los diretamente e confirmar imediatamente as datas de entrega e as condições de pagamento, por meio de uma resposta eletrônica adequada. Após confirmados o pedido e a entrega, a Metal Pesado enviará a fatura eletrônica normalizada, que será tratada diretamente pela aplicação da Cumbica Motores. Quando os produtos chegarem à Cumbica Motores, ela já estará com a nota eletrônica aguardando a conferência e confirmação do recebimento do pedido.

Nesse exemplo, com a troca de informação, a Metal Pesado receberá todas as previsões de consumo e com isso se preparará para atender a demanda.

8.4.3 e-Commerce

De uma forma especial, a Internet tem mudado as relações e a comunicação entre empresas e pessoas. As empresas, por sua vez, têm tirado proveito dessa nova tecnologia e procurado explorar todos os benefícios proporcionados pelo ambiente digital. Canais de comunicação entre empresas e pessoas, como é o caso dos sites, estreitam e diminuem fronteiras geográficas, dando condições para que as transações comerciais sejam realizadas por meio do chamado comércio eletrônico. A Internet e seus serviços têm criado um novo espaço para os negócios. Segundo Albertin (2001, p. 39): "Esse novo ambiente tem fornecido para os agentes econômicos, tanto empresas quanto indivíduos, canais alternativos para trocar informações, comunicar-se, transferir diferentes tipos de produtos e serviços e iniciar transações comerciais".

O comércio eletrônico ocorre nas modalidades:

- **Empresa a empresa (B2B – *Business to Business*).** É o nome dado ao comércio eletrônico associado a operações de compra e venda de informações, de produtos e de serviços por meio da Internet ou de redes privadas partilhadas entre parceiros de negócios, substituindo, assim, os processos físicos que envolvem as transações comerciais. O B2B pode também ser definido como a troca de mensagens estruturadas com outros parceiros comerciais a partir de redes privadas ou da Internet, para criar e transformar as suas relações de negócios.
- **Empresa a consumidor (B2C – *Business to Consumers*).** Neste caso, os vendedores são empresas e os compradores são indivíduos. É a categoria em que ocorre o varejo eletrônico. Existem *shoppings* eletrônicos por toda a Internet oferecendo de tudo, desde bolos e vinhos a computadores e carros.
- **Consumidor a empresa (C2B – *Consumer to Business*).** Aqui os clientes anunciam a necessidade específica de um produto ou serviço, e as empresas concorrem para fornecê-los. Um exemplo são os sites que prestam serviços para fazer leilões virtuais para aquisição de produtos para empresas.
- **Consumidor-a-consumidor (C2C – *Consumer to Consumer*).** Ocorre quando alguém vende produtos ou serviços a outras pessoas. Exemplos deste tipo de serviço são a empresa Mercado Livre e o jornal *Primeira Mão*.
- **Governo para cidadão (G2C – *Government to Citizen*).** Neste caso, o governo fornece serviços aos seus cidadãos via tecnologia de comércio eletrônico. Um exemplo é o site da receita federal (disponíve em www.recitafederal.gov.br).
- **Comércio móvel (*m-commerce*).** Quando o comércio eletrônico ocorre em um ambiente sem-fio – via telefone celular para acesso à Internet, temos o comércio móvel.

Embora o comércio eletrônico apresente uma série de vantagens, também apresenta um conjunto de limitações. O Quadro 8.1 apresenta algumas vantagens do Comercio Eletrônico. Veja no Quadro 8.2 as limitações do comércio eletrônico.

Quadro 8.1 Vantagens do comércio eletrônico

1. Permite aos usuários realizar transações 24 horas/dia, nos 365 dias do ano, a partir de qualquer lugar do planeta;
2. Permite interagir com outros usuários em comunidades eletrônicas;
3. O comércio eletrônico oferece diferentes opções de escolha devido ao maior número de fornecedores. O cliente está a um clique de um novo fornecedor;
4. Permite que as pessoas trabalhem em casa, reduzindo custos e economia de tempo;
5. Permite às empresas entrar em novos mercados, por outro lado os consumidores terão mais opções antes desconhecidas;
6. Facilita a disponibilização de serviços públicos, como guias de impostos, negativas etc;
7. O CE viabiliza novos modelos de negócios, como leilões virtuais, ensino à distância;
8. O CE permite uma nova forma de fazer publicidade, atingindo grandes massas de consumidores e ao mesmo tempo permite a personalização;
9. O CE reduz em até 90% os custos de criação, distribuição e armazenamento de informações em relação a documentos baseados em papel;
10. Com CE os serviços e o relacionamento com os clientes são facilitados pela comunicação interativa, pessoa a pessoa, a baixo custo;
11. O CE reduz os custos de telecomunicações, pois a Internet é muito mais barata do que as redes VANs.

Fonte: adaptado de Turban, McLean e Wetherbe, 2004, p. 161.

Quadro 8.2 As limitações do comércio eletrônico

Limitações técnicas

1. A inexistência de padrões universalmente aceitos de qualidade, segurança e confiabilidade.
2. Largura de banda (capacidade) insuficiente nas telecomunicações.
3. Ferramentas de desenvolvimento de software ainda em evolução.
4. A dificuldade de integrar a Internet e software de comércio eletrônico com alguns aplicativos existentes (especialmente os sistemas existentes na empresa) e os bancos de dados.
5. O custo agregado dos servidores especiais da Web em acréscimo aos dos servidores da rede.
6. Acesso caro e/ou complicado à Internet para alguns.

Limitações não técnicas

1. Muitos aspectos legais ainda não resolvidos, como os relativos aos impostos.
2. Padrões e regulamentos governamentais nacionais e internacionais que ainda não foram criados para determinadas circunstâncias.
3. Dificuldade de avaliar certos benefícios do comércio eletrônico, como anúncios na Web. Os métodos para justificar o comércio eletrônico não estão sedimentados.
4. Muitos compradores e vendedores estão esperando o comércio eletrônico estabilizar-se antes de aderir a ele.
5. A resistência dos consumidores a passar de uma loja real para uma virtual. As pessoas ainda não confiam inteiramente em transações virtuais, sem rostos visíveis.
6. A impressão de que o comércio eletrônico é caro e não oferece garantias. Como resultado, muitos não querem sequer testá-lo.

7. Em muitas atividades do comércio eletrônico, ainda inexiste a massa crítica (número suficiente) de vendedores e compradores, indispensável para tornar rentável uma operação.

Fonte: adaptado de Turban, McLean e Wetherbe, 2004, p. 161.

- ***e-Procurement***

O *e-Procurement* representa uma parte vital da gestão da cadeia de distribuição, tendo em vista que a compra de suprimentos e matérias-primas pode se tornar uma "pedra no sapato" para empresas que trabalham com manufatura. Sem um fluxo regular e confiável de matéria-prima, o processo produtivo pode entrar em colapso, com atraso na produção e entrega, devolução de mercadorias, entre outras dificuldades. Dessa forma, é necessária a certeza de que o *e-Procurement* de uma empresa é o mais eficiente e confiável possível. Também em situações nas quais as ordens de compras não são realizadas no tempo adequado e as datas de envio e entrega não seguem os padrões de eficiência aceitáveis, o *e-Procurement* pode ser uma ferramenta fundamental para o aprimoramento da logística na empresa.

Apesar de serem conceitos próximos, a cotação eletrônica e o *e-Procurement* apresentam algumas diferenças do ponto de vista operacional, técnico e administrativo. Enquanto a cotação eletrônica pode ser tanto um processo interno da empresa quanto contratada de terceiros, por meio de *e-Sourcing*, o *e-procurement* é proveniente do desenvolvimento da própria empresa, que agrega outros sistemas informatizados, como banco de dados, ERP e *web solutions*, o que torna o processo mais dinâmico e automático, pois permite integrar as solicitações de compra às demais áreas da empresa, como a gestão do estoque, as contas contábeis e financeiras relacionadas ao pedido de compra. Dessa forma, o *e-Procurement* apresenta como vantagens a redução de custos, a agilidade nas compras, os ganhos financeiros, a segurança e outros.

8.5 Diferentes tipos de *e-Procurement*

- ***Web-based* ERP (*Entrerprise Resource Planning*)**: soluções ERP de empresas como SAP, AG, ORACLE entre outras, elaboradas para otimizar o planejamento de recursos de uma empresa. Em termos de processo de manufatura, elas podem gerar o agendamento de compras visando a um ciclo ideal de produção.
- ***e-Sourcing***: trata-se do uso da Internet para a identificação de novos fornecedores. Também conhecido como leilão reverso, o *e-Sourcing* é o método pelo qual as empresas podem utilizar o seu processo de compra *online* com o objetivo de contatar um número maior de fornecedores do que seria possível no canal tradicional. O maior benefício do *e-Sourcing* é a competição entre os fornecedores, que dão lances acompanhados do detalhamento do serviço a que se comprometem executar. Aos compradores cabe a tarefa de selecionar a melhor oferta.
- ***e-Informing***: o *e-Procurement* pode ser utilizado para a simples troca de informações de compras entre vendedores e compradores. O uso da tecnologia da Internet, como o e-mail, em substituição aos tradicionais métodos de comunicação, pode facilitar imensamente o processo de montagem de um banco de dados de fornecedores.

8.6 Definições estratégicas

8.6.1 Verticalização e horizontalização

Conforme Martins (2009), verticalização é a estratégia de que a empresa produzirá internamente tudo o que puder, ou pelo menos tentará produzir. Foi predominante no início do século XX, quando as grandes corporações praticamente produziam tudo o que usavam nos produtos finais. É definida como uma estratégia em que a empresa "faz tudo". Porém o elevado número de atividades realizadas internamente acarretou problemas gerenciais devido ao aumento do porte da empresa, e atividades não ligadas diretamente ao negócio principal, com consequências para a perda da eficiência e o aumento do custo de produção, enquanto a horizontalização passou a ser uma opção para a manutenção da competitividade das empresas, ou seja, na estratégia de comprar o máximo de componentes que o seu produto final.

Quadro 8.3 Vantagens e desvantagens da verticalização

VANTAGENS	DESVANTAGENS
Independência de terceiros	Maior investimento em equipamentos
Maiores lucros	Menor flexibilidade (perda de foco)
Maior autonomia	Aumento da estrutura da empresa
Domínio sobre tecnologia própria	

Fonte: adaptado de Martins, 2009.

Quadro 8.4 Vantagens e desvantagens da horizontalização

VANTAGENS	DESVANTAGENS
Redução de custos	Menor controle tecnológico
Flexibilidade para definir volumes de produção	Maior exposição a problemas de qualidade
Maiores lucros	Demissões na fase inicial
Incorporação de novas tecnologias	Alta dependência de terceiros
Foco no produto principal da empresa	

Fonte: adaptado de Martins, 2009.

VERTICALIZAÇÃO NA PRÁTICA

FABER CASTELL

Em dois anos, a Faber Castell, maior produtora de lápis do mundo, poderá dar adeus aos fornecedores de madeira. Nada contra eles. Pelo contrário. Durante mais de 70 anos de Brasil os parceiros foram fundamentais para a bem-sucedida trajetória da companhia, a maior subsidiária da Faber no mundo, com produção de 1,5 bilhão de lápis por ano e vendas de R$ 220 milhões. Só que em 2004 a empresa conquistará a autossuficiência no plantio de madeira. Em seus mais de 10 mil hectares de terra, distribuídos em oito florestas em Prata (MG), produzirá matéria-prima necessária para atender a sua demanda. "Seremos os únicos do setor totalmente verticalizados", diz Jairo Cantarelli, gerente da divisão madeira da Faber no Brasil. A filial só alcançou esse objetivo depois que criou o Projeto Pinus no início dos anos

1990. Ao contrário do restante da indústria de lápis, que utiliza principalmente o cedro americano, a Faber brasileira preferiu usar um tipo de pinheiro, o pinus caribea, para compor os seus produtos. É uma árvore com madeira macia, que cresce rapidamente – mesmo em condições adversas – extremamente fácil de replantar. A partir de 2004, segundo Jairo, o projeto atingirá sua maturidade e a empresa já poderá se considerar autossuficiente. Nesse processo de plantio, são aproveitados 100% da madeira produzida por mais de 15 milhões de árvores. Galhos e ponteiras das árvores, que caem no chão, são usados como adubo; a madeira fina, imprópria para o lápis, é vendida para a indústria de aglomerados; as sobras de madeira são utilizadas para a geração de energia e até a serragem é comercializada para granjas. "Tudo é aproveitado", diz Cantarelli. Ele só não revela o quanto foi investido nas florestas. A plantação do pinus é apenas o começo de um ousado processo de verticalização da Faber. Técnicos contratados pela empresa encontraram na região de Prata um outro tesouro que será usado como matéria-prima a partir de 2005. O nome é morototó, árvore de textura média, madeira macia e crescimento rápido. "Tais projetos, além de garantir a qualidade de produção e custos competitivos, reforçam o compromisso da Faber-Castell com a preservação ambiental", afirma o executivo. "Plantar nossa própria madeira é a melhor forma de manter as florestas intactas." Além disso, em parceria com a prefeitura de Prata, a empresa desenvolveu técnicas de prevenção e controle de incêndios florestais, recuperação de erosões, conservação do solo e qualidade da água e proteção da fauna. Também se comprometeu a contratar apenas mão de obra local para a extração de madeira. "Ganhamos nós e ganha a comunidade."

Fonte: *Revista Isto é*, 6 nov. 2002.

- **Comprar ou produzir**

  A decisão de comprar ou produzir tem sido uma dúvida que tem levado muitos gestores de compras a criarem estratégias para tentar reduzir custos e aumentar a competitividade de seus produtos. Eles decidem se suas empresas devem fabricar algumas peças e componentes de seus produtos, em sua própria fábrica, ou se devem subcontratar outra empresa para fornecer essas peças e componentes.

  Essa resposta deverá ser obtida por meio de análises e aspectos ligados a decisão global da empresa e sobre os custos.

Exemplo:

A Empresa Cumbica Motores tem em sua produção um componente específico que tem como custo fixo o valor de $ 25 mil por ano e um custo variável de $15,00 por unidade. Se for comprar, o custo de compra desse item é de $19,00. Para uma produção de 12.500 peças, determine:

a) Custos total
b) Ponto de equilíbrio
c) Se compra ou produz

Resolução:

Custo Total = CF + (CV x LP)

Custo Compra = (CP / LP)

Ponto equilíbrio = (PV x NP) = CF + (CV x LP)

Onde:

CF = Custo Fixo

CV = Custo Variável

LP = Lote de Produção

PV = Preço de Venda

Custo Total = $ 25.000,00 + ($ 15,00 x 12.500) = $ 212.500,00

Custo Compra = $ 19,00 x 12.500 = $ 237.500,00

Para um preço de venda de $ 19,00 o ponto de equilíbrio ficará:

$ 19,00 x NP = $ 25.000,00 + ($ 15,00 x NP)

$ 4,00 x NP = $ 25.000,00, sendo que o Ponto de Equilíbrio para essas condições será:

NP = 6.250 unidades

Portanto:

Para consumo abaixo de 6.250 peças, a melhor opção é a compra.

Para consumo igual e acima de 6.250, a melhor opção é a produção interna.

- **Ética**

  O Código de Conduta Ética do Profissional de Compras tem por objetivo principal servir como orientação aos colaboradores no exercício de suas atribuições, de forma a garantir a lisura e a integridade nos processos de aquisição e no relacionamento com os fornecedores de produtos e serviços.

8.7 Valores e princípios

8.7.1 Conflito de interesse

O conflito de interesses no processo de aquisição acontece principalmente nas situações em que a atuação do profissional de compras, no relacionamento com fornecedores, coloca a busca de benefícios próprios ou de terceiros à frente dos interesses da organização.

Exemplos:

- Interesses financeiros que possam influenciar as decisões do profissional de compras quanto à condução dos negócios com fornecedores.
- Uso de informações confidenciais e pleitear, com base em seu cargo, descontos em aquisições de bens ou serviços, para uso ou consumo de caráter pessoal.

8.7.2 Brindes e presentes

A aceitação de presentes oferecidos por fornecedores pode comprometer a capacidade de julgamento e a imparcialidade do profissional de compras, bem como a isenção, lisura e transparência sobre os procedimentos de compras.

Não deverão ser aceitos presentes oferecidos por empresas fornecedoras, bem como por quaisquer dos seus funcionários, que possam representar relacionamento impróprio ou prejuízo financeiro ou de reputação para a organização.

Algumas empresas estipulam, formalmente, o valor máximo de cada presente ou brinde.

No desempenho de sua função, o profissional de compras deverá contribuir de todas as maneiras para melhorar os resultados da organização. Deverá tratar os fornecedores com isenção e profissionalismo, rejeitando qualquer tentativa ou mesmo aparência de favorecimento. Manter confidencialidade sobre os procedimentos internos ou sobre qualquer informação obtida em razão do exercício da função.

No caso de violação, o profissional poderá ser advertido e, caso haja nova incidência dessa violação, pode ser demitido.

Neste capítulo estudamos gestão de compras, seu organograma, seus processos, suas tomadas de decisão quanto à definição de fornecedores, até sobre se compramos ou produzimos.

Num mercado altamente competitivo e globalizado, a gestão de compras torna-se necessária para o sucesso das diversas interfaces com produção, finanças e vendas.

ESTUDO DE CASO

WAL-MART - FORNECEDORES E COMPROMISSO SOCIOAMBIENTAL

Desde que o CEO Lee Scott assumiu a onda verde do meio ambiente, o Wal-Mart, empresa norte-americana e maior varejista do mundo, passou a exigir mais comprometimento de seus fornecedores devido ao impacto da imagem da empresa e à real causa ambiental.

Na China, o Wal-Mart compra de seus fornecedores aproximadamente US$ 9 bilhões por ano, os produtos chineses abastecem os mercados dos EUA, Inglaterra, Brasil e da própria China.

É conhecido de todos que os métodos de manufatura dos produtores chineses são rudimentares na sua grande maioria, a mão de obra muitas vezes é infantil e muito pouco, ou quase nada, é feito para reduzir o impacto ambiental causado.

Em outubro de 2008, em plena crise internacional, o Wal-Mart reuniu num hotel de Pequim seus fornecedores chineses e lá estavam Rob Walton, presidente do conselho de administração e filho do fundador, o CEO Scott e executivos do alto escalão da rede nos EUA. O tema do encontro foi sustentabilidade. Diante de uma plateia formada por empresários, representantes do governo, acadêmicos, fornecedores de toda parte do mundo e ONGs, foi anunciado um corte para as companhias que operam no país e não se adequam ao perfil sustentável, onde o respeito aos regulamentos socioambientais é imprescendível, para que a imagem da empresa não seja manchada com fornecedores descompromissados com a nova exigência de mercado.

Segundo Scott, "Não se trata de algo operacional. Acredito firmemente que uma empresa que trapaceia na carga horária e na idade de sua força de trabalho, que joga lixo e químicos nos rios, que não paga impostos e não honra seus contratos irá, em algum momento, trapacear na qualidade de seus produtos, e isso é o mesmo que trair os consumidores. Não vamos tolerar isso no Wal-Mart".

O Wal-Mart, junto às ONGs, dará consultoria para que seus fornecedores se adequem às novas exigências estabelecidas num prazo determinado.

Indagado sobre se o momento era propício para se exigir uma empresa socioambiental, Scott retruca: "A economia global vai se recuperar, talvez não na semana que vem, mas vai se recuperar. Já os desafios ambientais e sociais que enfrentamos permanecerão por décadas".

Nossos fornecedores fazem parte da nossa imagem.

Fonte: ROSENBURG, Cynthia. Wal-Mart - Fornecedores e compromisso socioambiental. Revista *Época negócios*, n.22. dezembro de 2008.

Referências

ALBERTIN, A. L. *Administração de Informática*: funções e fatores críticos de sucesso. São Paulo: Atlas, 2001.

ARNOLD, J. R. T. *Administração de materiais*. São Paulo: Atlas, 1999.

BALLOU, R. H. *Gerenciamento da cadeia de suprimentos/logística empresarial*. 5. ed. Porto Alegre: Bookman, 2006.

BOWERSOX, D. J.; CLOSS, D. J.; COOPER, M. B. *Gestão logística de cadeias de suprimento*. Porto Alegre: Bookman, 2006.

DIAS, Marco Aurélio P. *Administração de Materiais*: princípios, conceitos e gestão. 6. ed. São Paulo: Atlas, 2009.

GAITHER, Norman; FRAZIER, Greg. *Administração da produção e operações*. 8. ed. São Paulo: Pioneira, 2001.

LI, C. C.; FUN, Y. P.; HUNG, J. S. *A new measure for supplier performance evaluation. IIE Transactions*. Chapman & Hall, v. 29, n. 9, set. 1997.

MARTINS, Petrônio Garcia; ALT, Paulo Renato Campos. *Administração de materiais e recursos patrimoniais*. 3. ed. rev. e atual. São Paulo: Saraiva, 2009.

NOVAES, A. G. *Logística e gerenciamento da cadeia de distribuição*. 3. ed. São Paulo: Elsevier, 2007.

TURBAN, Efraim; MCLEAN, Ephraim; WETHERBE, James. *Tecnologia da informação para a gestão*. 3. ed. Porto Alegre: Bookman, 2004.

9

GESTÃO DE TRANSPORTES

VISÃO DO CAPÍTULO

Demonstrar a importância da aplicação do modelo de gestão nos meios de transportes, pois é através deste que escoam todas as riquezas produzidas em um país, influenciando na formação do PIB (Produto Interno Bruto). A gestão de transportes faz parte de programas de planejamento estratégico nos países desenvolvidos, como será abordado na evolução dos transportes dentro de um panorama mundial, as mais atuais evoluções tecnológicas aplicadas e as tendências futuras. Especificar a natureza das cargas transportadas através de seus diversos tipos e modalidade com suas vantagens e desvantagens. Finalizando, demonstrar como se faz o estudo da roteirização e o cálculo do custo do frete, juntamente com um estudo de caso.

OBJETIVOS DO CAPÍTULO

1. Gestão de transportes e sua importância;
2. Natureza da carga transportada (tipos de carga);
3. Modais de transporte (tipos quanto a modalidade, características, vantagens e desvantagens);
4. Evolução no Panorama Mundial;
5. Roteirização e cálculo do frete rodoviário;
6. Estudo de caso – Roteirização.

O termo *gestão* é muito utilizado em várias áreas: Gestão da Produção, Gestão Financeira, Gestão de Negócios, Gestão da Qualidade, Gestão de Transportes etc.

Gestão, no *Dicionário Aurélio*, é o ato efetivo de gerir ou gerenciar, ou seja, administrar com o objetivo de atingir resultados. Sendo assim, o gestor é aquele que detém o poder de mandar e para isso necessita dos procedimentos que são utilizados nas diversas áreas ou mesmo criá-los, para controlar e cobrar os resultados. Logo percebemos que aquele que manda deve, ou deveria pelo menos, deter o amplo conhecimento de como se faz, para depois poder mandar. Isso é fundamental no setor de transportes, que é muito competitivo e que ainda tem muito espaço para crescer e absorver novas tecnologias. Hoje, e num breve futuro, as cabines dos caminhões passam a ser verdadeiros escritórios móveis.

Figura 9.1 Caminhão futurista

Fonte: <http://www.caserssion.com/car-news/volvo-truck-of-the-future.html>. Acesso em: 06 jun. 2011.

Transportes, por definição, é o meio de translação de pessoas ou bens de um lugar para outro e depende de todos os meios e infraestrutura implicados nos movimentos de pessoas e bens.

Por meio dos transportes é que se escoam todos os bens e serviços e as riquezas produzidas nos países, influenciando até a formação do Produto Interno Bruto (PIB) da nação. No Brasil os transportes têm participação de mais de 3,4% no PIB, um investimento anual de mais de R$ 10 bilhões e faturamento médio de US$ 25 bilhões. Possui frota nacional superior a 1,65 milhão de caminhões e com aquisição de mais de 50 mil novas unidades por ano. Seu mercado tem espaço para crescer pois necessita de uma renovação da frota nacional de caminhões, que têm idade média de 17,5 anos (*Revistas da NTC*, 2003).

Veículos modernos com eletrônica embarcada e interfaces com telemática (Tecnologia da informação aplicada em logística - TI) se traduzem em menores custos com combustível, manutenção, tratamento das informações etc.

Entende-se que por inovar na gestão dos meios de transportes de cargas e passageiros com o controle remoto de pesos, fluxos e volumes, aumenta-se a segurança, reduz-se custos e incrementa-se produtividade e lucro. Tudo isso caminha para o modo de transporte intermodal como se faz em países desenvolvidos, o que resulta em fretes menores, aumentando a rentabilidade de empresas e do país, pois com fretes menores pode-se dar vazão às exportações de suas riquezas com preços mais competitivos.

Figura 9.2 Ambiente intermodal

Fonte: elaborado pelo autor.

Figura 9.3 Exigência da gestão dos transportes

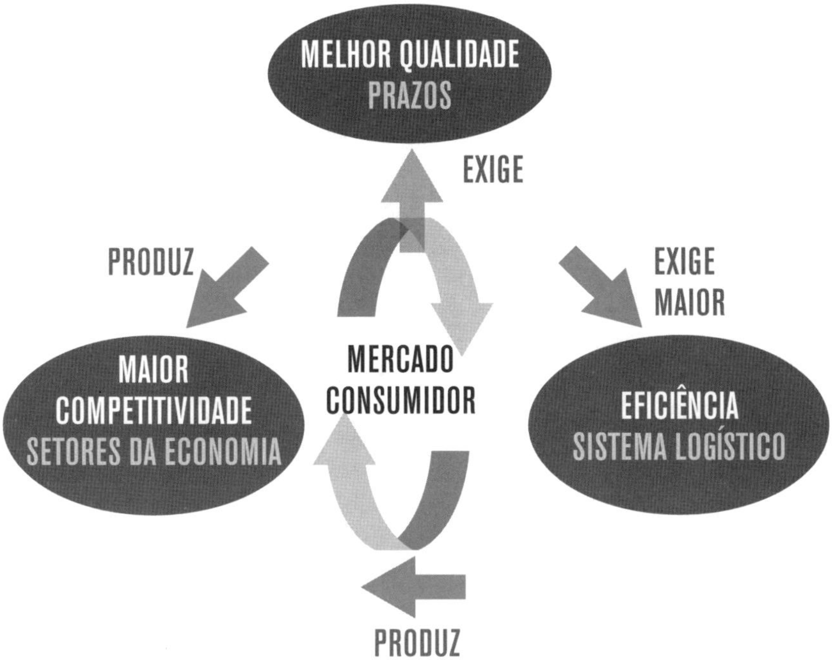

Fonte: elaborado pelo autor.

9.1 Natureza da carga transportada

Na identificação das características da carga, devemos observar aspectos como: perecibilidade, fragilidade, periculosidade, dimensões e pesos considerados especiais.

A carga pode ser classificada basicamente em:

- **Carga Geral**: carga embarcada, com marca de identificação e contagem de unidades, podendo estar solta ou unitizada.
  Soltas (não unitizadas): itens avulsos, embarcados separadamente em embrulhos, fardos, pacotes, sacas, caixas, tambores etc. Esse tipo de carga gera pouca economia de escala para o veículo transportador, pois há significativa perda de tempo na manipulação, no carregamento e descarregamento provocados pela grande quantidade de volumes.
  Unitizadas: agrupamento de vários itens em unidades de transporte.
- **Carga a Granel** (sólida ou líquida): carga líquida ou seca embarcada e transportada sem acondicionamento, sem marca de identificação e sem contagem de unidades, por exemplo: petróleo, minérios, trigo, farelos e grãos etc.

- **Carga Frigorificada**: necessita ser refrigerada ou congelada para conservar as qualidades essenciais do produto durante o transporte, por exemplo: frutas frescas, pescados, carnes etc.
- **Carga Perigosa**: aquela que, por causa de sua natureza, pode provocar acidentes, danificar outras cargas ou os meios de transporte, ou ainda, gerar riscos para as pessoas.

  É dividida pela Organização Marítima Consultiva Internacional (IMCO) segundo as seguintes classes:

  I. explosivos;

  II. gases;

  III. líquidos inflamáveis;

  IV. sólidos inflamáveis;

  V. substâncias oxidantes;

  VI. substâncias infecciosas;

  VII. substâncias radioativas;

  VIII. corrosivos;

  IX. variedades de substâncias perigosas.
- **Neogranel**: carregamento formado por conglomerados homogêneos de mercadorias, de carga geral, sem acondicionamento específico, cujo volume ou quantidade possibilita o transporte em lotes, em um único embarque. Por exemplo: veículos.

9.2 Modais de transporte

Na escolha do meio mais adequado ao transporte, é necessário estudar todas as rotas possíveis, estudando os modais mais vantajosos em cada percurso. Deve-se levar em conta critérios como menor custo, capacidade de transporte, natureza da carga, versatilidade, segurança e rapidez.

Os transportes são classificados de acordo com a modalidade em:

- **Terrestre:** rodoviário, ferroviário e dutoviário;
- **Aquaviário:** marítimo e hidroviário;
- **Aéreo.**

E quanto à forma em:

- **Modal ou unimodal:** envolve apenas uma modalidade;

- **Intermodal:** envolve mais de uma modalidade e para cada trecho/modal é realizado um contrato;
- **Multimodal:** envolve mais de uma modalidade, porém regido por um único contrato;
- **Segmentados:** envolve diversos contratos para diversos modais;
- **Sucessivos:** quando a mercadoria, para alcançar o destino final, precisa ser transbordada para prosseguimento em veículo da mesma modalidade de transporte (regido por um único contrato).

Todas as modalidades têm suas vantagens e desvantagens. Algumas são adequadas para determinado tipo de mercadorias e outras não.

9.2.1 Transporte rodoviário

Características

O transporte rodoviário na América do Sul é regido pelo Convênio sobre Transporte Internacional Terrestre – firmado entre Brasil, Argentina, Bolívia, Chile, Paraguai, Uruguai e Peru, na cidade de Santiago, em 1989. Esse convênio regulamenta os direitos e as obrigações no tráfego regular de caminhões em viagens entre os países consignatários. No Brasil, algumas rodovias ainda apresentam estado de conservação ruim, o que aumenta os custos com manutenção dos veículos. Além disso, a frota é antiga e sujeita a roubo de cargas.

Vantagens

- Adequado para curtas e médias distâncias;
- Simplicidade no atendimento das demandas e agilidade no acesso às cargas;
- Menor manuseio da carga e menor exigência de embalagem;
- O desembaraço na alfândega pode ser feito pela própria empresa transportadora;
- Atua de forma complementar aos outros modais, possibilitando a intermodalidade e a multimodalidade;
- Permite as vendas do tipo entrega porta a porta, trazendo maior comodidade para exportador e importador.

Desvantagens

- Fretes mais altos em alguns casos;
- Menor capacidade de carga entre todos os outros modais;
- Menos competitivo para longas distâncias.

Conhecimento de embarque rodoviário

O transporte rodoviário internacional de cargas é contratado por meio de um Conhecimento Rodoviário de Transporte (CRT). É de emissão obrigatória, em três vias originais, sendo a primeira via negociável e destinada ao exportador. O CRT funciona como contrato de transporte rodoviário, como recibo de entrega da carga e como título de crédito. O conhecimento deve ser datado e assinado pelo transportador ou seu representante e a mercadoria deve ser vistoriada por ocasião do embarque. Havendo avaria, ela deve ser notificada no documento, sendo, então, conhecimento sujo (*unclean*).

Tipos de veículos

- **Caminhões:** veículos fixos que apresentam carroceria aberta, em forma de gaiola, plataforma, tanque ou fechados (baús), sendo que estes últimos podem ser equipados com maquinário de refrigeração para o transporte de produtos refrigerados ou congelados.
- **Carretas:** veículos articulados, com unidades de tração e de carga em módulos separados. Mais versátil que os caminhões, podem deixar o semirreboque ser carregado e recolhê-lo posteriormente, permitindo com isso que o transportador realize maior número de viagens.
- **Cegonheiras:** específicos para transporte de automóveis.
- **Boogies/Trailers/Chassis/Plataformas:** veículos apropriados para transporte de contêineres, geralmente de 20 e 40 pés.
- **Treminhões:** veículos semelhantes às carretas, formados por cavalos mecânicos, semirreboques e reboques, compostos portanto, de três partes, podendo carregar dois contêineres de 20 pés. Não podem transitar em qualquer estrada, em vista de seu peso bruto total (cerca de 70 toneladas).

Composição do frete

O frete no transporte rodoviário é calculado sobre o peso (tonelada) ou por volume (metro cúbico), mas o mais comum em cargas completas é que seja estipulado um preço fechado por veículo. Podem ser cobradas também taxas adicionais, como a *ad valorem*, para mercadorias de alto valor, taxa de expediente, para cobrir despesas com emissão de documentos e o custo do seguro rodoviário obrigatório.

9.2.2 Transporte ferroviário

Características

O transporte ferroviário é adequado para o transporte de mercadorias de baixo valor agregado e em grandes quantidades, como produtos agrícolas, derivados de petróleo, minérios de ferro, produtos siderúrgicos, fertilizantes, entre outros. Este modal não é tão ágil como o rodoviário no acesso às cargas, uma vez que elas têm que ser levadas aos terminais ferroviários para embarque.

Vantagens

- Adequado para longas distâncias e grandes quantidades de carga;
- Baixo custo do transporte;
- Baixo custo de infraestrutura.

Desvantagens

- Diferença na largura das bitolas;
- Menor flexibilidade no trajeto;
- Necessidade maior de transbordo;
- Tempo de viagem demorado e irregular;
- Alta exposição a furtos.

Conhecimento de embarque ferroviário

O conhecimento de embarque ferroviário, também chamado de Carta de Porte Internacional, é o principal documento do transporte ferroviário e tem as mesmas funções básicas dos conhecimentos de embarque marítimos e rodoviários. É emitido em três vias originais, sendo a primeira delas negociável, e quantas cópias forem necessárias. Cabe ressaltar que, quando o transporte de uma mercadoria ocorre por mais de uma ferrovia, aquela que emitiu a Carta de Porte Ferroviário pelo trajeto total é a responsável, perante todas as partes envolvidas, por todo o percurso, desde a origem até a entrega.

Composição do frete ferroviário

Dois fatores influenciam no cálculo do frete ferroviário: distância percorrida (TKU, tonelada por quilômetro útil) e o peso da mercadoria. Assim, o cálculo pode ser feito pela multiplicação da tarifa ferroviária por tonelada ou metro cúbico, prevalecendo o que aferir maior receita. É bastante comum que o frete seja cobrado por vagão, taxa de estadia do vagão, cobrada por dia. Há um frete mínimo para o caso de embarque de cargas leves que completam o vagão sem chegar a um peso adequado.

9.2.3 Transporte aéreo

Características

É o transporte adequado para mercadorias de alto valor agregado, pequenos volumes ou com urgência na entrega. As empresas e agentes de todo o mundo formam uma associação de caráter comercial que é a *International Air Transport Association* (IATA), o principal órgão regulador do transporte aéreo internacional. No Brasil, o órgão regulador é a Agência Nacional de Aviação Civil (Anac), do Comando da Aeronáutica.

Vantagens

- Transporte mais rápido;
- Não necessita de embalagem mais reforçada (manuseio mais cuidadoso);
- Os aeroportos normalmente estão localizados mais próximos dos centros de produção;
- Possibilita redução de estoques via aplicação de procedimentos *Just in Time*.

Desvantagens

- Menor capacidade de carga;
- Valor do frete mais elevado em relação aos outros modais.

Conhecimento de embarque aéreo

O conhecimento de embarque aéreo é denominado *Air Way Bill* (AWB). É composto de três vias originais, não negociáveis: a primeira, assinada pelo expedidor, fica com o transportador; a segunda, assinada por ambos, acompanha a mercadoria; e a terceira, assinada pelo transportador, fica com o expedidor.

Composição do frete aéreo

- **Tarifa mínima:** tarifa aplicada a pequenas encomendas que não atinjam determinado valor a partir do cálculo por peso;
- **Tarifa geral de carga:** é a tarifa aplicada a expedições que não contenham mercadorias valiosas e que não estejam enquadradas na tarifa específica ou na tarifa classificada, estipulada por área pela IATA e dividida como segue:
  Tarifa normal: aplicada a cargas de até 45 kg; em alguns países até 100 kg;
  Tarifa quantitativa: aplicada conforme o peso do embarque, por faixas de 45 a 100 kg; de 100 a 300 kg; de 300 a 500 kg e acima de 500 kg;

- **Tarifa classificada:** desdobramento da tarifa geral, aplicada à bagagem não acompanhada, jornais e equivalentes, animais vivos, restos mortais, ouro, platina etc., entre áreas determinadas. Pode ser dividida como segue:
  Tarifa *ad valorem*: mercadorias de alto valor;
  Tarifa redução: produtos culturais, aparelhos médicos etc;
  Tarifa de sobretaxa: para cargas que apresentem dificuldade para manipulação, como cargas de medidas extraordinárias ou volumes de peso excessivo.
- **Tarifa para mercadorias específicas:** normalmente mais baixas, utilizadas para mercadorias transportadas regularmente de um ponto de origem a um ponto de destino determinado.

Preferência para a bandeira brasileira

O Decreto n. 1.152, de 08 de junho de 1994, menciona que os órgãos e entidades da administração pública federal têm que dar preferência à empresa de bandeira brasileira para o transporte aéreo de seus servidores, empregados ou dirigentes, bem como para o transporte de malas diplomáticas e cargas aéreas. No caso de impossibilidade de a transportadora nacional atender a determinada rota e/ou data, pode ser concedida liberação da carga (concessão de *waiver*).

9.2.4 Transporte dutoviário

Características

O modal dutoviário é aquele que utiliza a força da gravidade ou pressão mecânica por meio de dutos para o transporte de granéis. É uma alternativa de transporte não poluente, não sujeita a congestionamentos e relativamente barata.

No Brasil, os principais dutos existentes são:

- **Gasoduto:** destina-se ao transporte de gases e destaca-se a recente construção do gasoduto Brasil-Bolívia, com quase 2 mil quilômetros de extensão, para o transporte de gás natural.
- **Mineroduto:** aproveita a força da gravidade para transportar minérios entre as regiões produtoras e as siderúrgicas e/ou os portos. Os minérios são impulsionados por um forte jato de água.
- **Oleoduto:** utiliza-se de sistema de bombeamento para o transporte de petróleos brutos e derivados aos terminais portuários ou centros de distribuição.

9.2.5 Transporte marítimo

Características

O transporte marítimo é o modal mais utilizado no comércio internacional. No Brasil, responde por mais de 90% do transporte internacional. Possibilita; navegação interior através de rios e lagos. Os portos desempenham um papel importante como elo entre os modais terrestres e marítimos. Tem uma função adicional de amortecer o impacto do fluxo de cargas no sistema viário local por meio da armazenagem e da distribuição física.

Vantagens

- Maior capacidade de carga;
- Carrega qualquer tipo de carga;
- Menor custo de transporte.

Desvantagens

- Necessidade de transbordo nos portos;
- Distância dos centros de produção;
- Maior exigência de embalagens;
- Menor flexibilidade nos serviços aliada a frequentes congestionamentos nos portos.

Categorias de transporte

- *Cabotagem*: navegação realizada entre portos ou pontos do território brasileiro, utilizando a via marítima ou entre esta e as vias navegáveis interiores;
- *Navegação interior*: realizada em hidrovias interiores ou lagos, em percurso nacional ou internacional;
- *Navegação de longo curso*: realizada entre portos brasileiros e estrangeiros.

Conhecimento de embarque marítimo

O conhecimento de Embarque B/L (*Bill of Lading*) é o documento de maior importância na contratação de transporte marítimo. Suas funções básicas são:

- servir como recibo de entrega da carga ao transportador;
- evidenciar um contrato de transporte entre a companhia marítima e o usuário;
- representar um título de propriedade da mercadoria (transferível e negociável).

Situações contratuais

Pode haver contratação para transporte ***house to house*** (a mercadoria é colocada no contêiner nas instalações do exportador e dele retirada ("desovada") no pátio do consignatário), ***pier to pier*** (apenas entre dois terminais marítimos), ***pier to house*** ou ***house to pier***.

Tipos de navios

Os navios são construídos de forma adequada à natureza da carga a ser transportada (embalada e unitizada, embalada fracionada, granel sólido, granel líquido etc.), ou até em relação à unidade de carga a ser utilizada, com o objetivo de atender suas necessidades específicas. Os principais tipos são:

- Cargueiro, convencional: para o transporte de carga geral, com os porões divididos de forma a atender diferentes tipos de carga;
- Graneleiro: visando ao transporte de granéis sólidos (geralmente tem baixo custo operacional);
- Tanque: destina-se ao transporte de granéis líquidos;
- *Full Container Ship* ou porta-contêiner: exclusivo para o transporte de contêineres, que são alocados por meio de encaixes perfeitos;
- *Roll-on/Roll-off*: apropriado para o transporte de veículos, que são embarcados e desembarcados, por meio de rampas, com os seus próprios movimentos. Pode propiciar a conjugação com o transporte terrestre, ao carregar a própria carreta ou o contêiner sobre rodas (***boogies***);
- *Lash* ou porta-barcaças: projetado para operar em portos congestionados, transporta, em seu interior, barcaças com capacidade de aproximadamente 400 t ou 600 m^3 cada uma, as quais são embarcadas e desembarcadas na periferia do porto;
- *Sea-bea*: é o mais moderno tipo de navio mercante, pois pode acomodar barcaças e converter-se em graneleiro ou porta-contêiner.

Composição do frete marítimo

Os custos do transporte são influenciados por: características da carga, como peso e volume cúbico, fragilidade, embalagem, valor, distância entre os portos de embarque e desembarque, e localização dos portos.

A tarifa é determinada por mercadoria e, quando o produto não está identificado nas tabelas, é cobrado o frete NOS (*Not Otherwise Specified*), que representa o maior valor existente no respectivo item do tarifário.

- Frete Básico: é o valor cobrado segundo o peso ou volume da mercadoria (cubagem), prevalecendo sempre o que propiciar maior receita ao armador. Alguns adicionais costumam ser cobrados, sendo os mais comuns: *Ad-Valorem*: cobrado sobre o valor em mercadorias de alto valor unitário. Pode substituir o frete básico ou complementar seu valor;
- Sobretaxa de combustível (*bunker surcharge*): percentual aplicado sobre o frete básico, destinado a cobrir custos com aumentos extraordinários nos combustíveis em função de alguma crise local, regional ou internacional;
- Taxa para volumes pesados (*heavy lift charge*): cobrada sobre volumes que, devido ao excesso de peso, demandam condições e equipamentos especiais para sua movimentação;
- Taxa para volumes com grandes dimensões (*extra length charge*): aplicada a volumes de difícil movimentação em função de suas dimensões fora do padrão normal;
- Adicional de porto: taxa cobrada quando a mercadoria tem como origem ou destino algum porto secundário ou fora da rota;
- Fator de ajuste cambial (CAF, *Currency Adjustment Factor*): utilizado para moedas que desvalorizam sistematicamente em relação ao dólar norte-americano;
- Sobretaxa de congestionamento portuário (*port congestion surcharge*): incide sobre o frete básico, para portos onde existe demora na atracação dos navios.

9.2.6 Transporte fluvial/lacustre

Considerado o potencial de suas bacias hidrográficas, o transporte fluvial tem ainda uma utilização muito pequena no Brasil. É um modal bastante competitivo, já que apresenta grande capacidade de transporte, baixo consumo de combustível e é menos poluente do que o modal rodoviário. O grande volume de mercadorias transportadas por este modal é de produtos agrícolas, fertilizantes, minérios, derivados de petróleo e álcool. Na Bacia Amazônica, porém, o transporte de mercadoria manufaturada é bastante difundido e, juntamente com as madeiras da região, é feito internacionalmente, ligando diversos portos brasileiros com o Peru e a Colômbia.

As embarcações utilizadas são as balsas, chatas, além de navios de todos os portes, pequenos, médios e grandes. O cálculo de frete é baseado na tonelada/quilômetro ou pela unidade, no caso de contêineres. Seu valor é bem mais em conta comparando-se aos modais terrestres. Navegação lacustre é aquela realizada em lagos e tem como característica a ligação de cidades e países vizinhos. É um tipo de transporte bastante restrito por poucos os lagos navegáveis e por isso não tem grande importância no transporte internacional. Também pode ser utilizado para qualquer carga, a exemplo do marítimo.

9.3 Evolução no panorama mundial

A grande evolução em transportes ocorreu durante e logo após a Segunda Guerra Mundial, quando as forças armadas vivenciaram as dificuldades com a logística necessária para abastecer e deslocar seus exércitos e também para reconstruir os países após o conflito. Na Europa, foram elaborados os programas Prometheus, centrado no desenvolvimento da telemática, e o Drive, nos aspectos de infraestrutura (OECD). A Organização de Cooperação e de Desenvolvimento Econômico (OECD) é uma organização internacional composta por 29 países, que são responsáveis por dois terços da produção mundial de bens e serviços. Os países que a compõem desenvolvem projetos nas mais diversas áreas e, por meio da troca de experiências, procuram encontrar soluções para problemas comuns.

A OECD surgiu no Plano Marshall com o intuito de administrar a ajuda norte-americana e canadense para a reconstrução europeia após a Segunda Guerra Mundial. Ela foi criada em dezembro de 1960 em substituição à Organização de Cooperação Econômica Europeia (OEEC), com sede em Paris. Os primeiros países a integrar o grupo da OECD foram Canadá, Grécia, Irlanda, Holanda, Suécia, Reino Unido, Áustria, França, Itália, Luxemburgo, Portugal, Suíça, Estados Unidos, Bélgica, Dinamarca, Alemanha, Islândia, Noruega, Espanha e Turquia. Nas décadas de 1960 e 1970 entraram: Austrália, Finlândia, Nova Zelândia e Japão; mais recentemente, na década de 1990, Coreia, Polônia, República Tcheca, Hungria e México.

As principais atividades desenvolvidas pela OECD concentram-se nas áreas de: Economia; Análises Estatísticas; Meio Ambiente; Desenvolvimento; Administração Pública; Comércio; Finanças e Política Fiscal; Ciência, Tecnologia e Indústria; Política Social; Agricultura; Desenvolvimento Territorial e Energia. As pesquisas para os setores de Logística e de Transportes estão incluídas na área de Ciência, Tecnologia e Indústria.

Em inglês, Prometheus significa *Programme for a European Traffic with Highest Efficiency and Unprecedent Safety*. O programa começou em 1986, quando as maiores empresas automobilísticas europeias concordaram em combinar esforços de seus departamentos de pesquisa visando desenvolver o sistema de tráfego.

As companhias envolvidas foram: BMW, Daimler-Benz, M.A.N, Porche, Volkswagen, Matra, PSA (Peugeot), Renault, Saab, Volvo, Fiat, Jaguar, Rolls-Royce, e Steyr-Daimler-Puch. O programa teve a duração de 20 anos e contou com a participação de aproximadamente 300 cientistas e engenheiros. O objetivo central do Prometheus é proporcionar ao motorista o acesso a informações e um suporte de bordo por meio de um "copiloto" automático e inteligente. Ele monitoraria as condições de bordo e de fora do veículo; daria ao motorista recomendações a respeito da melhor rota, baseado nas condições de tráfego atuais, e proporcionaria ao motorista outras informações relevantes para auxiliar na jornada. O copiloto sentiria se a pista está escorregadia, a curvatura da rodovia, seria capaz de intervir para ajudar o motorista na freagem mais segura, entre outras coisas.

Pela comunicação direta com outros veículos, o copiloto alertaria o motorista imediatamente a respeito de condições perigosas, estaria atento a possíveis colisões e, em circunstâncias extremas, seria capaz de reagir mais rápido do que o motorista. Em última instância, o copiloto seria capaz de oferecer ao motorista uma opção na qual os controles seriam automaticamente manuseados. O Prometheus foi projetado para incorporar os sistemas de roteirização e os sistemas de controle lateral e longitudinal dos movimentos do veículo. Ele incorpora todos os aspectos do desenvolvimento de vários sistemas: tanto as tecnologias como a comunicação, os sensores e os sistemas de controles; as estratégias de controle; e a estrutura na qual o tráfego do futuro deverá se adaptar para obter as melhores vantagens desses desenvolvimentos. Inclui não apenas tráfego de automóveis, mas também veículos comerciais, transporte público e usuários vulneráveis (como pedestres e ciclistas). Há uma forte ênfase na utilização de novas tecnologias para proporcionar um sistema de tráfego mais seguro, com o objetivo de diminuir o número de acidentes.

Além do Prometheus, existem muitos outros programas internacionais coordenados focados no desenvolvimento de eletrônica embarcada nos veículos visando melhorar as operações de tráfego e tornar o transporte mais eficiente. Esses programas fazem parte de esforços governamentais e da iniciativa privada para promover pesquisas em transportes. Uma das áreas de pesquisa mais importante é conhecida como *Inteligent Transport Systems* (ITS). A maioria dos países da OECD possui organismos nacionais e supranacionais encarregados de promover o desenvolvimento do ITS, como é o caso do EUREKA (*European Research Coordination Agency*) e do ERTICO (*European Road Transport Telematics Implementation Coordination Organization*) na Europa, a Agência Nacional de Política do Japão e o IVHS America (***Intelligent Vehicle Highway Society of America***), nos Estados Unidos.

Em estudos de perspectivas para o tráfego do futuro, há unanimidade na utilização de avançadas técnicas de roteirização. Outras técnicas deverão ser aplicadas num maior ou menor espaço de tempo. O conceito de veículos totalmente automatizados não são visualizados num futuro previsível, contudo os conceitos de veículos semiautomatizados, que utilizam técnicas de inteligência artificial, estão se difundindo rapidamente nos países desenvolvidos.

No conjunto Brasil, observamos que a aplicação tecnológica avançada é incipiente nas empresas. Contudo, devemos ressaltar que o nível de informatização nessas organizações é de maneira geral bastante alto e a aplicação de tecnologias mais difundidas e acessíveis no mercado nacional é bastante ampla. Como exemplo, tem-se que a maioria das empresas no setor logístico possui sistemas de rastreamento de veículos. Percebe-se também que muitas vezes a dificuldade em implementar a inovação tecnológica pode ser atribuída à falta de infraestrutura e planejamento de longo prazo por parte das autoridades de tráfego nacionais. Como exemplo, citamos que o desenvolvimento de mapas digitalizados detalhados torna-se muito comprometido pela falta de planejamento, constantes obras e mudanças de fluxos de trânsito das cidades. Pode-se obter um panorama a respeito das tecnologias desenvolvidas internacionalmente e comparar ao que existe e é aplicado no Brasil. O país ainda está longe de acompanhar esses recentes desenvolvimentos tecnológicos, mas esta é uma possibilidade que existe e depende de um planejamento de longo prazo, incluindo esforços conjuntos das autoridades, das empresas e da sociedade.

Figura 9.4 Sistema eletrônico de pesagem (SEP), que permite a autopesagem

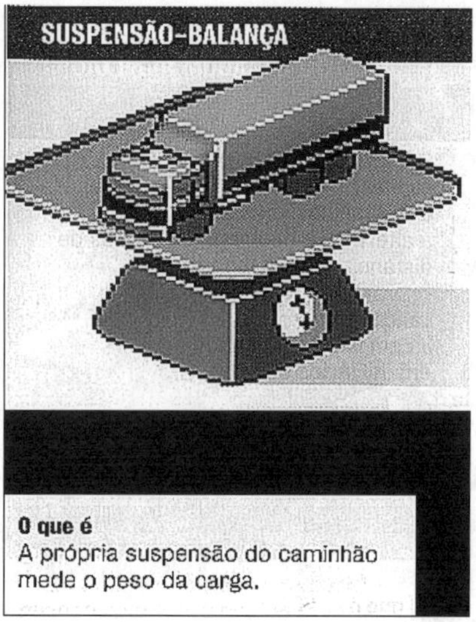

Fonte: elaborado pelo autor.

A autopesagem nos veículos de transporte vem ae encontro das novas tendências de aplicação de monitoramento eletrônico dos veículos, transformando-os em verdadeiros escritórios móveis. Os sistemas de transportes das empresas deverão estar cada vez mais integrados, para que todos os departamentos se comuniquem e os fluxos administrativos e operacionais fiquem livres e eficientes. O objetivo é atender ao cliente, ou embarcador, que está cada vez mais exigente devido à grande competitividade da economia globalizada.

O transportador de cargas ou de passageiros deverá se preocupar em entregar rápido, cumprir o prazo prometido e ter controle total da carga, para que seu cliente possa agir preventivamente sobre sua produção e comercialização. Essa automação é inevitável e a autopesagem é um item de suma importância, que ainda pode atuar nos demais sistemas de controle do veículo, como transmissão de potência do motor, distribuição de carga no veículo, ajudando na conservação das estradas e prevenindo acidentes e a diminuição das paradas para pesagem; em outras palavras: menos paradas, menor tempo de viagem, menor frete e maior rentabilidade.

ESTUDO DE CASO

IMPACTOS DA UTILIZAÇÃO DE ROTEIRIZAÇÃO DE VEÍCULOS EM UM CENTRO DE DISTRIBUIÇÃO: UM

Samuel Vieira Conceição (UFMG)

Introdução

Nos últimos anos, a adoção de ferramentas de apoio à decisão na logística tem contribuído para a redução de custos e ganhos operacionais significativos que aumentam a capacidade de competição das empresas. Especialmente nos segmentos de produtos *commodities*, em que os custos são bastante significativos em relação à receita, a otimização dos recursos assume importância vital para o sucesso do negócio.

Nesse contexto, o objetivo deste trabalho foi realizar uma análise comparativa entre as rotas geradas por um *software* de roteirização baseado em métodos heurísticos, e as rotas geradas com base na experiência de supervisores de transporte e motoristas.

O presente estudo foi desenvolvido valendo-se das rotinas do módulo de logística e roteamento de um *software* de roteirização. Tal roteirizador utiliza um sistema de informação geográfica (GIS) projetado especificamente para uso de profissionais da área de transporte para armazenar, manusear e analisar dados de transporte.

Metodologia

A metodologia utilizada aqui foi o estudo de caso. Foi realizado um diagnóstico do sistema logístico analisando-se as informações obtidas por meio de entrevistas com os profissionais envolvidos nos processos, fundamentado na metodologia proposta em Bowersox e Closs (2001). Os principais procedimentos utilizados neste estudo foram a construção da rede de transporte, de roteamento em arco e a criação da matriz de caminhos mais curtos entre pontos, além de considerar a capacidade de cada veículo e suas disponibilidades. De maneira geral, a análise do sistema logístico do centro de distribuição estudado evidenciou as seguintes premissas e características do sistema:

- o nível de serviço desejado é de 48 horas, a partir da colocação do pedido, com exceção para clientes estratégicos, cujo tempo de atendimento é de até 24 horas;

- cada pedido possui de 7 a 8 itens, e peso médio entre 800 e 1.200 kg;
- observa-se tendência de crescimento no peso médio por cliente;
- a frota utilizada é de 6 veículos: 1 carreta 25t, 2 trucks 12t, 2 tocos 8t e 1 caminhão três quartos;
- o raio de distribuição do problema considerado neste estudo é de 100 km. Os aspectos relativos ao abastecimento do centro analisado não foram considerados;
- o supervisor não possui mapa ou qualquer outra ferramenta para elaborar, consolidar, roteirizar e programar as entregas;
- não existem restrições de janelas de tempo ou quantidade de viagens por veículo por dia;
- a quantidade média de entregas por veículo é de 8 a 10 ton./dia;
- o principal gargalo existente é o tempo de descarga nos clientes;
- foi considerado que as cargas atualmente atendidas pelo tipo de veículo Carreta não serão analisadas neste trabalho, visto que o veículo já apresenta significativa ociosidade, mas da qual não se pode prescindir, pois alguns dos produtos vendidos e transportados são barras com 12 metros de extensão que requerem um veículo com esta capacidade dimensional.

Metodologia do custeio do transporte

A metodologia de cálculo do custo de transporte baseou-se nas seguintes etapas:

- a distância total diária percorrida pelos veículos e o custo correspondente à distância percorrida (os custos das rotas de um dia) como sendo as medidas de desempenho do roteiro para comparação direta entre a prática atual e a metodologia proposta.

Também consideramos:

- a distância média por entrega: dividindo a distância total percorrida pelo número de entregas realizadas.
- o custo médio por entrega: que representa o custo associado a cada entrega, ou seja, o valor do custo total do transporte ao realizar o roteiro dividido pelo número de entregas do roteiro.

Para obter os indicadores acima descritos, foi preciso calcular o custo total da rota. Adotou-se para essa finalidade a metodologia de custeio proposta em Fleury e colaboradores (2000). Essa metodologia tem como principal função determinar uma equação de custo para uma rota, tendo como direcionador de custos a distância percorrida, de forma a distinguir os custos fixos dos variáveis. Portanto, pode-se dizer que os custos que ocorrem de maneira independente ao deslocamento do caminhão são considerados fixos e os custos que variam de acordo com a distância percorrida são considerados variáveis.

Para custear as rotas de entrega, calcularam-se os itens de custos unitários de cada tipo de veículo utilizado. Foram calculados os custos fixos (R$/mês) e custos variáveis unitários (R$/km) do truck (12t), tocos (10t) e três quartos (4t), em função dos respectivos parâmetros (consumo de combustível, número de pneus, manutenção de cada veículo etc).

Uma vez calculados os valores unitários de todos os itens de custos, procurou-se agrupá-los (R$/mês) e dividir o resultado pelo número de horas trabalhadas por mês, para se chegar ao custo fixo por hora (R$/hora). Os custos variáveis também foram agrupados (R$/Km). Assim, pôde-se construir a equação de custo para uma dada rota:

$$\text{Custo rota} = \text{Tempo (hora)} \times \text{CF (R\$/hora)} + \text{Distância (Km)} \times \text{CV (R\$/Km)}$$

O tempo (hora) é o período de tempo total da rota, considerando as atividades de carga e descarga, somada ao tempo de viagem, que é função da velocidade média de trânsito, e não varia com a roteirização). Vale ressaltar que a distância percorrida influenciará apenas o componente de custo variável da equação, e não o custo fixo.

Resultados

Os dados foram coletados num período de duas semanas. Para cada um de todos os transportes realizados nesse período foram levantadas as seguintes informações: código de cliente; peso da carga do cliente; data da entrega; distância total percorrida; veículo que realizou o transporte. Os dados coletados foram, então, tabulados e completados com as seguintes informações: nome do cliente e endereço completo do cliente (rua, número, bairro, cidade e CEP). Para realizar as roteirizações, foi necessário cumprir as seguintes etapas: conversão da planilha eletrônica para formato dBASE; fazer o georreferenciamento (os clientes foram localizados a partir do endereço na base cartográfica); identificação do nó mais próximo de cada um dos 86 clientes plotados na rede; geração de uma matriz de custo (tempo e distância – duas matrizes) entre os 86 clientes mais o depósito, resultando numa matriz de dimensão 86 linhas por 86 colunas, com 7.396 elementos.

Distância total percorrida

A Tabela 9.1 a seguir ilustra os resultados das economias obtidas por dia da semana, com e sem uso de um *software* de roteirização. Observa-se que, com a utilização do roteirizador, a distância média percorrida foi de 245 km, enquanto a distância média sem o uso do roteirizador foi de 426 km. Portanto, o uso do roteirizador proporcionou uma economia média de 42%.

Tabela 9.1 Comparativo de resultados de distância e peso por veículo

TIPO DE VEÍCULO	SEM ROTEIRIZAÇÃO PESO DISTÂNCIA		COM ROTEIRIZAÇÃO PESO DISTÂNCIA		% ECONOMIA NA DISTÂNCIA
3/4	1.003	96			
TOCO	9.351	142			
TRUCK		0	10.354	113,9	
TOTAL	10.354	238	10.354	113,9	-52%

TIPO DE VEÍCULO	SEM ROTEIRIZAÇÃO PESO DISTÂNCIA		COM ROTEIRIZAÇÃO PESO DISTÂNCIA		% ECONOMIA NA DISTÂNCIA
3/4	2.010	132			
TOCO	2.095	200	9.023	94,3	
TRUCK	6.946	75	2.028	57,3	
TOTAL	11.051	407	11.051	151,6	-63%

TIPO DE VEÍCULO	SEM ROTEIRIZAÇÃO PESO DISTÂNCIA		COM ROTEIRIZAÇÃO PESO DISTÂNCIA		% ECONOMIA NA DISTÂNCIA
3/4	685	248			
TOCO	5.627	153	2.495	147,4	
TRUCK	7.921	82	11.738	152,6	
TOTAL	14.233	483	14.233	300,0	-38%

Distância média diária sem roteirização = 426

Distância média diária com roteirização = 245

Economia média = -42%

Custo das rotas

De acordo com a metodologia apresentada, e de posse dos dados informados pela transportadora, calcularam-se os itens de custo relativos aos três tipos de veículos que participam do processo de roteirização. Segue adiante um exemplo para um veículo tipo truck.

Itens de custo fixo

Depreciação ($/mês) 333

Remuneração de capital ($/mês) 469

Mão de obra ($/mês) 3354

Seguros ($/mês) 48

IPVA ($/mês) 8

CF ($/mês) 4211

Custo de *overhead* ($/mês) 1500

CF + *overhead* ($/mês) 5711

Itens de custo variável

Combustível ($/m) 0,510

Óleo ($/km) 0,008

Pneu ($/km) 0,174

Lubrificação ($/km) 0,007

Manutenção ($/km) 0,340

Custo variável ($/km) 1,038

Custos Fixos ($/Hora) = 25,96

Custos Variáveis ($/km) =1,04

O custo de cada veículo foi levantado com base nas equações (1), (2) e (3), de acordo com o número de entregas e quilômetro do percurso. O tempo (h) de viagem, que é o fator que multiplica o custo fixo nas equações, foi calculado com as seguintes premissas: a velocidade média para qualquer veículo é de 40 km/h; o tempo de carga é zero (em função de o carregamento se dar fora de horário de trabalho) e o tempo de descarga é de 50 minutos para cada cliente, logo o número de entregas é fundamental para o cálculo do custo de cada rota.

Dessa forma, o custo por viagem do truck foi calculado pela expressão a seguir:

Custo (truck) = tempo (h)* 25,96 + km* 1,04 **(1)**

Analogamente, obtivemos as expressões do custo para os veículos toco e o caminhão três quartos.

Custo (toco) = tempo (h) * 22,75 + km * 0,73 **(2)**

Custo (3/4) = tempo (h) * 21,26 + km * 0,48 **(3)**

Com todas as equações de custo de rota por veículo levantadas, foi possível fazer um comparativo de custos, de acordo com a Tabela 9.2.

Tabela 9.2 Comparativo de resultados de custos por veículo/rota

Terça-feira

	SEM ROTEIRIZAÇÃO N. ENTREGAS DISTÂNCIA Custo/Km Reais		COM ROTEIRIZAÇÃO N. ENTREGAS DISTÂNCIA Custo/Km Reais		%
3/4	4.186	258,07	592	181,18	-30%
TOCO	6.176	309,37	9.212	406,16	31%
TRUCK	6.135	357,59	128	69,22	-81%
TOTAL	16.497	925,03	15*332	113,9	**-29%**

* Um cliente teve duas entregas realizadas no mesmo dia, e o *software* consolidou-as em uma.

Quarta-feira

	SEM ROTEIRIZAÇÃO N. ENTREGAS DISTÂNCIA Custo/Km Reais		COM ROTEIRIZAÇÃO N. ENTREGAS DISTÂNCIA Custo/Km Reais		%
3/4	396	149,77			-100%
TOCO	6.142	298,51			-1005%
TRUCK			9.114	386,89	-0%
TOTAL	9.238	448,28	9.114	386,89	**-14%**

Quinta-feira

	SEM ROTEIRIZAÇÃO N. ENTREGAS DISTÂNCIA Custo/Km Reais		COM ROTEIRIZAÇÃO N. ENTREGAS DISTÂNCIA Custo/Km Reais		%
3/4	6.132	239,15			-100%
TOCO	4.200	336,05	1.194	331,26	-1%
TRUCK	675	256,35	4.573	188,22	-29%
TOTAL	16.407	831,55	15*152	514,48	**-38%**

* Um cliente teve duas entregas realizadas no mesmo dia, e o *software* consolidou-as em uma.

Sexta-feira

	SEM ROTEIRIZAÇÃO N. ENTREGAS DISTÂNCIA Custo/Km Reais		COM ROTEIRIZAÇÃO N. ENTREGAS DISTÂNCIA Custo/Km Reais		%
3/4	5.248	338,19			
TOCO	4.153	274,90	4.147	267,61	
TRUCK	582	246,53	101526	473,83	92%
TOTAL	14.483	859,62	14.300	741,44	**-14%**

Custo total s/ roteirização **R$**

Custo total c/ roteirização **R$**

Economia média = **-25%**

Avaliação de resultados

Verificou-se que o uso de um roteirizador resultou em uma redução média de 42% na distância total percorrida pela frota. Também foi verificado que essa diminuição de distância percorrida ocasionou uma redução de 25% no custo médio de transporte. A redução de distância percorrida só impacta no custo variável da rota, o que é evidenciado pela diferença de percentuais de redução entre distância e custo total. Parte disso se deve ao fato de que os custos fixos têm um peso importante no custo total de transporte e, particularmente, no caso analisado, visto que o centro de distribuição atende clientes localizados em um raio de 150 km.

Referências

Associação Nacional do Transporte Rodoviário de Cargas. *NTC*, n. 19, set. 2003.

BELIZARIO, T. B.; GIMENEZ, C.; AGUILERA, L. M.; BACIC, M. J. *Difusão da tecnologia de informação aplicada ao transporte rodoviário de cargas*. Artigo enviado ao XXII Encontro Nacional de Engenharia de Produção (ENEGEP), maio de 2002.

BOWERSOX, Donald J.; CLOSS, David J. *Logística Empresarial*: O Processo de Integração da Cadeia de Suprimento. São Paulo: Editora Atlas S.A., 2001.

MINISTRY OF CONSTRUCTION OF JAPAN. *Intelligent Transport Systems*. Hand Book 2000-2001. Disponível em: <htt://www.its.go.jp/ITS/index/Hbook>. Acesso em: 07 fev. 2001.

NAPOLITANO, Flávio Napolitano. Dispositivo automático de pesagem. *Propriedade Industrial*, Rio de Janeiro, BR n. PI 9200286-2 20 jan. 1992 e demais MUs.

NÁZARO, P. *Intermodalidade*: importância para a Logística e o Estágio Atual no Brasil. Artigo publicado pela COPPEAD/UFRJ, 2000. Disponível em: <http://www.coppead.ufrj.br>. Acesso em: 20 mar. 2002.

ORGANISATION FOR ECONOMIC CO-OPERATION AND DEVELOPMENT – OECD. *Road Transport and Intermodal Research.* Intelligent Vehicle Highway Systems: Review of Field Trials. Paris: OECD, 1992.

ORGANISATION FOR ECONOMIC CO-OPERATION AND DEVELOPMENT – OECD. *Information Technology Outlook 2000:* Highlights. Disponível em: <http://www.oecd.org/dsti/sti/it/prod/IT2000Highlights>. Acesso em: 16 mar. 2001.

SLACK, N. et al. *Administração da produção*. São Paulo: Atlas, 1996. p. 726.

WALKER, John. *Mobile Information Systems*. Londres: Artech House, 1990.

10

OPERADORES LOGÍSTICOS

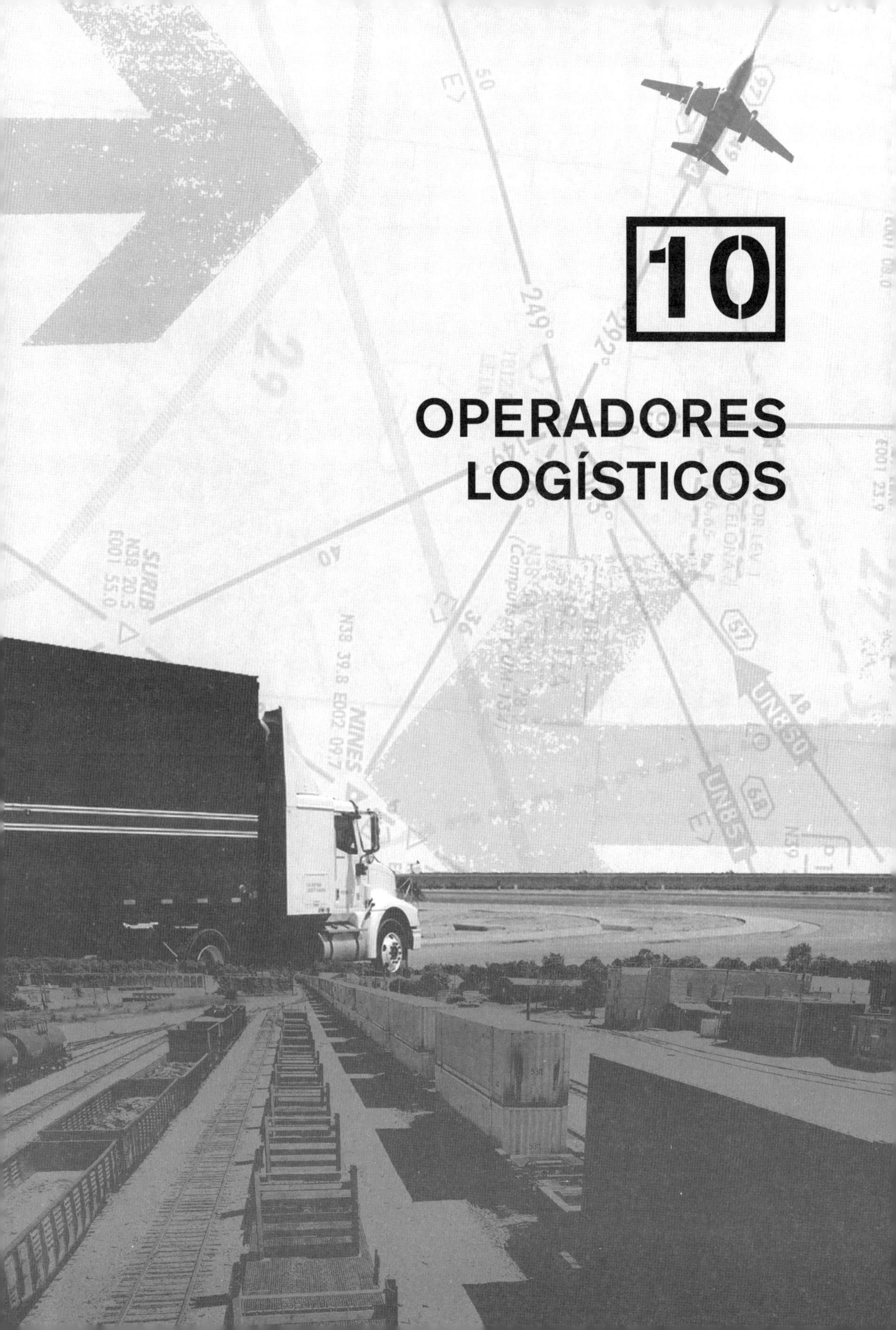

VISÃO DO CAPÍTULO

O capítulo aborda a utilização de operadores logísticos como uma estratégia adotada pelas empresas para atingir a excelência em seus processos logísticos.

A ideia principal é apresentar como as atividades desenvolvidas pelos operadores logísticos, os diversos tipos de operadores existentes e como a empresa pode aumentar sua competitividade por meio da utilização de operadores logísticos

OBJETIVOS DO CAPÍTULO

- Apontar o papel dos operadores logísticos nas empresas e sua importância para a busca da competitividade;
- Descrever o conceito de operadores logísticos e as atividades desenvolvidas;
- Preparar o leitor para o aprofundamento de seus conhecimentos em áreas afins, subsidiando-o com dados e informações para que possa constituir sua visão crítica.

A palavra *logística* está em evidência. Vários segmentos que anteriormente nem sequer conheciam o termo, agora criam analogias e responsabilidades para parceiros de serviços logísticos ou departamentos de logística com perfil estratégico e não mais de maneira isolada e somente com cunho operacional. A logística empresarial passou por dois momentos que marcaram de forma notória a história da sua evolução. O primeiro diz respeito à adaptação dos conceitos de logística militar para o meio empresarial e o segundo incorpora na logística o entendimento do custo logístico total. Ambos foram de extrema importância para a construção do conceito de logística empresarial e sua evolução ao longo do tempo. A evolução nas bases teóricas desenvolvidas no meio acadêmico, baseada na depuração das ideias por meio de intensos debates científicos, permitiu uma melhor compreensão dos aspectos básicos de logística empresarial.

Diagnosticadas a tendência de sua importância e a evolução da logística, ela começou a apresentar um papel importante na estratégia corporativa das empresas, o que forçou as companhias a enxergar as oportunidades e necessidades da gestão de logística. Entretanto, muitas empresas não apresentam em seu *core business* a arte de executar as atividades de transportar, armazenar e distribuir. O que desencadeia um novo *nicho* de mercado para especialistas e conhecedores, bem como empreendedores dispostos a administrar a logística daqueles que não a dominam, mas precisam de sua aplicação com excelência, muitas vezes garantindo o sucesso do produto.

Com a nova tendência do mercado e as constantes necessidades dos consumidores, a figura do operador logístico ganha força no nosso país, pois as companhias precisam de ótimos resultados logísticos e estão optando em investir em suas parcerias com as empresas especializadas e detentoras do conhecimento, bem como tecnologias para atender na hora certa, no lugar certo e na quantidade exata.

Ao longo dos últimos anos, percebemos o forte crescimento dos operadores logísticos em nosso território nacional, com presença de empresas nacionais e estrangeiras focadas em vários segmentos e preocupadas em atender o que realmente seus clientes precisam, de maneira customizada e vendendo principalmente a capacidade de sinergia operacional.

A figura do operador transforma as empresas contratantes em um cliente de sua logística, atuando de maneira incisiva e baseada em resultados que anteriormente eram apenas compartilhados com os demais departamentos da empresa. Uma vez cliente, a cobrança de resultados está baseada em contratos e indicadores de desempenho definidos na fase embrionária do projeto.

Ao optar pela contratação de um operador logístico, a empresa precisa entender que gestão do conhecimento e fortes investimentos em tecnologias serão fundamentais para que essa parceria estratégica alcance o sucesso. Quanto à informação, não é exagero afirmar que a empresa contratante tem a maior responsabilidade no alinhamento entre o desejado *versus* o executado na rotina que se cria nessa parceria.

Muitos operadores oferecem soluções e serviços inteligentes para empresas que necessitam de cuidados e necessidades especiais para os seus produtos, ou simplesmente necessitam de ajuda para fazer com que o seu produto chegue com qualidade ao seu destino final. O relacionamento entre a empresa foco e o operador logístico deve sustentar a sua relação em uma expressão já muito conhecida, mas pouco aplicada, o trabalho colaborativo.

Quando pensamos em trabalho colaborativo, devemos buscar a total homogeneidade nas operações. A empresa foco deve absorver esse operador como uma célula de sua cadeia de suprimentos. O fato de a empresa foco ser o cliente do operador não deve distanciá-lo das operações e das particularidades de seu produto. Uma vez estabelecidos os indicadores de desempenho, eles não podem ser apenas punitivos ao operador, mas o termômetro da relação entre a empresa e seu prestador de serviço.

O mercado apresenta ótimos operadores logísticos que desenvolvem contratos de prestação de serviço, praticamente fundindo as duas empresas, e dedicando-se a um único objetivo: atender o cliente de primeira camada da empresa foco, garantindo os prazos e condições em que o produto foi acordado no momento da compra.

10.1 Definições

> Os operadores logísticos basicamente representam as empresas que cuidam, entre outros, da movimentação, armazenagem, transporte, processamento de pedidos e controle de estoques de seus clientes. Podem trabalhar para várias empresas, inclusive clientes concorrentes, mantendo acordos preestabelecidos e contratos de confidencialidade, mas na busca incessante pela sinergia operacional, que é gerenciada pelo operador.

A maioria das transportadoras no cenário nacional caminha hoje para o aprimoramento de suas atividades e a transformação para operador logístico que lhes permite disponibilizar novos serviços e desenvolver vínculos mais sólidos com seus clientes, porém pode não ser o melhor caminho para elas. Avaliar essa questão sob diversos ângulos, entender as mudanças e os investimentos necessários é crucial para o sucesso nessa empreitada. A transportadora que quer o desafio de se tornar um operador logístico deve, antes de qualquer coisa, investir na contratação de profissionais e caminhar para a profissionalização de suas atividades.

Ser um operador logístico envolve ações estratégicas e não somente reativas à solicitação de seus clientes. As transportadoras que porventura não aplicarem os conceitos e investirem principalmente em licenças específicas a seus segmentos de atuação, disponibilidade de áreas de armazenagem com armazéns modernos e validados pelos seus clientes, estarão fadadas a se tornarem prestadores de serviços de operadores logísticos, que assumirão no longo prazo a gestão logística de várias empresas que passarão a focar exclusivamente no seu negócio principal.

As empresas que optam pela parceria com operadores logísticos estão diante de características que envolvem vantagens como *aspectos financeiros* a seguir exemplificados:

- oferta de redução de custos por meio de compartilhamento de equipamentos e mão de obra;
- redução da base de funcionários diretos;
- diminuição de custos com avarias;
- seguro de ampla cobertura;
- transformação de custos físicos em custos variáveis;
- redução de ativos;
- efetiva adoção do conceito de logística integrada (tendência de mercado);
- melhor aproveitamento de cargas e destinos (modelo fracionado).

Aspectos comerciais e operacionais:

- melhor aproveitamento de cargas e destinos (modelo fracionado);
- foco do cliente em seu negócio principal;
- melhoria de nível de serviço;
- padronização do serviço ao cliente final;
- integração com toda a cadeia de suprimentos envolvendo a relação com os fornecedores e clientes;
- grande capacidade de implementação de mudanças e novos projetos;
- maior capilaridade com a utilização das filiais do operador logístico (expansão geográfica);
- redução nos níveis de estoque, com o processo obedecendo a um fluxo estabelecido.

Problemas e riscos dos contratantes para com os operadores:

- pouco conhecimento do operador sobre a empresa e o produto;
- dificuldade de identificação de parceiros logísticos;
- crença de que os custos são mais relevantes no curto prazo;
- pouco conhecimento da importância do ***supply chain management*** e a integração com o operador logístico por parte da empresa cliente;
- escolha de operador com conhecimento embrionário em determinado segmento;

- dependência excessiva no longo prazo e perda de conhecimento da complexidade operacional;
- complexidade operacional e fase de implantação com prazos de aprendizagem do operador sobre o produto do cliente.

10.2 Tipos de operadores logísticos

Uma das principais características dos operadores é vender serviço, no caso serviços logísticos, dessa forma encontramos no mercado várias maneiras de desenvolver essas parcerias estratégicas caracterizadas entre empresas e operadores.

As alternativas vão de simples operações sazonais de curta duração e com baixa complexidade até operações perenes com contratos longos que podem apresentar prazos de 2 a 20 anos por exemplo. Nesses modelos, as adequações e fortes investimentos são a base do negócio que viabiliza a estratégia de quem terceiriza a sua operação com especialistas, e estes, por sua vez, desenvolvem parcerias estratégicas com seus fornecedores de insumos, equipamentos, serviços de transporte e áreas de armazenagem, conquistando reduções de custos mediante o volume de seus negócios.

10.2.1 Operadores no modelo multiclientes

Os operadores logísticos multiclientes normalmente são os detentores de instalações e tecnologias aptas a receberem vários clientes, gerenciando suas necessidades logísticas a partir de um mesmo Centro de Distribuição (CD), compatibilizando ou segregando produtos, oferecendo áreas específicas de armazenagem, como áreas climatizadas, refrigeradas e secas. As empresas que trabalham com operadores nesse formato apontam fortes reduções de seus custos operacionais, uma vez que existe sinergia entre a mão de obra utilizada nas operações do respectivo CD.

Em contrapartida, os desafios nesse formato são para a compatibilização de estoques, principalmente no que se refere aos produtos dos segmentos alimentícios (nutrição humana e animal), químicos e farmacêuticos, que têm por característica fortes preocupações com relação à contaminação cruzada e impactos ambientais, o que exige do operador investimentos em estruturas que garantam atuação responsável e processo de gestão de armazenagem seguro quanto aos cuidados e manuseio dos produtos.

As licenças para operar com a linha de cada produto de seus clientes exigem uma boa equipe de assuntos regulatórios para garantir o atendimento às legislações vigentes e a correta aplicação dos pré-requisitos de cada operação. Nesse caso muitas licenças chegam a ser até duplicadas, as quais o cliente e operador necessitam deferir para oficializar a operação.

10.2.2 Operadores no modelo *In-Company* ou *In-House*

Os operadores logísticos com essas características assumem a gestão da logística em seu próprio cliente, utilizando-se de suas instalações, podendo ou não oferecer a tecnologia também. Na maioria dos casos os clientes preferem utilizar ERP *(Enterprise Resourcing Planning)* próprio com interface ao WMS *(Warehouse Management System)* do operador.

Muitas vezes a empresa possui o departamento de logística, mas não está em seu *core business* executar a arte de armazenar, transportar e distribuir, e visualiza a necessidade de entregar a gestão para especialistas, otimizando os seus resultados uma vez que o que se espera dessa etapa são resultados como pontualidade e acurácia de estoque.

Para os contratos desse formato, a estratégia da empresa, a cultura, as políticas e os procedimentos são integrados entre as duas empresas, que compartilham da mesma rotina como se fossem uma única. Em contrapartida, quando isso não está bem alinhado e não é de conhecimento de todos, a relação pode se tornar perigosa e as responsabilidades de cada um, constantemente questionadas. Para evitar isso, a fase de desenho dos fluxos operacionais pode ser considerada como "as regras do jogo".

10.2.3 Operadores no modelo *Full-Dedicated*

Os operadores logísticos que trabalham no formato *full-dedicated* oferecem o Centro de Distribuição para um único cliente, onde operador e cliente desenvolvem uma gestão integrada no gerenciamento da logística. A participação da empresa foco nesse formato é ativa, apresentando-se totalmente dedicada à operação, mas com a mão de obra, equipamentos e instalações terceirizados e mantendo as tomadas de decisões sob o seu domínio. A possibilidade de perda de informações-chave se torna muito reduzida, pois, diferentemente dos outros dois formatos, o planejamento é da empresa foco. Para esse formato observamos os mais altos índices de customização para o cliente.

A empresa que contrata um operador nesse formato tem na fase de projeto e negociação do tarifário o desafio de decidir se é mais vantajoso construir seu próprio CD ou terceirizar tudo, investindo em adequações necessárias nas instalações do operador. Esses modelos de contrato obedecem a prazos normalmente superiores a quatro anos, e os valores dos investimentos são depreciados durante a vigência do contrato. Cabe ao operador buscar parceiros de insumos para oferecer ao seu cliente o melhor projeto possível. Cada cliente tem uma necessidade de acordo com a especificidade de seu produto e, embora muitos imaginem que um CD seja apenas um módulo com telhado e estruturas porta-paletes, muitas particularidades se fazem necessárias num armazém. O que determinará os investimentos e particularidades são as características de cada produto.

10.3 Vantagens e desvantagens dos operadores logísticos e dos prestadores de serviços logísticos (PSL)

A Tabela 10.1 conflita as vantagens e desvantagens de trabalhar a logística com a contratação de operadores logísticos, ou com a contratação de prestadores de serviços logísticos (PSL) tradicionais, que na maioria das vezes oferecem etapas ou processos parciais à logística do cliente, contratos de curta duração e padrão genérico no atendimento a todos os clientes. As diferenças podem ser observadas com relação aos tipos de serviços oferecidos, os objetivos dos clientes que adquirem o serviço, a duração dos contratos entre fornecedores e clientes, a capacidade e o conhecimento dos fornecedores e os níveis corporativos envolvidos em seu processo de aquisição.

Tabela 10.1 Características dos PSL tradicionais e dos operadores logísticos

PRESTADORES DE SERVIÇOS LOGÍSTICOS (PSL) - TRADICIONAIS	OPERADOR LOGÍSTICO
Oferece serviços genéricos (*commodities*). Tende a se concentrar e realizar uma única atividade logística, podendo ser: o transporte, a armazenagem, ou a gestão de estoque e distribuição.	Oferece serviços customizados e múltiplas atividades na administração dos produtos de seus clientes de maneira integrada (transporte, armazenagem e distribuição).
O objetivo do cliente ao contratar um PSL é minimizar o custo específico da atividade contratada.	O objetivo do cliente ao contratar um operador logístico é reduzir os custos totais logísticos, melhorando os serviços e aumentando a capacidade de flexibilidade.
Os contratos desenvolvidos nesse formato obedecem a prazos normalmente curtos, em média de 6 meses a 1 ano.	Os contratos desenvolvidos nesse formato obedecem a prazos maiores, que podem variar de 2 a 20 anos.

A *expertise* e o *know-how* da empresa contratada tendem a ser limitados, ou seja, especializados em uma das atividades (armazenagem, transporte ou distribuição).	O operador possui ampla capacitação para a promoção de um processo de logística integrada, oferecendo soluções para o planejamento logístico de seus clientes.
As negociações para os contratos tendem a ser resolvidas de maneira rápida, em semanas, envolvendo tomadas de decisões de níveis operacionais.	As negociações dos contratados costumam ser longas, e obedecem a projetos de longo prazo e podem durar meses, envolvendo tomadas de decisões de níveis gerenciais.

Fonte: Grupo EES.

10.4 Exemplos de projetos de operadores logísticos e o *outsourcing*

Existem várias definições para *outsourcing*, assim como práticas diferentes. Porém, basicamente, *outsourcing* nada mais é do que delegar serviços a terceiros. Segundo Moura *et al.* (2004, p. 229), para a logística o *outsourcing* representa o uso de terceiro, subcontratado, empresa de transporte, armazém ou operador logístico para realizar funções normalmente realizadas pela própria empresa. Transfere as operações ou os ativos de uma empresa para outra, para sua gestão e seu abastecimento. Repassa várias atividades não críticas da empresa para terceiros, a fim de reduzir custos e concentrar-se nas atividades essenciais.

A grande polêmica no que diz respeito ao *outsourcing* na logística está na tomada de decisão das empresas com relação à contratação de um operador logístico ou não. Muitas empresas preferem fatiar a sua logística trabalhando com prestadores de serviços logísticos basicamente representados pelas transportadoras e armazéns gerais, porém as possibilidades de avanços e melhorias contínuas em seus processos tornam-se limitadas, mediante o perfil de trabalho desenvolvido.

Os operadores logísticos no cenário nacional estão cada vez mais focados em seus segmentos, onde encontramos perfis diferentes de operadores para cada tipo de produto e necessidade de seus clientes. Com isso, projetos cada vez mais complexos são desenvolvidos, nos quais o operador atua com engenharia pesada para melhorar fluxos e operações de seus clientes.

A Figura 10.1 apresenta uma planta baixa de um modelo de operador logístico no formato *full-dedicated*, com docas, estruturas porta-paletes e áreas específicas para armazenagem dos diferentes produtos de seu cliente, que possui duas linhas de produtos que exigem características fortes de necessidade de segregação devido à exposição de contaminação cruzada e diferentes tipos de critérios de características de armazenagem.

Figura 10.1 Modelo de planta baixa de operador logístico

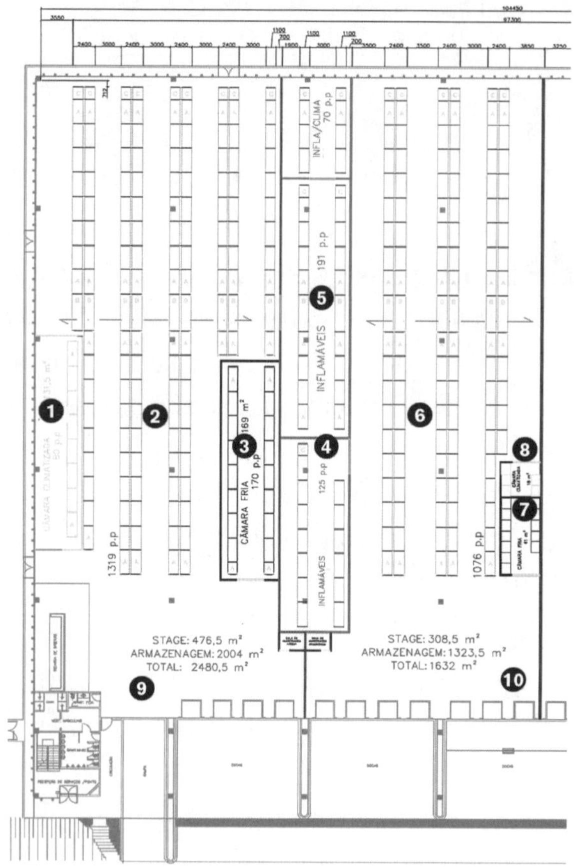

Fonte: elaborada pelo autor.

1. Câmara climatizada até 25°C da linha de produto A
2. Área de estoque seco (sem controle de temperatura) da linha de produto A
3. Câmara fria de 8° a 15°C da linha de produto A
4. Produtos inflamáveis secos da linha de produto B
5. Inflamáveis secos e inflamáveis climatizados até 25°C da linha de produto A
6. Área de estoque seco da linha de produto B
7. Câmara fria de 8° a 15°C da linha de produto B
8. Câmara climatizada até 25°C da linha de produto B
9. Área de movimentação de materiais, recebimento e expedição dos produtos da linha de produto A (produtos químicos destinados a aroma de alimentos)
10. Área de movimentação de materiais, recebimento e expedição dos produtos da linha de produto B (produtos químicos destinados a fragrâncias de cosméticos)

No modelo apresentado, o operador promoveu para o cliente a capacidade de ter duas linhas de produtos incompatíveis, totalmente segregados e obedecendo a todas as particularidades do produto, que possui regras de armazenagem distintas que, no ato da expedição, são acondicionados em veículos que obedecem às mesmas regras do padrão de armazenagem.

A Figura 10.2 representa o *layout* de um centro de distribuição de um operador logístico no formato multiclientes, podendo receber vários clientes com perfis de armazenagem diferentes, com área para produtos inflamáveis, climatizados e secos.

Figura 10.2 Modelo de operador logístico no formato multiclientes

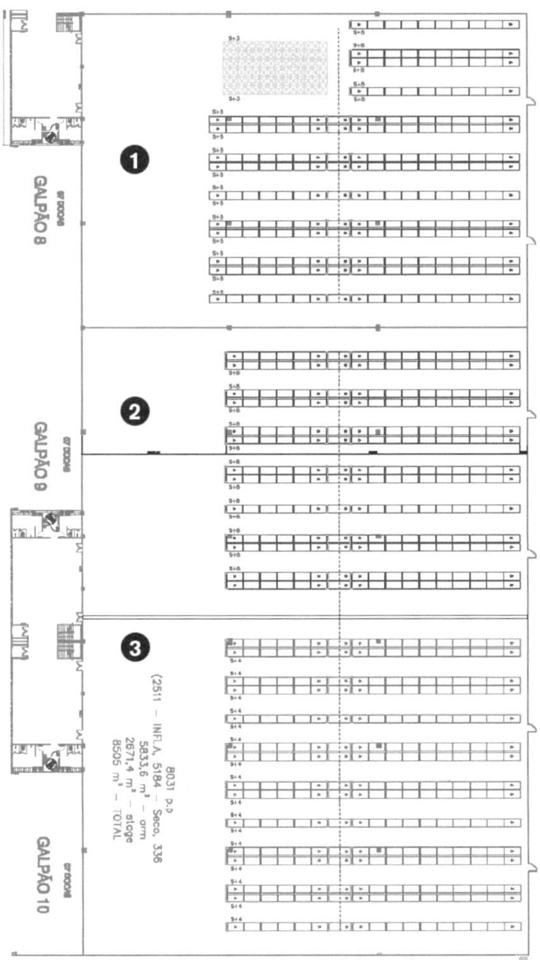

❶ Área de estoque para produtos secos

❷ Área de estoque de produtos climatizados até 25° C

❸ Área de estoque para produtos inflamáveis

Fonte: elaborada pelo autor.

10.5 Logística e a terceirização – oportunidade dos operadores logísticos

Muitos autores e empresários contestam a terceirização. Na maioria dos casos a preocupação é com a perda de informações-chave dos processos, a necessidade do comprometimento de terceiros, riscos comerciais em que a imagem do fabricante será inevitavelmente associada à de uma empresa de serviços e à dependência excessiva que pode ser desencadeada com a contratação dos serviços de outra empresa, no caso um operador logístico.

Em contrapartida, vale destacar que, com a contratação de um operador logístico, a empresa dedica-se ao seu negócio principal, melhorando seus processos e tornando-se cliente do desenvolvimento do seu próprio produto. Vale ressaltar também a redução de investimento em ativos e a flexibilidade operacional. Não podemos deixar de destacar que a logística custa dinheiro, e erros no gerenciamento logístico custam clientes.

Em tempos de concorrência crescente, em que se fala mais em conceder redução dos custos do que em conseguir repassar um aumento destes, a otimização dos processos de operação e o aproveitamento de todas as possibilidades de potencial de redução nos custos se tornam, para muitas empresas, um fator crítico para a sobrevivência. Segundo Hauslller (2011) a contratação de um operador sinaliza para as características a seguir:

- redução dos custos logísticos por meio do aproveitamento dos efeitos de escala no prestador de serviços;
- transformação de custos fixos em variáveis;
- controle simplificado dos custos e trabalhos logísticos;
- aproveitamento do *know-how* logístico dos prestadores de serviços, inclusive da TI (Tecnologia da Informação) instalada;
- concentração da empresa em suas competências principais;
- aumento na qualidade do serviço prestado aos clientes;
- simplificação nos processos da empresa.

10.6 Tecnologia e os operadores logísticos

Para as operações entre clientes e seus respectivos operadores logísticos, os investimentos em TI são imprescindíveis para o sucesso da operação.

Destacamos as vantagens e desvantagens do uso de um compartilhamento eletrônico de dados, os EDI *(Eletronic Data Interchange)*, entre as empresas.

Vantagens

- melhor comunicação e precisão dos dados;
- maior rapidez no acesso à informação;
- maior produtividade nas transações de dados;
- diminuição dos custos administrativos e de transações;
- redução do tempo de resposta para reformulações;
- redução dos estoques;
- maior agilidade na execução das tomadas de decisões.

Desvantagens

- necessidade de padronização dos documentos;
- custo relativamente alto de implementação;
- necessidade de *softwares* e *hardwares* padronizados;
- necessidade de conscientização e padronização de todos os usuários;
- flexibilidade relativamente baixa do sistema a processos manuais;
- dependência dos provedores de serviço;
- dependência da qualidade dos sistemas de comunicação utilizados.

A decisão pela utilização de softwares compartilhados ou não vai de encontro com a estratégia da empresa que, ao contratar um operador, pode buscar avanço nos seus sistemas de gestão de estoque ou a *expertise* em operações, utilizando os seus *softwares*, mas com a gestão de operações do operador ou entregando todo o processo ao operador que vai integrar ERP, WMS e TMS, aplicando o conceito de logística integrada.

10.7 Operadores logísticos e a aquisição de vantagem competitiva

As empresas necessitam cada vez mais da obtenção de vantagem competitiva. Diante desse quadro, a logística aparece como uma fatia muito importante dentro das estratégias das empresas. Fazer logística não é fácil, muitos confundem os conceitos e protagonizam uma verdadeira sopa de letrinhas com expressões em inglês adaptadas ao nosso idioma. Transportadoras estampam em seus caminhões expressões como *just in time*, *supply chain management*, *know-how* e muitas vezes oferecem o conjunto de atividades denominado logística, sendo que, na verdade, realizam apenas uma etapa do processo – o transporte.

Cada segmento requer processos e operações mais enxutos, e, como não seria diferente, economia de tempo. Sabemos que o tempo não pode ser armazenado, porém podemos ganhá-lo para outras atividades; se economizamos em uma atividade, podemos dedicar o tempo adquirido para outras que estão abandonadas ou potencialmente pouco aproveitadas.

Uma combinação perfeita seria a busca incessante por cumprir os indicadores de desempenho de seu segmento, executando um correto *Just in Time*, a fim de obter como resultado o valioso tempo e resultados planejados. A logística, com seu conjunto de atividades – armazenar, transportar e distribuir – tem como objetivo a perfeita execução de suas operações e aparece como o facilitador para essa conquista de bons resultados. Muitas empresas encontram dificuldades e até mesmo desconhecimento para a execução dessa atividade vital ao perfeito funcionamento dos objetivos e metas estabelecidos por seus diretores e gerentes. Mediante essa oportunidade, o número de operadores logísticos em nosso país se fortalece, criando-se um segmento profissionalizado e altamente capacitado para administrar os recursos daqueles que não compreendem a arte denominada LOGÍSTICA.

Referências

CAIXETA-FILHO, José V. *Gestão logística do transporte de cargas*. São Paulo: Atlas, 2001.

COUGHLAN, Anne T. *Canais de marketing e distribuição*. 6 ed. Porto Alegre: Bookman, 2002.

FERNANDES, Kleber dos Santos. Operadores logísticos e parcerias estratégicas, em busca da Vantagem Competitiva, *Today Logistics*, Ano II, n.16, São Paulo, 2007.

HÄUSSLER, Andreas. *Logística como contribuição para o sucesso da empresa*. São Paulo, 2010. Disponível em: <http://www.zlu.com.br/download/Artigo1.pdf>. Acesso em 14 jan. 2011

MOURA, Reinaldo A. et. al. *Atualidades na logística*. São Paulo: IMAM, 2004.

PAIVA, Ely Laureano. *Estratégia de produção e de operações*. Porto Alegre: Bookman, 2004.

PIRES, R. I. Silvio. *Gestão da cadeia de suprimentos*. São Paulo: Atlas, 2004.

11

PLANEJAMENTO LOGÍSTICO

VISÃO DO CAPÍTULO

Hoje em dia temos muitos motivos para se planejar. Todos os dias respondemos: quando? Como? Se você não sabe para onde está indo, como quer chegar lá?

Quando nós estamos planejando, devemos considerar a missão da organização por completo e desenvolver planos de ações específicos e atividades para levar a organização na direção desejada. No atual ambiente, de rápida transformação de negócios, é essencial para todos antecipar as mudanças e preparar suas organizações para melhor incorporar, responder e lucrar com tal mudança. Sem ter uma abordagem preventiva, os administradores estarão constantemente reagindo de modo emergencial e não serão capazes de progredir no alcance da missão de suas companhias.

Portanto, neste capítulo teremos uma visão dos processos de planejamento e gestão dentre da logística

OBJETIVOS DO CAPÍTULO

- Proporcionar ao leitor os conhecimentos do planejamento logístico, sua importância e funcionalidade numa organização.

11.1 Introdução

Segundo Ballou (2001), o objetivo do planejamento logístico é desenvolver estratégias que possam resolver os problemas de quatro áreas de destaque em empresas de transporte, que são:

i) o nível de serviços oferecido aos clientes;

ii) localização das instalações de centros de distribuição;

iii) decisões de níveis de estoque e;

iv) decisões de transportes que devem ser utilizados no desenvolvimento de todo o processo (Figura 11.1).

Figura 11.1 Estratégia do planejamento Logístico

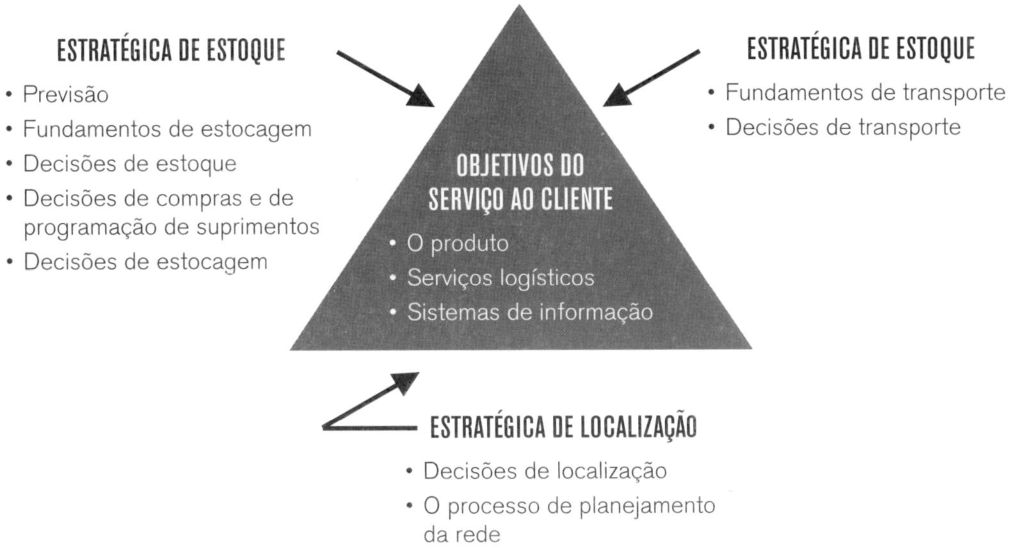

Fonte: adaptado de Ballou, 2001, p. 42.

11.2 Características do planejamento logístico

São todas as partes que se fazem necessárias para dar andamento ao processo do planejamento logístico:

- **Adequabilidade.** É a possibilidade de resolver o problema considerado em todos os seus aspectos, isto é, de atender às condições de tempo e espaço, quanto à ação, e de quantidade e qualidade, quanto aos meios;
- **Exequibilidade.** É a capacidade de se fazer realizar de modo real com o emprego dos meios necessários;
- **Flexibilidade.** É a possibilidade de sofrer ajustes na sua execução e de oferecer soluções alternativas de modo a atender às imprevisibilidades ocorridas no processo:
- **Equilíbrio.** É a correspondência real entre as necessidades e os meios, considerando-se, ainda, a capacidade e o tempo decorrentes para a transformação da capacidade em meios;
- **Integrabilidade.** Decorre da necessidade de que todos os planos logísticos formulados, desde o nível estratégico até o tático, tenham direção comum e compatibilidade, de modo a permitir a uniformidade dos procedimentos e a continuidade das ações de todas as operações de apoio logístico.

11.3 Estratégias

Identificar os pontos a serem desenvolvidos faz parte da estratégia do planejamento logístico como:

- **Terceirização** (*Outsourcing*)
  É a prática em que parte do conjunto de produtos e serviços utilizados por uma empresa, na cadeia produtiva, é providenciada por uma empresa externa, num relacionamento de interdependência e estreita colaboração, permitindo que a empresa cliente concentre-se naquela que é a sua competência principal ***(core competence)***.
- **Centralização**
  As empresas controlam os fornecedores, os insumos, a distribuição. Procuram, por meio da centralização, garantir a qualidade padrão de matérias-primas, componentes e produtos finais. O grau de controle pode variar, para mais ou menos, dependendo da empresa detentora.
- ***Postponement***
  É o adiamento do processo de montagem final de produtos para depois que o pedido do cliente é recebido. Permite economias substanciais nos custos de transporte e estocagem, além de um sistema de distribuição menos dependente da previsão da demanda. Também proporciona flexibilidade à empresa, pois os produtos são estocados desmontados. O *postponement* pode ser de vários tipos:
  - **Etiquetagem**
    Os produtos são armazenados sem qualquer rótulo ou etiqueta que identifique sua marca, que só é afixado com a chegada de um pedido do cliente, especificando a marca desejada;
  - **Embalagem**
    É viável para produtos vendidos em embalagens de tamanhos diferentes. A economia será ainda maior, se o produto for transportado a granel;
  - **Montagem**
    A montagem do produto é retardada até que se receba o pedido do cliente. Isso é possível quando o produto básico é vendido com configurações diferentes, que refletem as preferências individuais dos clientes;
  - **Fabricação**
    A fabricação do produto é concluída após o recebimento de um pedido do cliente. A justificativa econômica é o transporte e a armazenagem ao mesmo tempo.

11.4 Gestão de projetos

Planejamento logístico requer projetos modernos que variam desde a entrega de um jornal até a construção de foguete para levar o homem à lua. Concluir esses projetos pontualmente e dentro do orçamento não é uma tarefa fácil. Em geral, certas atividades não podem ser iniciadas antes que outras tenham sido concluídas.

Ao lidar com projetos que provavelmente envolvem milhares dessas relações de dependência, não surpreende o fato de que os gerentes busquem métodos efetivos de análise. Para isso, utilizamos modelos de gerenciamento de projetos como segue.

11.4.1 PERT/CPM

O PERT é um modelo de gerência de projeto criado por Booz-Allen Hamilton, Inc. para um contrato com o departamento de Defesa dos Estados Unidos em 1958, como parte do projeto de construção do submarino *Polaris*. Esse projeto era uma resposta direta à crise Sputnik.

É basicamente um método para analisar as tarefas envolvidas em um projeto, especificamente o tempo necessário para terminar cada uma delas e identificar o tempo mínimo total necessário para terminar o projeto.

O PERT foi desenvolvido nos anos 1950 para, primeiramente, simplificar o planejamento e criação de cronogramas de projetos grandes e complexos. Possibilita incorporar a incerteza tornando viável planejar um projeto sem saber precisamente os detalhes e as durações de todas as atividades.

Esse modelo do projeto foi o primeiro de seu tipo. Embora cada companhia tenha agora seu próprio "modelo projeto", todos se assemelham ao PERT em algum aspecto. Somente o método do Caminho Crítico (CPM, *Critical Path Method*) foi criado aproximadamente na mesma época que o PERT.

O Método de Caminho Crítico é um algoritmo matematicamente baseado para programar uma rede de atividades de um projeto. É uma ferramenta muito importante e eficaz para o gerenciamento de projetos. Foi desenvolvido na década de 1950 pelas empresas DuPont Corporation e Ramington Rand Corporation para gerenciamento de manutenção de plantas de produção.

Segundo a ABNT, a rede PERT/CPM consiste em figurar o projeto numa rede ou grafo, onde se apresentem as ações de acordo com as respectivas relações de correspondência, de modo que o conjunto mostre a sequência em que todas as atividades de empreendimento devam ser executadas.

Hoje a técnica é usada em projetos de construção, desenvolvimento de *software*, projetos de pesquisa, desenvolvimento de produto, engenharia, manutenção, administração, gestão de projetos, entre outros. Todo o projeto com atividades interdependentes pode utilizar esse método.

11.5 Conceitos básicos

Os conceitos básicos de um projeto baseado na estrutura PERT/CPM são os seguintes.

- **Projeto**
  Conjunto de ações e processos envolvendo recursos humanos, materiais, financeiros etc., organizados para realização de um objetivo, concretamente definido, a partir de uma situação inicial conhecida ou convencionada.
  Representação Gráfica: rede, diagrama ou grafo (flechas ou setas, blocos ou precedência).
  Exemplo: lançamento de uma rede de eletricidade de uma cidade.

- **Atividade**
  É a identificação da etapa de um projeto que consome tempo e recursos, estabelecida em nível compatível com as necessidades e possibilidades de sua mensuração.
  Representação Gráfica: em flechas ou setas.
  Exemplo: serviço de fiação.

- **Evento**
  Início ou término de uma ou mais atividades (Observação: não consome recurso).
  Representação Gráfica: em flechas ou setas (oval ou circular); em bloco ou precedências, inexiste o conceito.
  Exemplo: início ou término do serviço de fiação.

- **Atributo**
  É toda característica quantitativa específica de uma atividade, indicando qualquer recurso necessário à sua efetivação, como tempo, mão de obra, material, equipamento etc.
  Representação Gráfica: n.
  Exemplo: três semanas para executar a fiação.

11.5.1 Cálculo das datas

Uma vez estimados os valores das atividades, devemos passar para as datas ao longo do projeto. As possíveis datas são:

- **Data mais cedo:** segundo a ABNT, a data mais cedo do evento (abreviatura Tc) é a menor data em que o evento pode ocorrer, desde que as atividades anteriores se desenvolvam nas durações previstas.
- **Data mais tarde:** segundo a ABNT, a data mais tarde do evento (abreviatura Tt) é a maior data em que o evento pode ocorrer, sem atrasar a conclusão do empreendimento

11.6 Atividade crítica

Segundo a ABNT, atividade crítica "é a atividade entre eventos críticos e correspondente à maior duração entre eles, limitada pelos valores de datas mais cedo de início e fim. É a atividade de menor folga em um projeto".

11.6.1 Evento crítico

É aquele que apresenta a menor folga de evento. No caso limite, quando Tti – Tci vem f = 0.

11.6.2 Caminho crítico

É todo caminho de maior duração em um projeto, compondo-se, embora não necessariamente, de uma sequência de atividades críticas.

Partindo-se do evento-início do projeto até o seu evento-fim, o caminho crítico define o caminho de maior duração, ou seja, qualquer outro trajeto que ligue o evento-início ao evento-fim tem duração menor que a duração do caminho crítico.

A data mais cedo do evento-fim define a duração do projeto e a duração do caminho crítico. Caso não existam folgas nos eventos do caminho crítico, qualquer atraso em uma de suas atividades pode acarretar um atraso do mesmo valor, em tempo, igual ao atraso da atividade.

Uma diminuição na duração do projeto só será possível com a redução correspondente de uma das atividades do caminho crítico. Assim sendo, justifica-se a determinação desse caminho na rede, onde exercemos mais controle e concentração de recursos para evitar atrasos ou até mesmo para acelerarmos um projeto.

11.7 Folgas das atividades

Folga de atividade, segundo a ABNT, "é a disponibilidade de tempo que a atividade pode utilizar, além de sua duração prevista, sem prejudicar a duração preestabelecida para o projeto".

Conforme se considerem aquelas quatro datas, duas a duas, resultam em quatro valores diferentes de folgas de atividades, tal como veremos a seguir.

- **Folga total**: segundo a ABNT, "é a disponibilidade de tempo que a atividade pode utilizar de forma que, iniciada na data mais cedo do seu evento-início, tenha sua conclusão na data mais tarde do seu evento-fim. Abreviatura: FT";
- **Folga livre**: segundo a ABNT, "é a disponibilidade de tempo, além da duração prevista, que a atividade pode utilizar, supondo-se que comece na data mais cedo de seu evento-início e termine na data mais cedo de seu evento-fim. Abreviatura: FL";
- **Folga dependente**: segundo a ABNT, "é a disponibilidade de tempo que a atividade pode utilizar de forma que, iniciada na data mais tarde do seu evento-início, tenha sua conclusão na data mais tarde do seu evento-fim. Abreviatura: FD";
- **Folga independente**: segundo a ABNT, "é a disponibilidade de tempo que a atividade pode utilizar de forma que, iniciada na data mais tarde do seu evento-início, tenha sua conclusão na data mais cedo do seu evento-fim. Abreviatura: FI".

11.8 Escopo de projeto, PMBOK e WBS

Quando um projeto é selecionado, o próximo passo são os processos de início. Uma das principais saídas do início é a patente do projeto, que é importante para dar autoridade ao projeto.

A patente do projeto dá nome ao projeto, e define gerente de projeto. Também define as necessidades de negócios a serem satisfeitas pelo produto do projeto. Diz-se que o projeto não existe até que uma patente tenha sido criada.

11.8.1 Planejamento do escopo do projeto

O planejamento do escopo do projeto é feito por meio do processo chamado "plano de gerenciamento do escopo".

Para determinar qual é o escopo do projeto, existe muito planejamento. Para isso, tanto o gerente quanto a equipe precisam ter uma visão unificada sobre quais são os componentes do projeto, dos seus requisitos, da expectativa dos *stakeholders* do projeto, e de onde o projeto se encaixa nas necessidade de negócio desses *stakeholders*.

O resultado dos processos de planejamento de escopo é a declaração de escopo. A declaração de escopo diz o que está dentro e o que está fora do projeto, de maneira clara e sem ambiguidades.

É importante que a declaração de escopo seja benfeita, e que haja acordo sobre ela. Quando a declaração de escopo estiver pronta, a equipe do projeto, os *stakeholders*, o patrocinador do projeto e o gerente de projetos não deverão mudar o escopo – a menos que haja um motivo muito forte que justifique essa mudança (que quase certamente implica impactos no custo do projeto).

11.8.2 Carta do projeto

Semelhante a uma meta, porém é mais oficial, mais detalhada e deve ser elaborada de acordo com a visão e as metas da empresa. Ao criar a carta do projeto, pode-se incluir qualquer informação sobre ele. Mesmo assim, devem-se levar em conta os seguintes elementos:

- Nome oficial do projeto;
- Informações sobre o patrocinador do projeto e informações de contato;
- Informações sobre gerente do projeto e informações de contato;
- Estudo de viabilidade do projeto. Motivos pelos quais é necessária a realização do projeto;
- Os resultados e produtos de alto nível do projeto;
- Declaração geral sobre a abordagem a ser adotada pela equipe;
- Cronograma de base de quando o trabalho será implementado (apoiado por PERT/CPM);
- Recursos do projeto, orçamento, equipe e fornecedores.

11.8.3 Guia PMBOK

Guia PMBOK é um guia que identifica o subconjunto do conjunto de conhecimentos em gerenciamento de projetos, amplamente reconhecido como boa prática na maioria dos projetos na maior parte do tempo e utilizado como base pelo *Project Management Institute* (PMI). Uma boa prática não significa que ela e o conhecimento devam ser aplicados uniformemente a todos os projetos sem considerar se é apropriado.

O Guia PMBOK também fornece e promove um vocabulário comum para se discutir, escrever e aplicar o gerenciamento de projetos, possibilitando o intercâmbio eficiente de informações entre os profissionais de gerência de projetos.

11.7.4 Estrutura analítica do projeto - WBS

Em gerência de projetos, uma Estrutura Analítica de Projetos (EAP), do inglês, *Work breakdown structure* (WBS), é uma ferramenta de decomposição do trabalho do projeto em partes manejáveis. É uma estrutura em árvore exaustiva, hierárquica (da mais geral para a mais específica) de entregáveis (***deliverables***) e tarefas que precisam ser feitas para completar um projeto.

O objetivo de uma WBS é identificar elementos terminais (os itens reais a serem feitos em um projeto). Assim, a WBS serve como base para a maior parte do planejamento de projeto.

A *Work Breakdown Structure* é uma ferramenta bastante comum. Várias resoluções de trabalho do governo dos Estados Unidos têm como requerimento uma WBS. A WBS não é criada apenas para o gerente do projeto, mas para toda a equipe de execução do projeto. Deve ser completa, organizada e pequena o suficiente para que o progresso possa ser medido, mas não detalhada o bastante para se tornar, ela mesma, um obstáculo para a realização do projecto.

Um exemplo simples de WBS para pintar uma sala (orientado a atividades) é:

- Preparar materiais;
- Comprar tinta;
- Comprar escada;
- Comprar pincéis/rolos;
- Comprar removedor de papel de parede;
- Preparar sala;
- Remover papel de parede antigo;
- Remover decorações destacáveis;
- Cobrir chão com jornais;
- Cobrir tomadas com fita;
- Cobrir móveis com lençóis velhos;
- Pintar a sala;
- Pintar grandes áreas com rolo;
- Pintar rodapés com pincel;
- Limpar a sala;
- Jogar fora, ou guardar a tinta que sobrou;

- Limpar pincéis e rolos;
- Jogar fora jornais;
- Remover e limpar lençóis.

O tamanho da WBS não deve exceder 100-200 elementos terminais (se mais elementos terminais são requeridos, use subprojetos). A WBS deve ter de três a quatro níveis de profundidade. Essas sugestões derivam dos seguintes fatos:

Nossa memória de curto prazo é limitada à armazenagem de cinco a nove itens. Tendo terminado o tempo de planejamento de um projeto, quanto mais elementos terminais você tem, menos tempo você tem para prestar atenção em cada um deles. Consequentemente, suas estimativas são menos pensadas.

Quanto mais elementos terminais você tem, mais dependências eles têm entre si.

TEXTO COMPLEMENTAR 1

FALTA DE PLANEJAMENTO LOGÍSTICO GERA CONGESTIONAMENTOS EM CUBATÃO

A fila de caminhões nas vias de acesso ao polo industrial da cidade chega a 20 quilômetros de extensão. O problema ocorre em função do escoamento da safra agrícola pelo porto de Santos e já causa preocupação entre autoridades e sindicalistas.

Desde o início da semana, Cubatão sofre com congestionamentos de caminhões de até 20 quilômetros de extensão nas vias que dão acesso ao polo industrial da cidade. O problema, que já dura anos, ocorre em função do início do escoamento da safra agrícola pelo porto de Santos.

Para Marcelo Marques da Rocha, presidente do Sindicato das Empresas Transportadoras Comerciais de Cargas da Baixada Santista (Sindisan), a falta de planejamento logístico é o grande causador de todo esse entrave. "A logística tinha que ser uma só. O planejamento deve ser feito desde a saída da carga nas fazendas até a chegada no Porto". disse. Segundo ele, a resolução do problema é de responsabilidade do governo federal. "O governo tem interesse em aumentar a balança comercial, mas não colabora com ninguém. Não ajuda os produtores, não constrói estacionamentos reguladores nem silos nas fazendas. É uma vergonha", criticou. "Os caminhões são de última geração, mas o planejamento logístico é do tempo da carroça", completou.

Rocha, que esteve reunido, na quarta-feira (15/03), na sede da Confederação das Indústrias do Estado de São Paulo (Ciesp), em Cubatão, com diversos sindicalistas e operadores da região, afirmou que pouco foi decidido durante o encontro.

"Infelizmente, não foi resolvida muita coisa. Temos que chamar a responsabilidade para todos os envolvidos. Caso contrário, o caos é eminente e não poderemos tomar medidas paliativas", disse. "A tendência é que o problema continue, já que a safra está apenas no começo. Isso nos dá desespero", afirmou o presidente ao NetMarinha.

O prefeito de Cubatão, Clermont Castor, criticou a falta de providências das autoridades rodoviárias e portuárias. "Temos o ônus, mas não temos o bônus", disse Castor, citando que o município é penalizado com os congestionamentos e todas as consequências do tráfego rodoviário turístico e de cargas, causado pelo aumento das operações portuárias e pela duplicação da Rodovia dos Imigrantes, sem obter compensação alguma por isso.

Para ele, os gargalos são consequências da falta de obras rodoviárias de redução do impacto provocado pela implantação da segunda pista da Rodovia dos Imigrantes, e da falta de planejamento da Codesp no que diz respeito à movimentação de cargas no Porto de Santos.

"Cubatão não pode arcar com o ônus dessas imprevidências. Até porque não temos o bônus decorrente do fluxo turístico, facilitado pela ampliação da Imigrantes, tampouco das conquistas econômicas causadas pelo aumento de movimentação de cargas no porto", disse.

De acordo com Clermont, a prefeitura já apresentou ao governo do Estado de São Paulo algumas alternativas para a solução do problema na área de Cubatão. Uma delas é a abertura da Rodovia das Indústrias, marginal aos trilhos da antiga Estrada de Ferro Santos-Jundiaí (da Rede Ferroviária Federal S.A., agora operada pela MRS Logística).

"Até agora, não percebemos nenhum apoio para esse projeto", comentou. Em curto prazo, segundo o prefeito, a solução é a Companhia Docas do Estado de São Paulo (Codesp) exercer maior controle sobre as operações de descarga no Porto, agilizando-as e evitando, dessa forma, a morosidade no fluxo de tráfego.

CIDADE SITIADA – "Cubatão é hoje uma cidade sitiada. Não dá para ir, não dá para vir", afirmou o secretário municipal de Indústria, Comércio, Porto e Desenvolvimento, Ricardo Felipe Lascane, que secunda as críticas feitas pelo prefeito Clermont Castor. "Nós sabíamos e avisamos à Secretaria de Transportes e à Ecovias que qualquer acréscimo de tráfego causaria problemas no momento em que os caminhões fizessem fila para entrar ou sair do estacionamento", afirmou.

Esse problema é originado no entroncamento da rodovia Cônego Domênico Rangoni (SP-55) com a avenida Plínio de Queiroz, nas proximidades do Rodopark, um estacionamento para caminhões.

Lascane disse que Cubatão está pagando por um problema do Porto de Santos. "O problema não está nos três pátios que começaram a funcionar para receber os caminhões que se dirigem ao porto, mas na falta de vias para desafogar o trânsito. Há anos a prefeitura vem alertando a Secretaria de Transportes do Estado e a Ecovias sobre a importância da construção de um viaduto naquele trecho, sobre a ferrovia, e a construção de avenidas marginais para a rodovia", declarou.

A Codesp informou, por meio de sua assessoria de comunicação, que, apesar de acompanhar o assunto, não possui nenhuma gerência com competência para solucionar o problema. Segundo a Companhia Docas do Estado de São Paulo (CODESP), equipes técnicas já estiveram no local avaliando o entrave, porém enquanto houver falta de programação logística, não existem soluções.

Fonte: Gonçalves, Maria Carolina. *Falta de planejamento logístico gera congestionamentos em Cubatão*. Disponível em <http:// www.newslog.com.br.:

TEXTO COMPLEMENTAR 2

A primeira linha do metrô paulistano

A escolha do traçado, ligando os dois bairros afastados, Santana e Jabaquara, cortando a área central da cidade, foi devido à inexistência de alternativas de transporte coletivo ferroviário para os moradores e à preocupação de descongestionar o trânsito já caótico do centro de São Paulo. Foi essa linha que marcou o nascimento do metrô de São Paulo e foi nela que se concentraram as disputas que exigiram as opções tecnológicas que fariam do metrô paulistano um dos mais velozes e modernos do mundo.

Para o prefeito Faria Lima, eleito em meados da década de 1960, a implantação do sistema metroviário era uma das principais metas do seu governo. Para iniciar os estudos, foi criado, em 1966, o Grupo Executivo Metropolitano (GEM), antecessor do metrô de São Paulo, que surgiria a 24 de abril de 1968.

Foi feita uma concorrência com organizações técnicas internacionais e nacionais para selecionar a empresa encarregada de elaborar os estudos econômico e financeiro e o pré-projeto de engenharia. O vencedor, em ambos os casos, foi o consórcio HMD, uma associação de duas empresas alemãs (Hochtief e Deconsult) e a brasileira Montreal.

A década de 1970 se caracterizaria por profundas revoluções na tecnologia dos metrôs (carros em aço inoxidável, sistema automático de controle e sinalização dos trens, terceiro trilho biometálico, tração elétrica dos carros, eletrônica de potência). Por outro lado, o projeto inicial da HMD não considerava o metrô como estruturador do transporte na cidade e não integrava as várias modalidades de transporte.

A equipe de engenharia do metrô comparava, por exemplo, o sistema de sinalização proposto pelos alemães, baseado ainda em semáforos e bandeirinhas, ao que estava sendo feito em São Francisco ou em Washington, onde o sistema metroviário estava sendo implantado, considerando o projeto do consórcio antiquado e rebatendo a sua proposta. Assim, os primeiros técnicos do metrô tiveram o tempo necessário para se inteirar das inovações tecnológicas e a coragem para mudar o projeto inicial, incorporando a maior parte das recentes conquistas tecnológicas. Essa aposta na tecnologia do futuro é, ainda hoje, a característica predominante do metrô.

Construir o metrô paulistano foi um pouco como construir uma estrada enquanto se caminhava.

Tudo era tão novo, não havia experiência passada. O então presidente do metrô, o jovem engenheiro Plínio Assmann, declarava que nunca havia visto um metrô, mas que aceitava o desafio em nome de uma geração de profissionais. E foram esses profissionais, com os olhos voltados para o mundo, que, com um diploma numa mão e um passaporte na outra, absorviam avidamente as tecnologias de ponta, que estavam transformando a engenharia de sistemas. Foi graças ao compromisso com a modernidade, com a vanguarda tecnológica, que a liderança técnica da empresa pôde implantar um sistema à altura dos mais avançados da época.

Entre tantas questões que se colocaram diante dessa equipe de metroviários pioneiros, era preciso tomar decisões quanto aos problemas decorrentes da importação de *know-how* estrangeiro.

Entre adquirir pacotes fechados delegando a fabricação e a montagem dos equipamentos e sistemas aos fornecedores e assumir o controle do processo, procurando absorver as tecnologias em implantação, foi escolhida a segunda opção.

Assim, empresas nacionais foram estimuladas a investir em tecnologia. A Villares, por exemplo, desenvolveu uma escada rolante veloz que não existia no Brasil. Por outro lado, todas as empresas estrangeiras fornecedoras do metrô obrigavam-se a transferir seu conhecimento, capacitando engenheiros e a indústria nacional a continuarem produzindo e mantendo todos os requisitos de qualidade. Reconhecidas instituições de pesquisa, como a Universidade Estadual de Campinas (Unicamp), a Fundação para o Desenvolvimento Tecnológico da Engenharia (FDTE), a Escola Politécnica da Universidade de São Paulo (POLI), passaram a participar do projeto, aprimorando e adaptando o *know-how* estrangeiro às necessidades brasileiras.

Graças a essa filosofia, a Linha 1-Azul obteve um índice de nacionalização próximo dos 70%, enquanto na Linha 3-Vermelha essa cifra subiu para 95%.

O trecho unanimamente considerado o mais difícil era a ligação das estações Sé e São Bento. Edifícios, ruas estreitas e monumentos históricos exigiam a utilização de um equipamento até então nunca utilizado no Brasil ou mesmo na América do Sul: o *shield*, uma espécie de broca gigantesca, que trabalhava embaixo da terra, sem interferir na superfície, e deixava o túnel pronto, revestindo suas paredes com anéis metálicos ou de concreto.

O primeiro *shield* (batizado pelos brasileiros de tatuzão) era semiautomático e foi comprado pela construtora Camargo Correia nos Estados Unidos. Em seguida, vieram mais dois *shields* automáticos, provenientes da Alemanha. A chegada dessas máquinas teve ampla cobertura da imprensa.

Em outubro de 1972, foi aberto um poço na avenida Prestes Maia, tornando-se o ponto de partida do *shield*. Moradores, padres do Mosteiro de São Bento e frequentadores da região central começaram a criar inúmeros obstáculos. Era o medo e a desconfiança: não conseguiam sequer imaginar que logo ali, alguns metros abaixo de seus pés, tatuzões gigantescos estavam supostamente "devorando" o solo, abaixo dos monumentos históricos, prédios de escritórios, caixas-fortes nos subsolos dos bancos...

No dia 14 de setembro de 1974, teve início a operação comercial do metrô. O trecho percorrido foi Jabaquara-Vila Mariana. No dia 26 de setembro de 1975, a operação comercial foi estendida para toda a Linha 1-Azul, de Santana a Jabaquara. Estava pronta a primeira linha de metrô paulistana, com 16,7 km de extensão e 20 estações.

Transporte de alta capacidade, rápido e seguro, o metrô começava a cumprir seu papel: melhorar a qualidade de vida do morador de São Paulo, poupando o seu tempo gasto com locomoção para que ele pudesse dedicar mais espaço ao lazer, ao trabalho e à vida pessoal.

Em 1998, foi entregue à população a Extensão Norte, que adicionou à Linha 1-Azul mais 3,5 km de vias e três novas estações: Jardim São Paulo,

Parada Inglesa e Tucuruvi. A partir de então, com seus 20,2 km de extensão, a Linha 1-Azul é utilizada por 325 milhões de passageiros por ano, passageiros que incorporaram à sua rotina as idas e vindas pelos subterrâneos do metrô e que hoje não saberiam viver sem ele.

Fonte: *A primeira linha do metrô paulistano.*
Disponível em <http://www.metro.sp.gov.br/empresa/historia/azul/historia.shtml.

Referências

ALBERTIN, A. L. *Administração de Informática*: funções e fatores críticos de sucesso. São Paulo: Atlas, 2001.

ARNOLD, J. R. T. *Administração de materiais*. São Paulo: Atlas, 1999.

BALLOU, R. H. *Gerenciamento da cadeia de suprimentos/logística empresarial*. 4. ed. Porto Alegre: Bookman, 2001.

BOWERSOX, D. J.; CLOSS, D.J.; COOPER, M.B. *Gestão logística cadeias de suprimento.* Porto Alegre: Bookman, 2006.

DIAS, Marco Aurélio P. *Administração de Materiais*: princípios, conceitos e gestão .6. ed. São Paulo: Atlas, 2009.

GAITHER, Norman; FRAZIER, Greg. *Administração da produção e operações*. 8. ed. São Paulo: Pioneira, 2001.

MARTINS, Petrônio Garcia; ALT, Paulo Renato Campos. *Administração de materiais e recursos patrimoniais*. 3. ed. rev. e atual. São Paulo: Saraiva, 2009.

NOVAES, A. G. *Logística e gerenciamento da cadeia de distribuição*. 3. ed. São Paulo: Elsevier, 2007.

TURBAN, Efraim; MCLEAN, Ephraim; WETHERBE, James. *Tecnologia da informação para a gestão*. 3. ed. Porto Alegre: Bookman, 2004.

12

LOGÍSTICA REVERSA

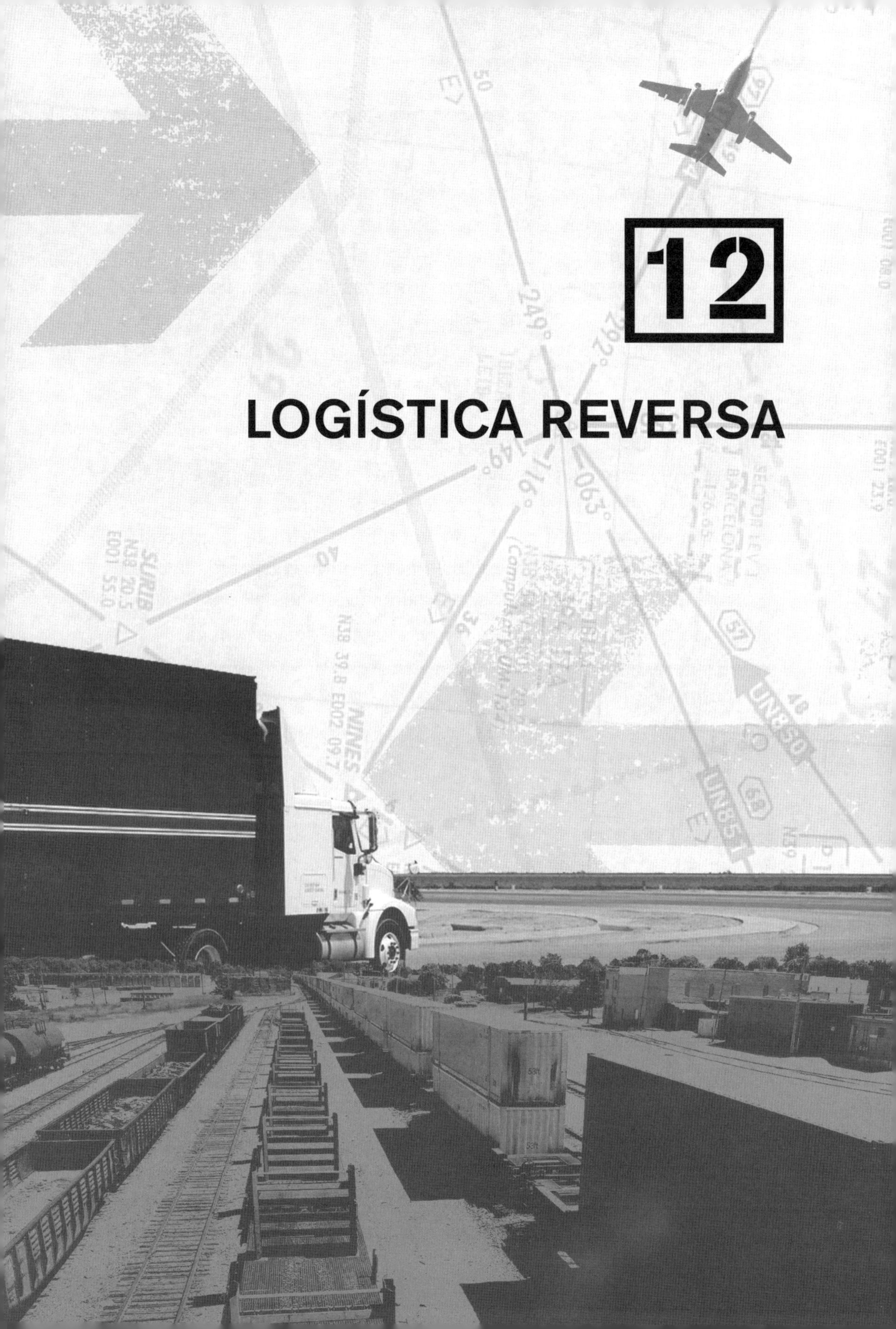

VISÃO DO CAPÍTULO

A logística reversa é a área da logística que trata dos aspectos de retornos de produtos, embalagens ou materiais ao seu centro produtivo. Apesar de ser um tema extremamente atual, esse processo já podia ser observado há alguns anos nas indústrias de bebidas, com a reutilização de seus vasilhames, isto é, o produto chegava ao consumidor e retornava ao seu centro produtivo para que sua embalagem fosse reutilizada e voltasse ao consumidor final. Esse processo era contínuo e aparentemente cessou a partir do momento em que as embalagens passaram a ser descartáveis.

Hoje em dia podemos observar esse fluxo mais claramente em quase todos os segmentos do mercado, pois o retorno de mercadorias por diversos motivos é constante (retrabalho de material acabado, falha no *picking*, gerando pedidos errados, problemas com matéria-prima, embalagens etc.). Assim, a seguir, veremos algumas questões que geram o processo, suas vantagens e desvantagens.

OBJETIVO DO CAPÍTULO

- Neste capítulo será possível verificar a importância do desenvolvimento da logística reversa nas empresas, por causa da preocupação em encontrar práticas organizacionais que ajudem a diminuir o problema do descarte dos resíduos sólidos inservíveis no meio ambiente, por meio da reciclagem, da reutilização de matérias-primas e do desenvolvimento de embalagens retornáveis, cuidando, dessa forma, do fluxo reverso de pós-consumo e de pós-venda, iniciando seu ciclo onde acaba o ciclo da logística, ou seja, após a entrega do produto ou serviço ao cliente final, levando em consideração a redução de custos das empresas e a consolidação de uma prática sustentável.

12.1 O mercado e o processo de reciclar

Nas últimas décadas, houve mudanças relevantes no ambiente empresarial, principalmente após a globalização dos mercados. As empresas que antes eram vistas como instituições com limitadas responsabilidades perante o mercado consumidor, que não tinham que se preocupar com a concorrência e com a plena satisfação dos clientes, se depararam com uma situação diferente e foram obrigadas a mudar completamente seus processos de produção e atendimento ao consumidor para manter-se no mercado. De acordo com David Simchi-Levi (2003, p. 27), a intensa competição do mercado forçou as empresas a direcionarem suas atenções na cadeia de suprimentos. Esse fator, juntamente com os avanços contínuos em tecnologias, promoveu a contínua evolução da cadeia de suprimentos e das técnicas utilizadas no seu gerenciamento.

O gerenciamento desse caminho inverso dos materiais, quando comparado ao fluxo direto da cadeia de suprimentos, é chamado de logística reversa.

Devido ao aumento de custo da produção, as empresas buscam alternativas a fim de otimizar custos e processos na área produtiva, por meio do reaproveitamento e da reciclagem de seus produtos. Em todos os casos, a oportunidade de reutilização deu origem a um novo fluxo de materiais, partindo do consumidor e chegando ao fornecedor.

Certamente o objetivo estratégico econômico, ou de agregação de valor monetário, é o mais evidente na implementação da logística reversa nas empresas e varia entre os setores empresariais e em seus diversos segmentos de negócios, tendo sempre como fator dominante a competitividade e o ecológico. Porém, não podemos deixar de mencionar os problemas gerados pelos retornos desses materiais, como os custos serem iguais para as operações de transporte de entrega e retirada do produto; espaço ocupado dentro do armazém gerando custos desnecessários e também não podemos esquecer de que nem todas as empresas possuem valores de transporte de logística reversa calculado, a fim de analisar a rentabilidade da operação.

Apesar dos problemas citados, se as empresas se estruturarem para as práticas reversas na cadeia de suprimentos e buscarem parceiros, a relação custo-benefício será vantajosa. A estruturação das empresas no sentido de melhorar o atendimento aos clientes é de grande importância. A implantação de tecnologias de informação na logística reversa também auxilia no aumento de rentabilidade para as empresas.

A vida útil de um produto tem continuidade após o seu descarte dentro das necessidades do cotidiano das pessoas; é possível, por exemplo, reaproveitá-lo como matéria-prima na produção de novos produtos. O Brasil gera milhares de toneladas de lixo por dia – e estima-se que mais de 35% do que é coletado poderia ser destinado às usinas de reciclagem, enquanto outros 35% poderiam ser transformados em adubo orgânico. Ainda que a reciclagem possa parecer um conceito moderno introduzido com o movimento ambiental da década de 1970, ela já existe de fato há cerca de milhares de anos, estimulando a responsabilidade das empresas no que diz respeito à eliminação de seus produtos no meio ambiente.

Preocupadas com questões ambientais, as empresas estão cada vez mais acompanhando o ciclo de vida de seus produtos. Isso se torna cada vez mais claro quando observamos um crescimento considerável no número de empresas que trabalham com reciclagem de materiais, e que tem como bases de sustentação para o sucesso do negócio a automação e uma eficiente operação de logística reversa.

A logística reversa de pós-consumo se caracteriza pelo planejamento, controle e disposição final dos bens de pós-consumo, que são aqueles bens que estão no final de sua vida útil, devido ao uso.

Essa vida útil pode ser prolongada se outras pessoas virem nesse mesmo bem outras utilidades, mantendo-o em uso por determinado tempo, após o qual, esse bem é destinado à coleta de lixo urbano, podendo ser reciclado ou simplesmente depositado em lugares impróprios, causando sérios impactos ao meio ambiente.

No Brasil, ainda não existe nenhuma legislação que abranja essa questão, e por isso o processo de logística reversa está em difusão e ainda não é encarado pelas empresas como um processo necessário, visto que a maioria das empresas não possui um departamento específico para gerir essa questão; assim, algumas resoluções são utilizadas, como a Conama n. 258, de 26 de agosto de 1999, que estabelece que as empresas fabricantes e as importadoras de pneus ficam obrigadas a coletar e a dar destinação final, ambientalmente adequada, aos pneus inservíveis, proporcionalmente às quantidades fabricadas e importadas definidas nessa resolução, o que praticamente obriga as empresas desse segmento a sustentarem políticas de logística reversa. Esse conceito está em constante crescimento no Brasil e no mundo, e fica claro que as empresas, cada vez mais, têm se preocupado em considerar os custos adicionais e as reduções de custos que esse processo pode ocasionar.

12.2 Logística reversa

No ano de 2001, o *Council of Logistics Management* (CLM) definiu a logística reversa como:

> a parte do processo da cadeia de suprimento que planeja, implementa e controla de modo eficiente e eficaz o fluxo direto e reverso e o estoque de bens, serviços e informação entre o ponto de origem e o ponto de consumo com o propósito de atender os requisitos dos clientes.

Em outras palavras, a logística reversa trata de mover o produto da destinação final para o retorno ao ciclo de negócios, ou para a disposição final adequada. O processo logístico é visto como um sistema que liga a empresa ao consumidor e seus fornecedores, conforme demonstrado na Figura 12.1. O processo logístico é apresentado em termos de dois esforços inter-relacionados:

- Fluxo de Estoques de Valor Adicionado; e
- Necessidades de Fluxo de Informações.

Figura 12.1 Sistema logístico

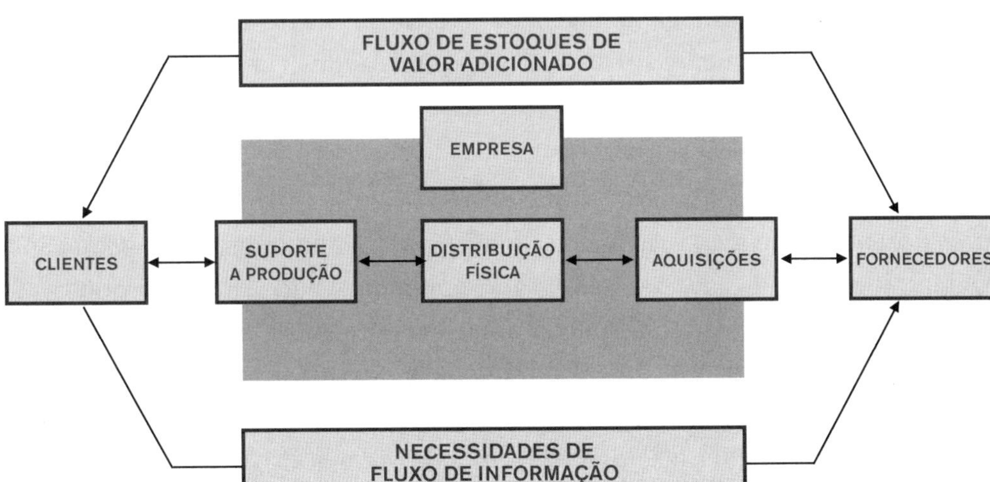

Fonte: Bowersox et al., 1986, p. 16.

Apesar de o planejamento logístico muitas vezes priorizar apenas o estudo do fluxo de produtos no sentido empresa-cliente, Bowersox e colaboradores (1986) ressaltam a importância de analisar o fluxo reverso. Quer seja devido a *recalls* efetuados pela própria empresa, vencimento de produtos, responsabilidade pelo correto descarte de produtos perigosos após seu uso, produtos defeituosos e devolvidos para troca, desistência da compra por parte do cliente ou legislação, o fato é que o fluxo reverso é um fator comum, e a logística reversa não serve necessariamente para aprimorar a produtividade logística. No entanto, o movimento reverso é justificado sobre uma base social e deve ser acomodado no planejamento do sistema logístico. [...]. O ponto importante é que a estratégia logística não poderá ser formulada sem uma consideração cuidadosa dos requerimentos da logística reversa (Bowersox et al., 1986, p. 16).

A logística reversa representa a distribuição de muitos produtos, por isso é preciso transformar o processo de retorno em vantagem competitiva. Para isso, devem ser tratados com a mesma seriedade e ponderação que a parte da distribuição, pois envolvem os mesmos elementos (armazenagem, frete, estoque, fluxo de materiais, nível de serviço, sistema de informação etc.). A principal diferença entre os dois processos é que, enquanto a logística de distribuição começa em um ou poucos pontos e se dispersa para vários destinos, o fluxo reverso começa em vários pontos e se encaminha para um só destino.

Leite (2003) afirma que o aumento da velocidade de descarte dos produtos de utilidade após seu primeiro uso, motivado pelo nítido aumento da descartabilidade dos produtos em geral, não encontrando canais de distribuição reversos pós-consumo devidamente estruturados e organizados, provoca desequilíbrio entre as quantidades descartadas e as reaproveitadas, o que gera um enorme crescimento de produtos pós-consumo.

Embora seja fácil pensar em logística como o gerenciamento do fluxo de produtos dos pontos de aquisição até os clientes, para muitas empresas há um canal logístico reverso que deve ser gerenciado também. A vida de um produto, do ponto de vista logístico, não termina com a sua entrega ao cliente. Os produtos tornam-se obsoletos, danificam-se ou estragam e são levados para seus pontos de origem para conserto ou descarte. O canal de logística reverso pode utilizar todo ou apenas uma parte do canal logístico, ou pode precisar de um projeto dedicado exclusivamente a ele. A cadeia de suprimentos termina com o descarte final de um produto e o canal reverso deve estar dentro do escopo do planejamento e do controle logístico.

Os benefícios que ela proporciona são: retorno econômico com a venda dos materiais de sobra das linhas de produção, minimização dos impactos ambientais e, consequentemente, de penalidades legais e a construção de uma imagem corporativa positiva perante o mercado consumidor. Nota-se ainda que a logística reversa pode ser melhor desenvolvida no ambiente empresarial, pois, apesar de tratar-se de assunto de grande interesse dos gestores, a maioria das empresas não a tem bem definida em seus processos operacionais.

12.2.1 Logística reversa de pós-venda

A logística reversa de pós-venda ocupa-se da operacionalização do fluxo físico e das informações logísticas correspondentes de bens de pós-venda, sem uso ou com pouco uso, que por diferentes motivos retornam aos diferentes elos da cadeia de distribuição direta. Seu objetivo estratégico é agregar valor a um produto logístico que é devolvido por razões comerciais ou legais (legislação ambiental), erros nos processamentos dos pedidos, garantia dada pelo fabricante, defeitos ou falhas de funcionamento no produto, avarias no transporte, entre outros motivos.

Classificam-se como devoluções por "garantia/qualidade", aquelas nas quais os produtos apresentam defeitos de fabricação ou de funcionamento, avarias no produto ou na embalagem etc. Esses produtos poderão ser submetidos a consertos ou reformas que lhes permitam retornar ao mercado primário ou ao mercado diferenciado, que denominamos secundários, agregando-lhes valor comercial novamente.

Na classificação "comercial", é destacada a categoria de estoques, caracterizada pelo retorno devido a erros de expedição, excesso de estoques no canal de distribuição, mercadorias em consignação, liquidação de estação de vendas, pontas de estoques etc., que serão retornados ao ciclo de negócios pela redistribuição em outros canais de venda. Com relação a razões legais, incluem-se os retornos oriundos das obrigações ambientais atuais relativas à disposição final de materiais de risco ao meio ambiente, como baterias de celulares, pneus, produtos fitossanitários, pilhas diversas etc. A classificação "substituição de componentes" decorre da substituição de componentes de bens duráveis e semiduráveis em manutenções e consertos ao longo de sua vida útil e que são remanufaturados, quando tecnicamente possível, e retornam ao mercado primário ou secundário, ou são enviados à reciclagem ou para um destino final, na impossibilidade de reaproveitamento.

12.2.2 Logística reversa de pós-consumo

A logística reversa de pós-consumo igualmente operacionaliza o fluxo físico e as informações correspondentes de bens de consumo descartados pela sociedade, em fim de vida útil ou usados com possibilidade de utilização e resíduos industriais, que retornam ao ciclo de negócios ou ao ciclo produtivo pelos canais de distribuição reversos específicos. Seu objetivo estratégico é agregar valor a um produto logístico constituído por bens inservíveis ao proprietário original, ou que ainda possuam condições de utilização, por produtos descartados por terem atingido o fim de vida útil e por resíduos industriais. Esses produtos de pós-consumo poderão se originar de bens duráveis ou descartáveis por canais reversos de reuso e reciclagem até a destinação final.

A classificação "em condições de uso" refere-se às atividades em que o bem durável e semidurável apresenta interesse de reutilização, sendo sua vida útil estendida adentrando no canal reverso de reutilização em mercado de segunda mão até atingir o fim de vida útil. Nas atividades da classificação de "fim de vida útil", a logística reversa poderá atuar em duas áreas: dos bens duráveis ou descartáveis. Na área de atuação de duráveis, estes entrarão no canal reverso de desmontagem e reciclagem industrial; sendo desmontados na área de desmanche, seus componentes poderão ser reaproveitados ou remanufaturados, retornando ao mercado secundário ou à própria indústria que o reutilizará e uma parcela destinada ao canal reverso de reciclagem.

No caso de bens de consumo descartáveis, havendo condições logísticas, tecnológicas e econômicas, os produtos são retornados por meio do canal reverso de "reciclagem industrial", no qual os materiais constituintes são reaproveitados e se constituirão em matérias-primas secundárias, que retornam ao ciclo produtivo pelo mercado correspondente, ou no caso de não haver as condições mencionadas, serão enviadas ao destino final, como os aterros sanitários, lixões e incineração com recuperação energética.

12.2.3 Logística reversa de embalagem

Apesar de se enquadrar na logística reversa de pós-venda ou pós-consumo, é importante destacar o conceito de logística reversa de embalagem pela sua importância. Com a concentração da produção, verifica-se o atendimento de distribuição a mercados cada vez mais afastados. Consequentemente, há um aumento da distância média de transporte e o retorno dos caminhões vazios (unicamente com as embalagens de transporte) que implica um incremento dos gastos e repercute no custo final do produto. Com a finalidade de reduzir o impacto negativo das embalagens, algumas medidas poderão ser adotadas para a redução de resíduos desse material:

- reduzir os resíduos sem sua origem;
- utilizar materiais recicláveis;
- reutilizar os materiais, maximizando o nível de rotação;
- implementar sistemas de recuperação;
- reciclar.

Existe uma tendência mundial em utilizar embalagens retornáveis, reutilizáveis ou de múltiplas viagens, tendo em vista que o total de resíduos aumenta a cada ano, causando impacto negativo ao meio ambiente. A logística reversa representa a distribuição de muitos produtos, por isso é preciso transformar o processo de retorno, muitas vezes complexos e custosos, em vantagem competitiva. Para isso, devem ser tratados com a mesma seriedade e ponderação que a parte da distribuição, pois envolvem os mesmos elementos (armazenagem, frete, estoque, fluxo de materiais, nível de serviço, sistema de informação etc.).

A principal diferença entre os dois processos é que, enquanto a logística de distribuição começa em um ou poucos pontos e se dispersa para vários destinos, o fluxo reverso começa em vários pontos e se encaminha para um só destino. Com relação às embalagens, os produtos que seguem o fluxo direto têm embalagem uniforme para a distribuição, enquanto os produtos que seguem o fluxo reverso apresentam uma ampla gama de estados de embalagem, dependendo da maneira como foram retornados e embalados pelos clientes. As condições em que os produtos são embalados têm alta influência sobre sua forma de transporte e manuseio. Uma embalagem não uniforme pode ser sinal de que os produtos poderão ser danificados à medida que avançam no fluxo reverso. Como a parte reversa envolve responsabilidade e custos, há dificuldade para identificar o responsável pelos danos causados aos produtos (cliente, operador logístico ou fabricante).

As embalagens descartáveis (*one-way*) são aquelas utilizadas uma só vez, e são feitas habitualmente em caixas de papelão. Sua utilização é mais barata do que recolher, separar, dar a manutenção necessária e reutilizar uma mesma embalagem. Possui como principal problema a baixa resistência do material e o descarte, responsável pela formação de volumes de lixo. Como exemplo de embalagem retornável, temos as caixas produzidas por meio do material de polipropileno corrugado. Trata-se de uma embalagem reutilizável, 100% reciclável, leve e resistente, de fácil limpeza e, principalmente, com maior segurança no transporte, evitando atrito com outros produtos com as mesmas características.

12.2.4 Logística tradicional x logística reversa

Existem diferenças fundamentais entre a logística convencional e seu sistema reverso. Na cadeia logística convencional, os produtos são puxados pelo sistema, enquanto na logística reversa existe uma combinação entre puxar e empurrar os produtos pela cadeia de suprimentos. Isso acontece pois há, em muitos casos, uma legislação que aumenta a responsabilidade do produtor. Quantidades de descarte já são limitadas em muitos países.

Os fluxos logísticos reversos não se dispõem de forma divergente, como os fluxos convencionais, mas sim podem ser divergentes e convergentes ao mesmo tempo. O processo produtivo ultrapassa os limites das unidades de produção no sistema de logística reversa. Os fluxos de retorno seguem um diagrama de processamento predefinido, no qual os produtos (descartados) são transformados em produtos secundários, componentes e materiais. Os processos de produção aparecem incorporados à rede de distribuição. Ao contrário do processo convencional, o processo reverso possui um nível de incerteza bastante alto. Questões como qualidade e demanda tornam-se difíceis de controlar.

12.2.5 Logística reversa e seus impactos

Em todo o mundo, os elos entre desempenho ambiental, competitividade e resultados financeiros finais estão crescendo a cada dia. Empresas de ponta estão transformando o desempenho ambiental superior numa poderosa arma competitiva. O aumento da preocupação social está levando ao desenvolvimento de produtos ecologicamente corretos e à certificação nas normas internacionais, como ISO 14000.

Exigências de certificação estão transformando as relações entre ambiente e negócio. Constata-se que funcionários e acionistas sentem-se melhor por estarem associados a uma empresa ambientalmente responsável, e essa satisfação pode até mesmo resultar em aumento de produtividade da empresa. Tal postura implica reduções de custos, uma vez que a poluição representa materiais mal aproveitados devolvidos ao meio ambiente, ou seja, a maior parte da poluição resulta de processos ineficientes, que não aproveitam completamente os materiais.

Bancos e principalmente agências de fomento (BNDES, BID etc.) oferecem linhas de crédito específicas, maior prazo de carência e menores taxas de juros a empresas com projetos ligados ao meio ambiente. Resumidamente, a logística reversa relaciona-se com os seguintes aspectos do negócio:

- Proteção ao meio ambiente - uma vez que há aumento de reciclagem e reutilização de produtos, há uma diminuição de resíduos;
- Diminuição dos custos – retorno de materiais ao ciclo produtivo;
- Melhora da imagem da empresa perante o mercado – empresas ambientalmente responsáveis representam uma forte publicidade positiva;
Relação custo/benefício vantajosa – apesar dos custos com a estruturação de uma logística reversa, os benefícios (ambientais, boa imagem no mercado etc.) são positivos;
- Aumento significativo nos lucros da empresa – uma vez bem estruturada a prática de reutilização de materiais (alumínio, aço, computadores etc.), acarreta na redução de custos de compra de matéria-prima.

12.2.6 Logística reversa e seus impactos

O sucesso do projeto de logística reversa de uma empresa depende de como o processo foi projetado e os controles, disponibilizados. Alguns dos fatores identificados como críticos e que contribuem positivamente para o desempenho do sistema de logística reversa são comentados a seguir.

- **Bons controles de entrada.** É necessário identificar corretamente o estado dos materiais que serão reciclados e as causas dos retornos para planejar o fluxo reverso correto ou mesmo impedir que materiais que não devam entrar no fluxo o façam. Por exemplo, identificando produtos que poderão ser revendidos, produtos que poderão ser recondicionados ou que terão que ser totalmente reciclados. Treinamento de pessoal é a questão-chave para obter bons controles de entrada.
- **Tempo de ciclo reduzido.** Tempo de ciclo refere-se ao tempo entre a identificação da necessidade de reciclagem, disposição ou retorno de produtos e seu efetivo processamento. Tempos de ciclos longos adicionam custos desnecessários porque atrasam a geração de caixa (pela venda de sucata, por exemplo) e ocupam espaço, dentre outros aspectos. A consideração correta deste item é fator de redução de custos e melhoria do nível de serviço. Fatores que levam a altos tempos de ciclo são controles de entrada ineficientes, falta de estrutura (equipamentos, pessoas) dedicada ao fluxo reverso e falta de procedimentos claros para tratar as exceções que são, na verdade, bastante frequentes.
- **Processos padronizados e mapeados.** Uma das maiores dificuldades na logística reversa é que ela é tratada como um processo esporádico, contingencial

e não como um processo regular. Efetuar corretamente o mapeamento do processo e o estabelecimento de procedimentos formalizados são condições fundamentais para se obter controle e a melhor performance do projeto.

- **Sistemas de informação.** A capacidade de rastreamento de retornos, medição dos tempos de ciclo e medição do desempenho de fornecedores (avarias nos produtos, por exemplo) permitem obter informação crucial para negociação, melhoria de desempenho e identificação de abusos no retorno de produtos. Projetar esses sistemas de informação é um grande desafio, devido à inexistência no mercado de sistemas capazes de lidar com o nível de variações e flexibilidade exigida pelo processo de logística reversa.
- **Rede logística planejada.** Ao contrário da logística normal, cuja filosofia é consolidar os centros de distribuição, a logística reversa tem de ampliar a rede de coleta e ter capilaridade, porque essa é a essência da logística reversa. A implementação de processos logísticos reversos requer a definição de uma infraestrutura logística adequada para lidar com os fluxos de entrada de materiais usados e fluxos de saída de materiais processados. Instalações de processamento e armazenagem e sistemas de transporte devem ser desenvolvidos para ligar de forma eficiente os pontos de fornecimento, nos quais os materiais a serem reciclados devem ser coletados, até as instalações onde serão processados. Questões de escala de movimentação e até mesmo de falta de correto planejamento devem ser enfocadas na fase do projeto. Instalações centralizadas dedicadas ao recebimento, separação, armazenagem, processamento, embalagem e expedição de materiais retornados podem ser uma boa solução, desde que haja escala suficiente. Deverão ser aplicados também os mesmos conceitos de planejamento utilizados no fluxo logístico direto, como estudos de localização de instalações e aplicações de sistemas de apoio à decisão (roteirização, programação de entregas etc.).
- **Relações colaborativas.** Um tópico a ser explorado na fase de projeto de logística reversa é a utilização de prestadores de serviço e de estabelecimento de parcerias ou alianças com outras organizações envolvidas em programas ambientais e/ou de logística reversa. Como esta é uma atividade em que a economia de escala é fator relevante e na qual os volumes do fluxo reverso são normalmente menores, uma opção viável é a terceirização e alianças.

Desse modo, a concepção de um projeto eficiente de logística reversa deve levar em consideração os seguintes pontos:

- **Viabilidade:** linhas de crédito específicas para projetos ligados ao meio ambiente; análises dos fatores competitividade e ecologia; identificação de possíveis parceiros ou alianças.
- **Coleta:** as localizações atuais e alternativas dos postos de recepção, das centrais de reciclagem, incineradores e recicladores; quantidade de produtos que retorna; identificação e quantificação de retornos de materiais não identificados ou desautorizados; rede consistente de coleta; otimização de fretes.
- **Processamento:** sistema de gerenciamento ambiental; processamento do material coletado; aspectos de saúde e higiene no manuseio e transporte dos materiais; automação do processo de separação dos materiais (secundários e de descarte); programas educacionais para os membros da cadeia de abastecimento e para as comunidades envolvidas; levantamento do ciclo de vida dos produtos ou embalagens envolvidos no projeto; nível de reciclagem desejado no projeto; legislação ambiental (classificação do material reciclado, disposição de materiais perigosos).
- **Reutilização:** destino a ser dado aos materiais gerados no reprocessamento; identificação do mercado consumidor e dos canais de comercialização; divisão de responsabilidade quanto ao destino entre governo, consumidores e a cadeia produtiva.

12.2.7 Logística reversa como elemento de elevação do nível de serviço ao cliente

A Norma ISO 14000, que orienta a gestão ambiental mais eficiente, assim como o crescimento da simpatia dos consumidores por produtos considerados ambientalmente responsáveis, aumenta a importância da logística empresarial, e em especial, da logística reversa, que tem por objetivo dispor a mercadoria ou serviço certo, no tempo certo, no lugar certo e nas condições desejadas, garantindo o controle sobre o ciclo de vida. Existe uma clara tendência de que a legislação ambiental caminhe no sentido de tornar as empresas cada vez mais responsáveis por todo o ciclo de vida de seus produtos. Isso significa ser legalmente responsável pelo seu destino após a entrega dos produtos aos clientes e do impacto que estes produzem no meio ambiente

Um segundo aspecto diz respeito ao aumento de consciência ecológica dos consumidores que esperam que as empresas reduzam os impactos negativos de sua atividade ao meio ambiente. Isso tem gerado ações por parte de algumas empresas que visam comunicar ao público uma imagem institucional ecologicamente correta. A logística, além de criar valor ao marketing de produto de modo direto, eleva a qualidade do produto em termos gerais, como parte do serviço de atendimento ao cliente. Em todo o mundo, os elos entre desempenho ambiental, competitividade e resultados financeiros finais estão crescendo a cada dia. Empresas de ponta estão transformando o desempenho ambiental numa poderosa arma competitiva.

Os projetos de logística reversa têm gerado um grande impacto junto à população em relação à imagem das empresas, pela redução do impacto ao meio ambiente. O objetivo ecológico ou de imagem corporativa na logística reversa constitui-se de ações empresariais que visam contribuir com a comunidade pelo incentivo à reciclagem de materiais e a alterações de projeto para reduzir impactos ao meio ambiente.

O objetivo da competitividade por diferenciação de nível de serviço ao cliente evidencia-se pelos vários exemplos e pela revalorização dos ativos das empresas preocupadas em reduzir o impacto ao meio ambiente, as quais têm de fazer mais do que simplesmente falar sobre proteção ao meio ambiente

ESTUDO DE CASO

O CASO DAS SANDÁLIAS *ECO SANDALS*

A palavra *goóc* vem do vocabulário vietnamita que significa "raiz". A origem da empresa, assim como seu conceito de produto, está relacionada à história de vida de seu fundador, o vietnamita Thai Quang Nghia. Em 1978, com 21 anos, Nghia fugiu do regime comunista de seu país, e foi encontrado três dias depois por um navio da Petrobras, quando estava à deriva em alto-mar em um barco de pesca sem rumo.

A marca Goóc surgiu da ideia de concepção de uma categoria de produto sustentável em relação ao meio ambiente décadas após Nghia ter chegado ao Brasil. A empresa é conhecida por desenvolver e fabricar calçados de borracha feitos com pneus e lonas de caminhão reciclado. Em 24 de julho de 1986, foi fundado o Grupo Domini (empresa proprietária da marca Goóc, cujo principal produto é a linha eco sandals) que hoje é composto por três unidades fabris que comercializam componentes de vestuário e matéria-prima têxtil. Atualmente, o Grupo Domini produz 18 mil pares de calçados por dia, tendo como objetivo oferecer a cada habitante do Brasil um par de chinelos produzidos à base de pneu reciclado — o que gerará 210 milhões de pares no país até 2014 que, consequentemente, tirarão do meio ambiente 42 milhões de pneus inservíveis, diminuindo, portanto, o descarte dos pneus no meio ambiente. Essa meta de 210 milhões de pares de chinelos coincide com a população brasileira projetada para o ano da realização da Copa do Mundo de 2014, que se realizará no Brasil. Internamente, a empresa denominou esse macro-objetivo de Projeto 2014.

Inicialmente, a ideia de desenvolver um produto inspirado nos vietcongues – que utilizavam um chinelo fabricado a partir dos pneus e câmaras remanescentes das explosões da Guerra do Vietnã como parte do uniforme de guerra – não havia a pretensão — ao menos não deliberadamente planejada — de ocupar ou de iniciar uma categoria e/ou tendência para calçados sustentáveis e/ou ecológicos. Atualmente as *Eco Sandals* respondem por 70% da produção total da marca Goóc, o que implica planejamento diferenciado para a marca dentro do grupo.

Como as sandálias são feitas a partir do processo de reciclagem de pneus inservíveis, participantes de um processo de logística reversa, estas retornam para a fábrica como parte da matéria-prima utilizável e não para a natureza. Essa nova categoria de produto é considerada inovadora na categoria de calçados por ser uma forma inteligente e responsável de consumir sem agredir o meio ambiente. Conforme menciona a revista eletrônica *Ambiente Brasil*: "segundo organizações internacionais, a produção de pneus novos está estimada em cerca de 2 milhões por dia em todo o mundo. Já o descarte de pneus velhos chega a atingir, anualmente, a marca de quase 800 milhões de unidades. Só no Brasil são produzidos cerca de 40 milhões de pneus por ano e quase metade dessa produção é descartada nesse período".

Boletim Informativo da Bolsa de Reciclagem Sistema FIEP - Ano I - Número 3 - JUL/AGO – 2001
website: <http://www.cetsam.senai.br/bolsa>.

A grande questão é como equilibrar esse consumo com atitudes que revertam degradação ambiental em sustentabilidade. Daí é que podemos entender melhor o significado do Projeto 2014 que, por meio das divulgações em mídia e ações efetivas de mobilização do povo brasileiro para a causa do desequilíbrio causado pelos pneus inservíveis, a Goóc pretende chegar em 2014 tornando as sandálias *Eco Sandals* um novo conceito de uso sustentável, senão despertar em cada brasileiro o desejo de possuir um calçado *Eco Sandals* como forma de minimizar os efeitos nocivos do uso impensado dos pneus. É gerado anualmente no Brasil um volume de 400 milhões de pares de sandálias de dedo que utilizam como matéria-prima borracha expandida,

PVC, conforme a revista eletrônica *Valor Econômico*. Até 2014, o objetivo é chegar ao número de 210 milhões de pares vendidos, o que retiraria do meio ambiente 42 milhões de pneus conforme informações cedidas pelo químico responsável pela composição da fórmula das sandálias, Claudinei Guimarães.

Como parte do composto de marketing, a Goóc firmou uma parceria com o rei Pelé, que passou a ser o embaixador mundial do Projeto 2014. Um dos maiores fatores, senão o decisivo, para o apoio e a ação direta do senhor Edson Arantes do Nascimento, Pelé, na cruzada do Projeto 2014, diz respeito à condição empregatícia da indústria de vulcanização do Brasil, que tem 70% de ociosidade atualmente e que, com a ação e mobilização do Projeto 2014, visa também resgatar 3 mil postos de trabalhos, conforme apontado pela revista *Desenvolvimento Sustentável*: "além da vasta reciclagem de pneus, favorável ao meio ambiente, a iniciativa da Goóc prevê benefícios para outros setores no país. A iniciativa espera gerar 3 mil empregos, além de revitalizar a indústria de vulcanização, que hoje possui mais de 70% de sua capacidade ociosa".

Referências

BALLOU, R. H. *Gerenciamento da cadeia de suprimentos*: planejamento, organização e logística empresarial. Porto Alegre: Bookman, 2001.

BARBIERI, José Carlos; DIAS, Marcio. "Logística reversa como instrumento de programas de produção e consumo sustentáveis". *Revista Tecnologística*, São Paulo, Ano VI, n. 77, Abr. 2002.

BOWERSOX, D. J. et al. *Logistical Management:* A systems Integration of phisical distribution, Manufacturing Support and Materials Procurement. Nova York: MacMillan, 1986. p. 16.

FERREIRA, Carla. *Logística Reversa na Administração*. Disponível em: <http://www.guiadelogística.com.br>. Acesso em: 05 jan. 2010.

FLEISCHMANN, M., Quantitative Models for Reverse Logistics: a review. *European Journal of Operational Research*; Promotor(s): Prof.dr.ir. J.A.E.E. van Nunen, Prof.dr.ir. R. Dekker. Disponível em: <http://hdl.handle.net/1765/1044>.

GRABIANOWSKI, Ed. *Como funciona a reciclagem*. Artigo Eletrônico. (agosto de 2007). Disponível em: <http://ambiente.hsw.uol.com.br/reciclagem1.htm>. Acesso em: 05 jan. 2010.

LACERDA, Leonardo. *Logística Reversa* – Uma visão sobre os conceitos básicos e as práticas operacionais. Disponível em: http://www.cel.coppead.ufrj.br/fr-rev.htm. Acesso em: 05 jan. 2010.

LEITE, Paulo Roberto. *Logística Reversa:* nova área da logística empresarial. 1ª parte. *Revista Tecnologística*, maio, 2002.

_______. *Logística Reversa:* Nova área da logística empresarial 2ª parte. *Revista Tecnologística*, jun. 2002.

_______. *Logística Reversa*: meio ambiente e competitividade. 2.ed. São Paulo: Pearson/ Prentice Hall, 2003.

LIMA, L. M.; CAIXETA FILHO, J. V. Conceitos e Práticas de Logística Reversa. *Revista Tecnologística*, maio 2001.

MALINVERNI, Cláudia. Tomra Latasa. *A logística da reciclagem*. *Revista Tecnologística*, São Paulo, ano VIII, n. 80, jul. 2002.

MOURA, Reinaldo A. Reduzir, Reutilizar, Reciclar e Substituir. *Publicação Banas Ambiental*, ago. 2000.

Normas ISO 14000 – *Gestão Ambiental*. Disponível em: http://www.cnpma.embrapa.br/projetos/prod_int/iso_14000.html. Acesso: em 05 jan. 2010.

RICCHINI, Ricardo. *O difícil retorno à origem*. Disponível em: <http://www.setorreciclagem.com.br/modules.php?name=News&file=print&sid=579>. Acesso em: 05 jan. 2010.

SAYON, Melissa. *O reverso da logística*. Disponível em: <http://www.businesstandart.com.br>. Acesso em: 05 jan. 2010.

SIMCHI-LEVI, D.; KAMINSKY, P.; SIMCHI-LEVI, E. *Cadeia de Suprimentos*: projeto e gestão. *Conceitos, estratégias e estudos de caso*. Bookman, 2003.

TRIGUEIRO, Felipe G. R. *Logística*. Disponível em: <http://www.guialog.com.br>. Acesso em 05 jan. 2010.

VIEIRA, Darli Rodrigues. *Implantar e gerenciar a logística reversa*. Disponível em: <http://www.terra.com.br>. Acesso em: 05 jan. 2010.

13

LOGÍSTICA INTERNACIONAL

VISÃO DO CAPÍTULO

Neste capítulo será realizada uma abordagem sobre a importância do conhecimento da logística internacional na gestão de suprimentos e distribuição global no contexto do mercado competitivo que as empresas enfrentam. Serão demonstrados alguns processos logísticos e suas operacionalidades.

O foco principal é introduzir esses conhecimentos aos leitores no intuito de desenvolver neles sua aplicabilidade prática. Espera-se, dessa forma, que o leitor desenvolva competências que o habilitem a atuar na área de logística internacional e que também desenvolva a curiosidade intelectual para que procure efetuar estudos mais aprofundados sobre o tema aqui tratado.

OBJETIVOS DO CAPÍTULO

- Analisar o ambiente externo e o interno em que as empresas estão inseridas na logística internacional;
- Descrever o conceito e aplicação de regimes aduaneiros atípicos;
- Descrever os custos logísticos internacionais, cláusulas de preço com seus riscos e responsabilidades;
- Demonstrar como é efetuada a classificação fiscal de mercadorias, como são classificados o SH e a NCM, e as consequências da classificação correta;
- Demonstrar a importância do correto tratamento administrativo das importações e exportações nos procedimentos aduaneiros;
- Exemplificar a formação de preços na exportação e a formação de custos na importação.

O constante crescimento das trocas comerciais ao redor do globo é o maior e mais visível motivo para o aumento das atividades logísticas internacionais. Possuir produtos importados, tanto para pessoas físicas como para pessoas jurídicas, é uma realidade atual.

Há cem anos a realidade era diferente, a maior parte dos produtos consumidos naquela época eram produzidos no máximo a 100 km de distância, diferentemente de hoje, quanto todos consomem produtos das mais diversas origens, japoneses, chineses, russos, ingleses, alemães. As distâncias foram "encurtadas" com o barateamento e facilitação da comunicação, com o crescimento da internet; com o desenvolvimento do uso do contêiner, que facilitou o transporte reduzindo os custos e manuseio da carga, e a evolução da aviação, que reduziu substancialmente o *transit time* entre países.

> *Transit time*: é o prazo temporal desde o embarque da carga para o frete internacional até o desembarque da carga no ponto de destino.

As vantagens comparativas que os países possuem favorecem um constante aumento do comércio entre eles, o que motiva um crescimento contínuo das operações logísticas internacionais.

13.1 Análise do ambiente externo e interno da empresa na logística internacional

Segundo Tagliacollo (2008), o ambiente externo promove a necessidade de as empresas conhecerem e se adaptarem de maneira ágil aos fatores que interferem na Logística Internacional. A seguir elencamos os mais relevantes.

- **Transporte internacional:** sua escolha, já referenciada em capítulo anterior, é um dos fatores mais determinantes no sucesso de uma operação logística internacional, em função do *transit time*, que poderá ser curto, longo ou até mesmo atrasar, acarretando prejuízos.
- **Procedimentos aduaneiros:** os procedimentos aduaneiros variam de acordo com o tipo de produto que se está exportando ou importando, podendo também causar atrasos no fluxo de materiais. Países e blocos econômicos possuem legislação aduaneira própria, assim como procedimentos diferenciados; o seu conhecimento prévio é imprescindível para a regularidade do fluxo de materiais no âmbito internacional.
- **Movimentação em terminais portuários, aeroportuários, ou pontos de fronteira:** o manuseio das cargas nestes pontos possui elevados custos de tempo e dinheiro, sua escolha deve verificar o tempo médio de movimentação da carga e seus custos para que faça a escolha mais adequada de local.

Já no ambiente interno da empresa, temos a questão dos estoques. Novamente, segundo Tagliacollo (2008), a administração dos estoques no comércio exterior é complexa em função das grandes distâncias entre países produtores e consumidores, seus custos de movimentação e a entrada e saída de países diferentes. Além disso devemos ainda levar em conta as diferentes legislações aduaneiras, os ambientes econômicos e culturais, as taxas de câmbio e os juros e custo do transporte interno etc., assim como o conhecimento dos processos atípicos de importação. No Brasil temos vários regimes aduaneiros atípicos que são regras ou procedimentos que visam regular situações especiais no comércio de importação e exportação em um país. Sua importância é trazer vantagens operacionais e financeiras às empresas.

Abaixo, seguem os principais regimes aduaneiros atípicos.

- ***Drawback:*** permite a importação de insumos para industrialização de bens destinados à exportação, sem incidência de tributos.
- **Admissão ou franquia temporária:** permite a entrada de produtos estrangeiros com suspensão de tributos. Pelo prazo de um ano, prorrogável por mais um. Exemplos: feiras, congressos e eventos internacionais; competições ou exposições esportivas; promoção comercial; prestação, por técnico estrangeiro, de assistência técnica a bens importados em virtude de garantia, outros bens definidos na IN n. 285/2003 da SRF.
- **Exportação temporária:** permite a saída e o futuro regresso de produtos nacionais ou nacionalizados, não havendo a incidência de impostos, pelo prazo de um ano, prorrogável por mais um. Exemplos: feiras, congressos e eventos nacionais, competições ou exposições esportivas, promoção comercial, prestação de assistência técnica a bens exportados em virtude de garantia, atividades temporárias de interesse da agropecuária, outros bens definidos na IN n. 319/2003 da SRF.
- **Trânsito aduaneiro:** permite o transporte de mercadorias de um ponto a outro do território aduaneiro, com suspensão de tributos. Exemplo: transporte rodoviário de mercadorias do Uruguai para o Paraguai, passando pelo território brasileiro.
- **Entreposto aduaneiro:** permite o depósito de mercadorias em local determinado do território aduaneiro, com suspensão de tributos. Pode ser direto (produtos discriminados pela SRF) ou indireto (produtos da pauta de importação autorizados pela SRF), pelo prazo de um ano, prorrogável por até três anos. Exemplo: mercadoria acondicionada no porto de Santos que aguarda embarque para a Argentina.

- **Entreposto industrial:** permite importar insumos para a industrialização que deverão ser destinados ao mercado externo, com suspensão de tributos. Os produtos industrializados podem ser destinados ao mercado interno desde que haja o recolhimento dos tributos devidos. Exemplo: importação de polipropileno para fabricação e exportação de sacolas plásticas.
- **Entreposto industrial sob controle informatizado (RECOF):** permite à empresa importar, com ou sem cobertura cambial, e com suspensão do pagamento de tributos, sob controle aduaneiro informatizado, mercadorias que, depois de submetidas à operação de industrialização, sejam destinadas à exportação. As operações de industrialização citadas limitam-se às modalidades de montagem, transformação, e beneficiamento, acondicionamento e reacondicionamento.
- **Zonas francas:** há isenção de tributos. Visa promover o desenvolvimento econômico e social de certas regiões. Situadas nas imediações de portos marítimos, fluviais ou aéreos.
- **Lojas francas:** localizados em portos e aeroportos internacionais, são habilitadas pela SRF mediante processo de qualificação e vendem mercadorias nacionais ou estrangeiras com suspensão de impostos.

13.1.1 Custos logísticos

O conhecimento dos custos envolvidos nas operações logísticas internacionais é de extrema importância para que sejam inviabilizadas por custos altos.

Primeiro temos que definir qual foi o Incoterm negociado para definirmos os elementos logísticos que serão contratados. Também deveremos conhecer a NCM do produto para podermos definir qual é o tratamento administrativo da importação ou exportação, por fim devemos conhecer os processos de como são formados os preços de exportação e os custos de importação para podermos definir se nosso produto está competitivo no mercado internacional ou se temos que alterar a estrutura da operação de logística internacional reduzindo custos.

Incoterms

Incoterms são cláusulas de preço que definem riscos e custos de compradores e vendedores assim como o local de entrega de determinada mercadoria. Foram padronizados pela Câmara de Comércio Internacional (CCI) de Genebra em 1936 e atualizados a cada dez anos ao longo do último século, atualmente se encontra na versão Incoterms 2010, que entrou em vigor no dia 1º de janeiro de 2011.

Servem para definir onde devemos entregar a mercadoria, até onde devemos arcar com seus custos e até que ponto geográfico somos responsáveis pelo seu risco. Balizam-nos a respeito da distribuição dos riscos associados ao movimento das mercadorias, sendo incorporadas aos contratos de compra e venda internacionais.

Essa claúsula de preço definida por três letras é de suma importância na definição de quais serviços logísticos deverão ser contratados pelo vendedor e quais custos logísticos serão agregados ao preço dos produtos. Os intervenientes nos negócios internacionais precisam compreender esses termos afim de assegurar que as remessas estejam de acordo com a normas.

Seguem adiante os Incoterms 2010 e suas definições. As cláusulas foram divididas em duas categorias, em termos utilizados para qualquer modal ou meio de transporte e utilizados para o modal marítimo e transporte por vias navegáveis. A edição dos Incoterms 2000 continha 13 Incoterms; na edição de 2010 foram suprimidos os Incoterms DAF, DES, DEQ, DDU, sendo então incorporados os Incoterms DAT e DAP.

Termos para qualquer modal ou meio de transporte

- **EXW – *Ex Works*** (a partir do local de produção): a entrega da mercadoria ao comprador se dá no estabelecimento do vendedor, trazendo ao comprador o custo e o risco sobre todas as despesas e movimentação sobre a retirada da mercadoria daquele local.
- **FCA – *Free Carrier*** (transportador livre): o comprador recebe a mercadoria quando é entregue a custódia do transportador por ele contratado e no local por ele indicado. A partir desse momento o comprador deve arcar com os riscos sobre a mercadoria. Este Incoterm é utilizado para transporte aéreo.
- **CPT – *Carriage Paid to...*** (transporte pago até...): o comprador recebe a mercadoria no transportador, contratado e pago pelo vendedor. A partir do momento da entrega o risco da mercadoria passa a ser do comprador.
- **CIP – *Carriage and Insurance paid to...*** (transporte e seguro pagos até...): a entrega da mercadoria ao comprador ocorre no estabelecimento do transportador pago pelo vendedor que também efetua a contratação do seguro. A partir do momento da entrega da mercadoria o risco passa a ser do comprador.

- **DAT – *Delivered at Terminal*** (entregue no terminal): o vendedor entrega as mercadorias, uma vez descarregadas do meio de transporte de chegada, à disposição do comprador em um terminal nomeado no porto ou no local de destino. O termo *terminal* inclui cais, armazéns, terminal de contêiner rodoviário, ferroviário ou aéreo. Ambas as partes devem concordar com o terminal e, se possível, um ponto no terminal em que os riscos serão transferidos do vendedor ao comprador das mercadorias. Caso tenha a intenção de que o vendedor seja responsável por todos os custos e as responsabilidades do terminal a outro ponto, deve aplicar-se o DAP ou DDP. O vendedor é responsável pelos custos e os riscos para trazer as mercadorias ao ponto especificado no contrato.
  O vendedor deve garantir que o contrato de transporte espelhe o contrato de venda e é responsável pelos procedimentos de liberação da exportação. O importador é responsável por liberar as mercadorias de importação; executar as formalidades aduaneiras da importação e pagar os impostos e taxas de importação.
- **DAP – *Delivered at Place*** (entregue no local): o vendedor entrega as mercadorias quanto à disposição do comprador no meio de transporte de chegada, pronto para descarregar no lugar de destino nomeado; recomenda-se às partes especificar claramente, se possível, o ponto acordado no local de destino, porque os riscos são transferidos neste ponto do vendedor ao comprador; se o vendedor é responsável por liberar as mercadorias, pagando os impostos, e os demais custos de nacionalização da mercadoria, deverá ser utilizado o termo DDP.
  O vendedor assume a responsabilidade e os riscos de entregar as mercadorias no lugar combinado; é recomendado a ele obter os contratos de transporte de acordo com o contrato de venda, também é responsável pela liberação das mercadorias para a exportação assim como, se o mesmo incorrer em custos de descarga no local de destino, a menos que previamente acordado, não será possível a recuperação de qualquer custo.
  O importador é responsável por efetuar a liberação alfandegária e pagar quaisquer despesas de alfândega.

Termos para Modal Marítimo ou Aquaviário

- **FOB – *Free on Board*** (livre a bordo): a entrega da mercadoria ao comprador se dá a bordo do navio até cruzar a amurada do navio no porto de embarque. O transporte internacional e outras despesas ficarão a cargo do comprador assim como o risco a partir do momento da entrega.

- **FAS – *Free Along Sideship*** (livre no costado do navio): a entrega da mercadoria é efetuada ao importador no costado do navio ou embarcação, no porto de embarque, sendo o importador responsável pelas despesas subsequentes. Deve ainda arcar com o risco de perda ou dano a partir da entrega.
- **CFR – *Cost and Freight*** (custo e frete): a mercadoria é entregue ao comprador quando cruza a amurada do navio, o frete internacional é pago pelo vendedor. Os riscos da mercadoria são do comprador a partir do momento da entrega.
- **CIF – *Cost, Insurance and Freight*** (custo, seguro e frete): a entrega da mercadoria ocorre quando a mercadoria cruza a amurada do navio. As despesas de frete internacional e seguro são pagas pelo vendedor, a partir da entrega da mercadoria o risco passa a ser do comprador.
- **DDP – *Delivered Duty Paid*** (entregue direitos pagos): a entrega da mercadoria ao importador, com os direitos de entrada (impostos) já pagos, ocorre no ponto designado pelo importador. O exportador deve arcar com os riscos de perda ou dano até o momento da entrega.

Uma vez definido o Incoterm, precisamos checar a classificação fiscal da mercadoria para definirmos o seu tratamento administrativo.

Classificação de mercadorias

É a determinação, em uma tabela padronizada com códigos, do melhor enquadramento de uma mercadoria, dentro das regras estabelecidas, em um único código dentre os existentes.

No Brasil (e demais países do Mercosul), essa tabela é a Nomenclatura Comum do Mercosul (NCM), que tem como base o Sistema Harmonizado (SH).

Estrutura do SH

O Sistema Harmonizado consiste de 96 capítulos agrupados em 21 seções. Seus capítulos são numerados de 1 a 97 (pula o capítulo 77 – para poder acrescentar mais produtos quando forem necessários).

Seus códigos com seis dígitos, subdivididos em 1.241 posições, subdivididas em 5.113 subposições, Notas de Seção, de Capítulo e de Subposição; possuindo seis Regras Gerais Interpretativas.

O Sistema Harmonizado é a "linguagem universal do comércio", utilizado em 179 países, cobrindo mais de 98% do comércio mundial.

Composição de um código SH

0207.14

Capítulo 2 (Carnes e miudezas, comestíveis)

Posição 0207 (Carnes e miudezas, comestíveis, frescas, refrigeradas ou congeladas, das aves da posição 0105)

- Subposição de 1º nível 0207.1 (De galos e de galinhas)
- Subposição de 2º nível 0207.14 (Pedaços e miudezas, congelados)

Nomenclatura Comum do Mercosul (NCM)

Tem como base o Sistema Harmonizado, possui código de oito dígitos; seis dígitos SH + dois dígitos Mercosul. Os dois dígitos são acrescentados para atender peculiaridades/interesses do comércio regional.

Estrutura do código NCM

SH

0713 Legumes de vagem, secos, em grão, mesmo pelados ou partidos

0713.3 Feijões

0713.33 Feijão Comum (*Phaseolus vulgares*)

NCM

0713.33.1 Preto

0713.33.11 Para Semeadura

0713.33.19 Outros

(NCM = SH + 2 dígitos Mercosul)

Tarifa derivadas da NCM

Tarifa Externa Comum - TEC

TEC = NCM + alíquotas do imposto de importação praticadas pelos países do Mercosul.

0713.33.11 - alíquota II: 0%

0713.33.19 - alíquota II: 10%

Por que classificar as mercadorias?

É necessário classificar as mercadorias para acompanhamento estatístico; controle das importações e exportações; cobrança dos direitos aduaneiros e outros tributos e simplificação do comércio exterior

A correta classificação na NCM define o tratamento administrativo, a incidência de tributos, os acordos internacionais e facilita a comercialização, a análise e comparações estatísticas entre países.

O responsável pela classificação dos produtos na NCM é a Secretaria da Receita Federal (SRF).

Tratamento administrativo das exportações e importações

Pouco conhecido do grande público, é fato que não podemos exportar ou importar qualquer produto, devemos observar o tratamento administrativo das exportações e importações regulado pelo Ministério do Desenvolvimento Indústria e Comércio (MDIC), segundo a Portaria Secex nº 25 de 27 de novembro de 2008 (capítulo I – importação; e capítulo III – exportação) que pode ser consultada no site do Ministério.

Segundo a Portaria, no capítulo importação, temos as importações permitidas e não permitidas, segundo critérios do tipo de produto e sua origem geográfica. Dentro das permitidas temos os produtos isentos de licenciamento de importação, os produtos que possuem Licenciamento de Importação Automático no SISCOMEX (Sistema Integrado de Comércio Exterior – *software* de uso público administrado pelos seus três gestores: Ministério do Desenvolvimento da Indústria e Comércio, Secretaria da Receita Federal e Banco Central do Brasil) e Licenciamento Não Automático.

Já no capítulo exportação temos as seguintes classificações de produtos exportáveis:

- **Livre:** uma vez atendidas as normas gerais, não há problemas para exportar.
- **Contingenciada:** quando o produto a ser exportado está sujeito a limite quantitativo de interesse do país (ex.: madeira de mogno) ou acordos internacionais (ex.: determinados produtos têxteis para os EUA).
- Sujeita a procedimentos especiais que dependem da anuência de outros órgãos.
- **Suspensa:** quando a exportação não é autorizada, seja pela natureza do produto (folha de jaborandi), ou da operação (exportação em consignação de certos produtos), por determinação normativa, de caráter temporário.

- **Proibida:** quando a exportação não é permitida. Exemplo: animais silvestres, exceto os provenientes de criadouros.

Preço na exportação

Didaticamente, o preço de exportação se constitui do preço do mercado interno menos impostos (na exportação temos isenção, suspensão ou eliminação do IPI, PIS, COFINS, ICMS; o exportador só paga o Imposto de Renda) e despesas referentes ao mercado interno (frete sobre vendas, embalagem mercado interno, despesas de vendas no mercado interno etc.), devendo-se, então, somar as despesas referentes ao mercado externo (embalagem mercado externo, frete até o porto, armazenagem no porto, manuseio de carga no porto, capatazias, despacho aduaneiro). Veja o exemplo a seguir.

A empresa Itália com sede em Milão deseja importar 800 condicionadores de ar de uma empresa brasileira com sede em São Paulo. Sabe-se que a empresa brasileira vende o produto no mercado local ao preço de R$ 113,00. A empresa italiana contatou a empresa no Brasil e solicitou uma cotação CIF com pagamento antecipado.

O IPI incidente é de 15%. O ICMS cuja alíquota é de 18% também já está sendo embutido no preço. Sobre as vendas no mercado interno incidem ainda 1,65% de PIS e 7,60% de COFINS.

A empresa trabalha o produto no mercado interno com uma margem de lucro de 30% sobre o preço no mercado interno, além de um custo de embalagem no mercado interno de R$ 1,50. A comissão sobre vendas no mercado interno é de 3%, as despesas com propaganda são de R$ 0,75; as despesas de distribuição são de R$ 0,50 e as outras despesas que não incidem no mercado externo são de R$ 0,30 a unidade.

A embalagem para o mercado externo custa R$ 1,25, o transporte interno R$ 0,80, o desembaraço aduaneiro R$ 0,12 e outras despesas, R$ 0,40 por unidade. O lucro desejado é 25% do valor FOB, o IR sobre o lucro é de 35% e a comissão do agente internacional é de 5%. O frete internacional é de US$ 2,10 a unidade, e o seguro é de US$ 0,15 a unidade.

Qual é o preço CIF em moeda estrangeira com a taxa de câmbio 1 US$ = 2,15?

Preço de Mercado = R$113,00

(-) IPI 15% = 113/1,15=98,26 (X+0,15X=100)

(-) ICMS 18% = 113*0,18=21,24

(-) PIS 1,65 = 113*0,016=1,86

(-) Cofins 7,60 = 113*0,0760=8,59

(-) Margem de Lucro = 113*0,30= 33,90

(-) Embalagem Mercado Interno = 1,50

(-) Comissão sobre vendas = 113*0,03=3,39

(-) Desp. Propaganda = 0,75

(-) Desp. Distribuição= 0,50

(-) Outras despesas = 0,30

Custo do produto sem impostos e despesas do mercado interno = 26,23

+ Embalagem Mercado Externo = 1,25

+ Transporte Interno = 0,80

+ Desenbaraço Aduaneiro = 0,12

+ Outras Despesas = 0,40

Subtotal componentes do preço na exportação = 28,80

X = 0,25x+0,35(0,25X)+0,05X+28,80,23

1X = 0,25X+0,0875X+0,05X+28,80

1X = 0,3875X+26,2328,80

X-0,3875X=28,80

0,6125X=28,80

X = 28,80/0,6125 = R$47,02 – FOB

Preço FOB U$ = 47,12/2,15=21,87

Transporte Int = U$2,10

Seguro = U$0,15

Preço CIF = Preço FOB em U$ + Transporte internacional + Seguro internacional = 21,87 + 2,10 + 0,15 = U$24,12

Seguem adiante os dados referentes à base jurídica para realização dos cálculos.

- **Incentivos fiscais na exportação:** artigos 228 a 236 do Regulamento Aduaneiro.
- **ICMS:** não incidência de ICMS de acordo com art. nº7 Inc. V Decreto 45.490/00 (RICMS) Item 1 a 6.
- **IPI:** imune conforme art. 18 Inc. II do RIPI.

Custos na importação

A formação do custo de importação possui uma complexidade maior que a formação do preço de exportação. Primeiramente precisamos definir o conceito de valor aduaneiro que será o valor-base para o cálculo dos impostos.

O valor aduaneiro é o somatório do valor da mercadoria mais o frete internacional e o seguro. A partir desse valor efetuamos o cálculo dos impostos cujo exemplo segue adiante.

Um contêiner de 20", importado com um tipo de produto. Cálcule os impostos e contribuições incidentes na importação.

Taxa de Câmbio SISCOMEX US$ = 2,3112

Alíquotas = (II = 19% - IPI = 15% - PIS = 1,65% - COFINS = 7,60% - ICMS = 18%)

Taxa Siscomex = R$ 40,00

FOB= US$ 5.800,00 = R$ 13.404,96

Frete= US$ 250,00 = R$ 577,80

Seg. = US$ 15,00 = R$ 34,67

CIF / VA = R$ 14.017,43

II (19%) = R$ 2.663,31

Total = R$16.680,74

IPI (15%) = R$ 2.502,11

PIS= R$ 331,42 C x (VA x X) 1,65% x (14.017,43 x 1,432950346)

COFINS = R$ 1.526,56 D x (VA x X) 7,60% x (14.017,43 x 1,432950346)

ICMS = R$ 4.627,50

Fórmula para cálculo do PIS/COFINS na importação

$$Cofins_{\ IMPORTAÇÃO} \text{-} dx\ (VA \times X)$$

$$Pis_{\ IMPORTAÇÃO}\ \text{-} cx\ (VA \times X)$$

$$X = \left[\frac{1 + e^{x}[a + b \times (1 + a)]}{(1 - c - d) \times (1 - e)}\right]$$

Cálculo de PIS/COFINS na importação:

$$x = \frac{1 + 0{,}18\ .\ [\ 0{,}19 + 0{,}15\ .\ (1 + 0{,}19)\ ]}{(\ 1 - 0{,}0165 - 0{,}0760)\ .\ (\ 1 - 0{,}18)} \qquad x = \frac{1 + 0{,}18\ .\ [\ 0{,}19 + 0{,}15\ .\ 1{,}19\ ]}{0{,}9075\ .\ 0{,}82}$$

$$x = \frac{1 + 0{,}18\ .\ [\ 0{,}19 + 0{,}1785\ ]}{0{,}74415} \quad x = \frac{1 + 0{,}18\ .\ 0{,}3685}{0{,}74415} \quad x = \frac{1 + 0{,}06633}{0{,}74415} \quad x = \frac{1{,}06633}{0{,}74415}$$

x = 1,432950346

Fórmula para cálculo do ICMS

(CIF + II + IPI + PIS + COFINS + TX SISCOMEX = RESULTADO

RESULTADO / 0,82 (100 – alíquota ICMS) = RESULTADO x 18%) = ICMS

Cálculo do ICMS

14.017,43 + 2.663,31 + 2.502,11 + 331,42 + 1.526,56 + 40,00 = 21.080,83

21.080,83 / 0,82 = 25.708,33 x 18% = **4.627,50**

A seguir estão os dados referentes à base jurídica para feitio dos cálculos.

- PIS e COFINS: artigos 249 a 259 do Regulamento Aduaneiro, **Lei 10.865 de 30 de abril de 2004.**
- Norma de Execução Coana nº 2, de 23 de junho de 2005 (Secretaria da Receita Federal).

TEXTO COMPLEMENTAR

ROTEIRO SIMPLIFICADO DE EXPORTAÇÃO

Roteiro do exportador

Para verificar se sua empresa está preparada para exportar, analise os seguintes pontos.

1. Identificar mercados de destino

A empresa deve avaliar as possibilidades de inserção de seu produto no mercado internacional selecionando países que têm carência do produto fabricado ou apresentem aspectos favoráveis no tocante a preços praticados, tributos, logística, fatores culturais, entre outros.

2. Verificar se o produto fabricado não tem restrições para ser exportado

A empresa deve checar se a legislação brasileira e a aplicada no país escolhido como destino de suas futuras vendas permitem a comercialização do produto em questão. Essa verificação pode ser feita junto aos órgãos governamentais, como a Secretaria de Comércio Exterior, a Secretaria da Receita Federal, o INMetro, e também junto às Câmaras de Comércio Bilateral, que fornecem informações sobre certificados e documentos exigidos nos países que representam.

3. Efetuar o credenciamento como exportador

O empreendedor que deseja vender seu produto no exterior deve certificar-se de que sua empresa está devidamente constituída e legalizada, condições essenciais para que ela possa exportar. Para obter plena habilitação para exportar, a empresa deve efetuar o credenciamento no Cadastro de Exportadores e Importadores (REI.) no Sistema Integrado de Comércio Exterior (SISCOMEX) e no sistema de Registro e Rastreamento da Atuação de Intervenientes Aduaneiros (RADAR). Para efetuar o credenciamento em ambos os sistemas, é necessário que o representante da empresa que responde pelo CNPJ compareça à Inspetoria da Receita Federal de sua região e apresente a documentação solicitada. O credenciamento leva em média dez dias.

4. Obter informações sobre a incidência de impostos e sobre os incentivos às exportações

As informações referentes à tributação na exportação sobre qualquer produto podem ser fornecidas pela Secretaria da Receita Federal. As exportações brasileiras são beneficiadas por incentivos fiscais e tributários que compreendem a não incidência de IPI e ICMS, a isenção do COFINS e PIS, a manutenção de créditos fiscais de IPI e ICMS, crédito presumido do IPI, a redução da alíquota do Imposto de Renda na remessa de divisas para o exterior para pagamento de despesas de promoção comercial de produtos brasileiros e a utilização do *drawback* (suspensão ou isenção do recolhimento de taxas e impostos incidentes na importação de bens utilizados na fabricação de produtos exportados ou a exportar).

5. **Enviar informações sobre o produto ao importador, tais como catálogos, lista de preços e amostras**

   Identificado o cliente com potencial, a empresa deve fazer contato, enviando o maior número de informações possíveis sobre seu produto e colocar-se à disposição para enviar esclarecimentos técnicos mais detalhados e sobre sua atuação comercial.

6. **Definir se a exportação vai se realizada com ou sem intermediário**

   A empresa deve analisar qual a melhor opção para suas vendas, se diretamente, sem a atuação de intermediários, emitindo a fatura proforma em nome do importador, providenciando a documentação e recebendo o pagamento diretamente de seu cliente, ou se por meio de uma empresa comercial exportadora, uma *trading companies* e outras opções de exportação indireta.

7. **Formalizar o negócio**

   O negócio deve ser formalizado mediante o envio de fatura proforma com a previsão de entrega, a via de embarque (transporte aéreo, marítimo ou terrestre), a condição de venda (Incoterm) e a modalidade de pagamento (antecipada, remessa direta, cobrança documentária ou carta de crédito), para aprovação do importado. Após a aceitação do produto pelo importador, a empresa precisará negociar outros aspectos, sendo, para tanto, fundamental conhecer os compromissos assumidos em cada condição de venda (Incoterm), bem como calcular o preço com base em tais condições. Somente depois deve negociar com o importador as melhores opções para sua venda, inclusive em termos de modalidade de pagamento e local de embarque. A fatura proforma deve conter o logotipo da empresa e as informações reproduzindo a negociação realizada, tais como a descrição da mercadoria, quantidades, peso, preço unitário e total, o Incoterm, modalidade de pagamento, o meio de transporte e tipo de embalagem.

8. Preparar a mercadoria para ser embarcada

Programar a produção para entregar as quantidades e especificações acordadas com o cliente. Caso não haja mercadoria em estoque, a empresa deve programar a produção, de forma a atender aos prazos e especificações negociados e contidos na fatura proforma, não esquecendo os controles de qualidade.

9. Confirmar com o importador se já providenciou a abertura da carta de crédito ou o pagamento e solicitar a autorização para efetuar o embarque

Concluída a produção, o exportador deverá solicitar ao importador a confirmação da abertura da carta de crédito, avisando que a mercadoria já está pronta para ser embarcada. Embora haja outras formas de pagamento, a segurança oferecida por essa modalidade faz com que seja a mais utilizada no comércio internacional. O importador deve enviar uma autorização de embarque.

10. Providenciar o processo de preparação da documentação pré-embarque

De posse da autorização de embarque emitida pelo importador, a empresa deve providenciar a seguinte documentação: Romaneio ou *Packing List*, Nota Fiscal, RE – Registro de Exportação, Conhecimento de Embarque e Certificados, se for o caso.

11. Embarque da mercadoria e despacho aduaneiro

Após a emissão de tais documentos, a empresa deverá efetuar o embarque dos bens, providenciando o despacho aduaneiro na Secretaria da Receita Federal, pois a verificação física e da documentação é realizada por seus agentes nos terminais aduaneiros. Todas as etapas do despacho podem se feitas por meio do SISCOMEX pelos despachantes credenciados.

12. Efetuar a contratação da operação de câmbio

A empresa deve negociar com uma instituição financeira autorizada a conversão do valor em moeda estrangeira, relativo à aquisição da mercadoria, para o pagamento em reais, mediante a formalização de um contrato de câmbio.

13. Preparar a documentação pós-embarque

Fatura Comercial, RE, SD – Solicitação de Despacho, Saque ou Cambial, Apólice de Seguros, Visto Consular, Conhecimento de Embarque, e certificados de origem, se for o caso. Esses documentos serão apresentados ao importador.

14. Apresentar os documentos ao importador

A documentação acima deverá ser apresentada a um banco indicado pelo importador, demonstrando, na hipótese de utilização de carta de crédito, que todas as especificações demandadas pelo importador foram cumpridas.

15. Liquidação do câmbio

Quando a carta de crédito ou o pagamento em moeda estrangeira forem transferidos para o banco do exportador, deverá ser feita a liquidação do contrato de câmbio de acordo com as condições nele descritas, com o recebimento pelo exportador do valor da exportação em reais.

Fonte: SEBRAE. Roteiro simplificado de exportação. Disponível em: <http://www.internacionalizacao.sebrae.com.br/portal/exportar/mostrar.php?idComoExportar=9>. Acesso em: 11 mai. 2010.

Referências

BIZELLI, João dos Santos. *Importação, sistemática administrativa, cambial e fiscal*. São Paulo: Aduaneiras, 2006.

FARO, Ricardo; FARO, Fátima. *Curso de comércio exterior:* visão e experiência brasileira. São Paulo: Atlas , 2007.

LUDOVICO, Nelson. *Logística internacional:* um enfoque em comércio exterior. São Paulo: Saraiva, 2007.

REGULAMENTO ADUANEIRO - **Decreto n. 6.759, de 5 de fevereiro de 2009.** Presidência da República do Brasil – Disponível em: <www.planalto.gov.br/ccivil_03/_Ato2007-2010/2009/Decreto/D6759.htm>. Acesso em: 20 ago. 2010.

TAGLIACOLLO SILVA. *Logística no comércio exterior*. São Paulo: Aduaneiras, 2008.

ULTEMAR DA SILVA, José. *Gestão das relações econômicas internacionais e comércio exterior*. São Paulo: Cengage Learning, 2008.

VAZQUEZ, José Lopes. *Comércio exterior brasileiro*. São Paulo: Atlas, 2004.

VIEIRA, Guilherme Bergmann Borges (org.). *Logística e distribuição física internacional*. São Paulo: Aduaneiras, 2006.

Sites consultados:

<http://www.desenvolvimento.gov.br>

<http://www.receita.fazenda.gov.br>

<http://www.brasiltradenet.gov.br>

<http://www.guiamaritimo.com.br>

<http://www.apexbrasil.com.br>

<http://www.portaldoexportador.gov.br>

<http://www.iccwbo.org>

14

CENÁRIOS E TENDÊNCIAS DA LOGÍSTICA

VISÃO DO CAPÍTULO

É realizada uma abordagem da situação presente dos sistemas logísticos no quadro nacional com breves comparações com outros países. Aspectos como a armazenagem de materiais, novas formas de comprar, perfil dos compradores, os operadores logísticos e os sistemas de transporte são o alvo dessa explanação. As questões relacionadas à infraestrutura logística em nossa região e os meios para se atingir uma condição mais competitiva também são elementos tratados neste capítulo, salientando aspectos como o potencial de mercado e oportunidades assistidas nesse cenário. De forma simplificada, é possível dizer que o texto a seguir procura apontar a situação atual no âmbito mercadológico e as dificuldades sentidas pelas organizações que adquirem e prestam serviços logísticos em nosso país. Os dados levantados são extraídos de diversas entidades relacionadas ao meio logístico, além de fontes oficiais. Dessa forma se espera desta apresentação que possamos compreender melhor a logística, suas limitações e as possíveis perspectivas que podem ser formadas no médio e longo prazos.

OBJETIVOS DO CAPÍTULO

- Apresentar o contexto atualizado do processo logístico, tanto no aspecto da área de suprimentos como das atividades e transporte;
- Formar uma visão crítica quanto às condições enfrentadas pelas empresas que adquirem serviços logísticos fornecendo base quanto às expectativas do nível de serviço;
- Fortalecer a visão do leitor no que tange a cenários e processos realizados, condições e infraestrutura disponível, bem como o perfil das empresas que atuam nesse segmento;
- Preparar o leitor para o aprofundamento de seus conhecimentos em áreas afins, subsidiando-o com dados e informações para constituição de sua visão crítica.

14.1 Introdução

Assistimos a uma mudança intensa na competição entre as corporações em seus mercados de atuação. Procedimentos de trabalho, mecanismos produtivos e processos empresariais estão sendo constantemente redesenhados, buscando dessa forma auferir às organizações alguma condição competitiva e a formatação de diferenciais que permitam sua manutenção em um contexto de redução de preços, alterações no que tange à fidelização e à busca de acompanhar com menor impacto as mudanças de comportamento do consumidor.

O processo logístico está representado para o mundo atual como uma das mais recentes vertentes para a busca da produtividade, melhoria da qualidade, redução de custos e ampliação do nível de serviço. É possível vislumbrar corporações que se encontravam passivas, dotadas de tradição, reconhecimento e gozando de condições confortáveis quanto à participação de mercado, reativando todos seus recursos de divulgação, comunicação com o público e buscando freneticamente a identificação de seus consumidores potenciais, visando adequarem-se a esse pleito.

Recentemente assistimos a um grande fabricante de motocicletas instalado no Brasil, detentor de 72% do mercado nacional, aplicar seus esforços na divulgação e consolidação de um produto presente há mais de 40 anos em seu portfólio, o qual já responde por mais de 65% de suas vendas. Isso é tipificado como uma resposta à entrada de produtos trazidos por empresas brasileiras de concorrentes chineses e indianos.

As transformações do processo produtivo, tão importantes e significativas até meados do século passado, reduziram sua expressão e assim minimizaram seu impacto no ambiente de negócio altamente competitivo ao qual as corporações estão expostas. Situações antes traduzidas como concorrência doméstica, agora figuram com *players* que se localizam não mais do outro lado da rua, bairro, cidade, estado, país ou mesmo continente: é comum nos depararmos com competidores que vêm do outro lado do globo terrestre, com condições competitivas audaciosas, quando comparadas ao perfil de mercado ao qual nossas empresas estavam condicionadas.

Informações recentes dão conta de que, no Brasil, as vendas de veículos importados galgaram crescimentos da ordem de 140%, nos últimos 12 meses. Situações desse gênero demonstram a dimensão dessas ameaças aos participantes do mesmo contexto de negócio, como ilustram as transformações observadas no mercado interno, onde um tradicional produtor de palhas de aço, que conseguiu transformar ao longo do tempo sua marca em sinônimo do produto, viu-se obrigado a reativar estratégias, incluindo-se até o garoto propaganda associado ao produto por décadas.

Não é uma questão de lamentar as condições de competição, os aspectos de custo de mão de obra, o regime tributário ou até mesmo as desigualdades relacionadas às políticas sociais das nações, mas de desenvolver condições de competição que fortaleçam o produto de cada organização, sua imagem e o estabelecimento de diferenciais que gerem no consumidor um senso de custo-benefício, atraindo-o e procurando-se manter um cenário de preferências, uma vez que o conceito de fidelização tem-se apresentado menos eficiente e mais difícil de ser praticado pelas organizações. A tendência em nosso país não é mais uma balança comercial extremamente superavitária, mas sim de equilibrio entre importações e exportações, como demostra o gráfico a seguir:

Gráfico 14.1 Exportação e importações brasileiras (2004 a 2009)

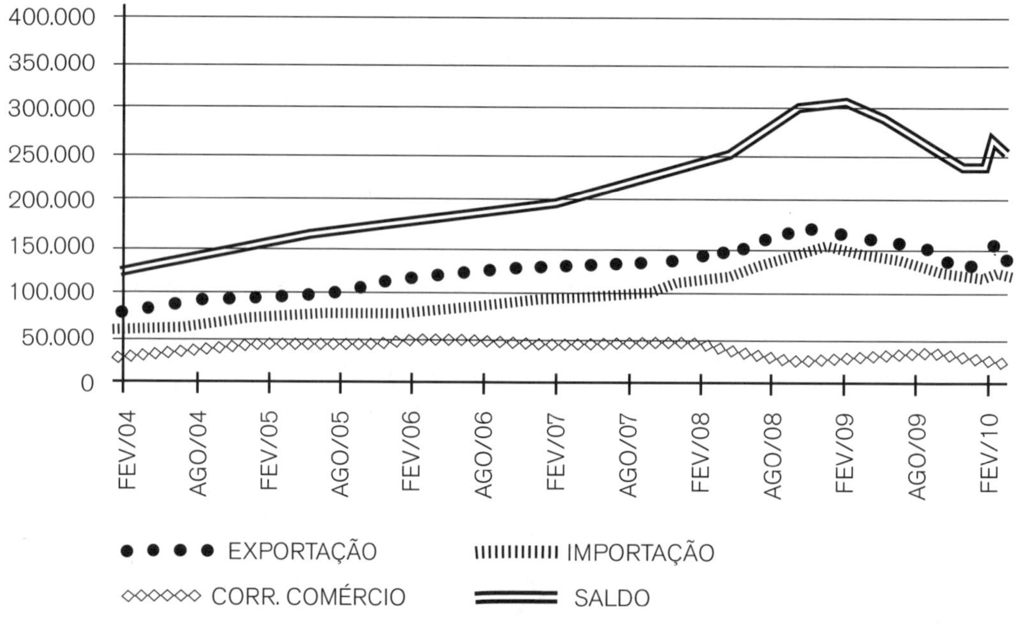

Fonte: Ministério do desenvolvimento, indústria e comércio exterior, 2010.

No propósito da logística, procurarei nortear minha análise dos cenários observando sua atuação em segmentos de negócio que permeiam a definição de logística, na qual temos que "o processo de gerenciamento estratégico da compra, do transporte e da armazenagem de matérias-primas, partes e produtos acabados (além dos fluxos de informação relacionados), por parte da organização e de seus canais de marketing, de tal modo que a lucratividade atual e futura sejam maximizadas mediante a entrega de encomendas com o menor custo associado" (Christopher, 2009, p. 3).

Para que possamos nos posicionar, o custo logístico brasileiro é relativamente alto perante os países de mesmo porte e padrão econômico, girando em torno de 12% do Produto Interno Bruto (PIB), enquanto países como os Estados Unidos têm esse número na casa dos 8%. Questões como a distribuição dos modos de transporte, o custo Brasil e aspectos relacionados à infraestrutura tanto das vias como de ordem portuária e aeroportuária colocam nosso país em condições delicadas quanto à distribuição desses custos na matriz competitiva mundial.

Gráfico 14.2 Custos logísticos Brasil x EUA

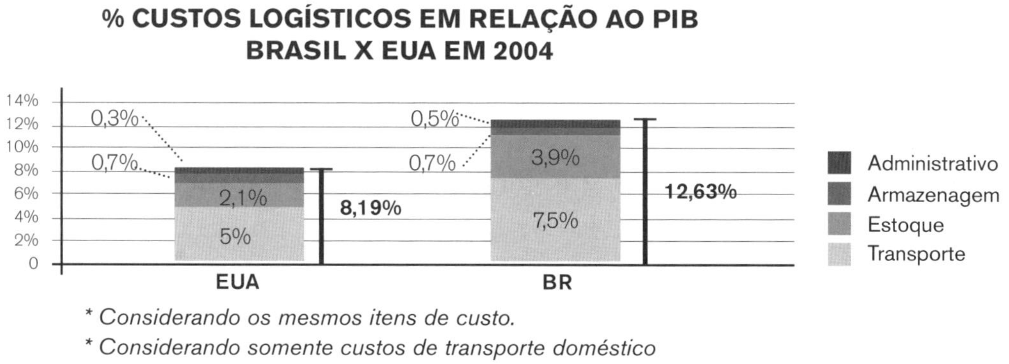

Fonte: Lima, 2006.

Para conhecermos o impacto das operações logísticas na economia mundial, devemos observar o volume de gastos apontados na tabela a seguir, a qual representa 11% do PIB mundial, girando na casa dos US$ 3,2 trilhões.

Tabela 14.1 Exportação e importações brasileiras em 2009

REGIÃO	CURSOS LOGÍSTICOS US$ BILHÕES
América do Norte	1.137
Europa	870
Ásia	824
América do Sul	220
África	77
Oceania	63
América Central	15
Total Mundial	**3.206**

Fonte: Lima, 2006.

Os segmentos de negócio no Basil ainda amargam custos de transporte elevadíssimos com relação à receita líquida das organizações, comprometendo a capacidade das empresas de disputar em condições de igualdade com o produto produzido em outros mercados.

Gráfico 14.3 Custos com transporte em relação à receita líquida das empresas

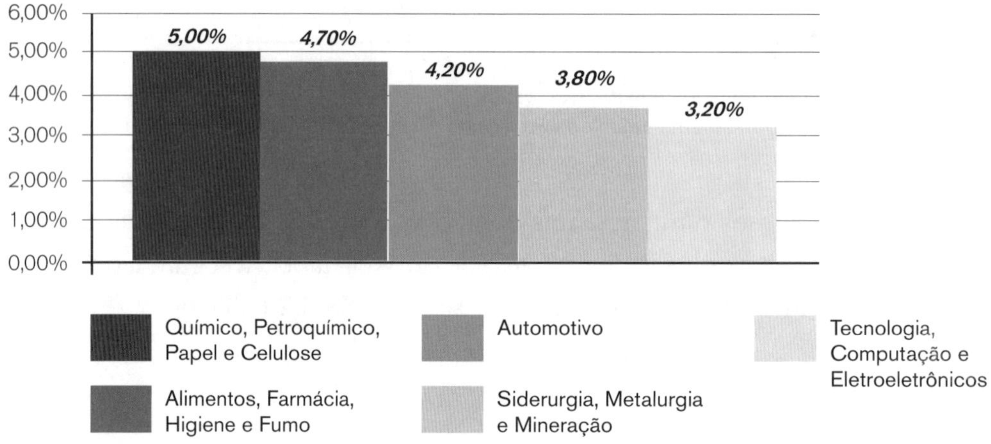

Fonte: Silveira, 2009. apud CEL/COPPEAD, 2007.

Assim, identificamos diversas fronteiras nas quais a logística está presente, apontando-a como meio potencial de ampliação da capacidade competitiva. É possível vislumbrarem-se pesquisas que apontam o esforço das empresas em desenvolver seu potencial logístico. A seguir vemos as principais áreas da logística que são o foco das organizações e sua intenção de investimentos em parcerias.

Gráfico 14.4 Pretende terceirizar/ampliar terceirização

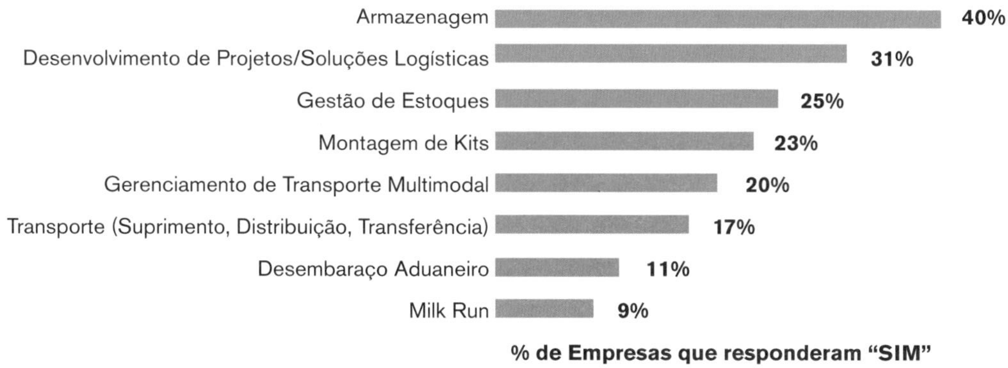

Fonte: Figueiredo, Fleury, Wanke, 2003, p. 323.

14.2 A logística de suprimentos

Os aspectos ligados ao processo de compras têm sofrido grandes transformações, partindo do perfil do comprador até os novos mecanismos e técnicas de aquisição. É possível verificarem-se alterações nas sistemáticas de compras, desde a iniciativa privada até o setor público. As organizações e o poder público perceberam que o processo de aquisição é um fator decisivo na busca de condições competitivas apoiadas em qualidade, disponibilidade e preços.

A mudança de perfil do comprador faz parte dos condicionantes para operacionalizar esse novo cenário no qual a aquisição não é mais realizada em condições locais, mas sim em regime de *global sourcing*, ou seja, o fornecedor ideal pode estar em qualquer parte do globo terrestre. Outra mudança que deve ser destacada refere-se ao perfil profissional do comprador, em que se lida com números que norteiam 60% dos custos de uma organização. Dessa forma, percebe-se que, para tanto, o comprador passa a representar um forte impacto sobre os custos finais dos processos, sendo necessário um grande preparo técnico, de negociação e de relacionamento para a busca de fontes competitivas, com a competência necessária. A seguir é apresentada uma amostra desses perfis, em função dos estágios que podem ser localizados na cronologia da área de compras, no ambiente empresarial.

Tabela 14.2 Desenvolvimento do comprador e qualificações exigidas

	ALGUMAS DAS QUALIFICAÇÕES EXIGIDAS					
ESTÁGIOS (de 1 a 5)	ESCOLARIDADE	FAIXA ETÁRIA	SEXO	CONHECIMENTO INTERNACIONAL	CONHECIMENTOS EM TECNOLOGIA DA INFORMAÇÃO	ORIGEM (RECRUTAMENTO INTERNO)
1. Primitivo (até o final dos anos 1970)	SEGUNDO GRAU Completo	45 anos e acima	Masculino	Não essencial	Não essencial	Independente da área
2. Conscientização (de 1980 a 1990)	SUPERIOR Cursando	40 a 45 anos	Masculino	Não essencial	Recomendável, mas não essencial	Áreas técnicas (ferramentaria, por exemplo)
3. Desenvolvimento (de 1990 a 1995)	SUPERIOR COMPLETO Administração	35 a 40 anos	Masculino prevalece	Recomendável, mas não essencial	Básico: mas era fator ganhador da vaga	Logística e Engenharia
4. Maturação (de 1995 a 2002)	SUPERIOR COMPLETO Administração/ Engenharia	30 a 35 anos	Masculino Feminino	Fator exigido como qualificador ao cargo	Essencial no uso de redes e ferramentas da TI	Logística Engenharia Produtos
5. Avançado (atualmente)	SUPERIOR COMPLETO e MBA em curso	30 anos em média	Masculino Feminino (70 a 30%)	Vivência no exterior de 6 meses, geralmente na matriz	Essencial no uso de redes e ferramentas da TI e Internet	Logística / Engenharia Produtos / Tecnologia da Informação

Fonte: Lima, 2004, p. 41.

A iniciativa privada tem-se utilizado vastamente de aspectos como a tecnologia de informação, agregando valor aos processos e permitindo a busca de fontes e preços mais competitivos. Ferramentas como o Bionexo permitem às empresas da área de saúde a cotação automatizada de seus insumos de processo e a aquisição com redução de tempo e desenvolvimento de preços muito mais competitivos. Dessa forma, expõem para a cadeia de fornecimento um maior conhecimento dos mercados potenciais.

Figura 14.1 Site Bionexo para aquisição de suprimentos hospitalares

Fonte: Bionexo, 2010.

As entidades públicas desenvolveram o mecanismo de Sistema de Registro de Preços (SRP), o qual permite maior agilidade, ganhos de produtividade e redução dos processos licitatórios e de armazenagem. Assim, é possível entender o SRP como um sistema de compras pelo qual a administração pública, por meio de licitação, seleciona a proposta mais vantajosa, sendo que o licitante vencedor registrará o seu preço junto ao órgão competente por certo período, através de uma ata específica, e a aquisição ou contratação só será realizada quando melhor convier aos órgãos ou entidades que integram a ata.

Percebe-se que o conceito do SRP é perfeitamente adequado para a compra de materiais de consumo ou de uso frequente, pois o próprio legislador indica essa situação. Dessa forma, o SRP apresenta vantagens consideráveis para esse tipo de aquisição, podendo ser considerado um grande avanço para a desburocratização dos processos de licitação, agilizando as contratações (Nunes, Rodrigues E Moia, 2007). A seguir vemos a vantagem gerada pelo sistema no ano de sua implantação.

Gráfico 14.5 Economia com as modalidades de licitação

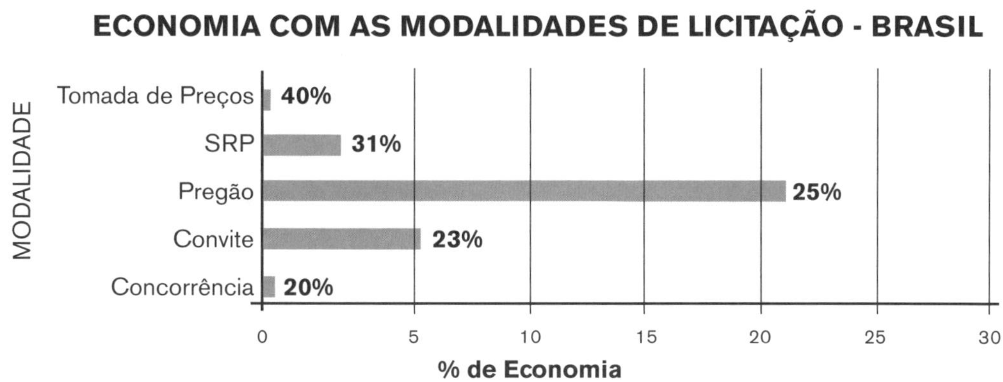

Fonte: Carvalho, 2008, p. 55.

14.3 A logística de armazenagem

A armazenagem tem-se tornado fundamental para garantir a redução dos tempos de atendimento em um mercado em que o *lead time* de atendimento tem sido reduzido significativamente nas empresas. Pesquisas demonstram que a média de pedidos atendidos por um armazém chega a 5.850 no setor de fumo, ou mesmo 4.609, no varejo. Esses parâmetros são intensificados quando verificamos que o tempo médio de entrega dos supermercadistas, no atendimento a esses pedidos, chega a 2,1 dias, contra um cenário de melhor desempenho de 1,7 dia, em condições ideais.

Entre 1998 e 2005 foram investidos mais de US$ 1,05 bilhão pelas empresas em operações de armazenagem. Tais investimentos visam atender às novas complexidades do segmento de atuação e garantir, dessa forma, a possibilidade de se minimizar o custo logístico total. Quando se observam os operadores logísticos, em uma pesquisa realizada entre 93 empresas industriais listadas entre as 500 maiores da revista *Exame*, pode-se ter uma ideia do envolvimento dessas empresas no processo logístico e do significado das operações de gestão de estoque e de armazenagem.

Gráfico 14.6 Empresas de atividade industrial e sua relação com as operações logísticas

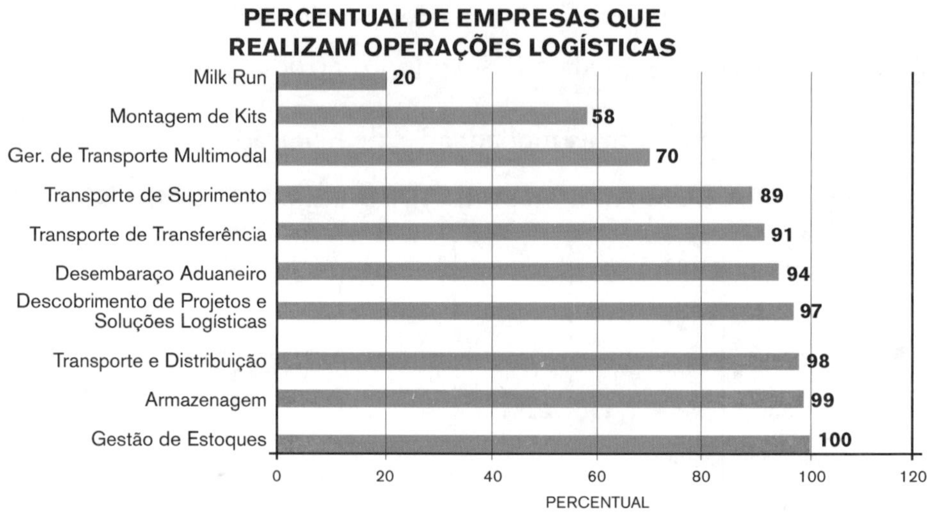

Fonte: Figueiredo, Fleury, Wanke, 2003, p. 51.

Os principais investimentos dão conta de novas tecnologias de controle e de identificação de produtos no armazém, bem como de sistemas automatizados de armazenagem e de resgate de material. O investimento em tecnologia de informação tem sido intenso, não somente nos operadores logísticos, mas também nas empresas que detêm processos logísticos em seu portfólio de atividades.

Os investimentos no sistema de armazenagem não podem desconsiderar o agronegócio, no qual temos um terço do PIB de nosso país, 44% das exportações e 37% dos empregos. Atualmente o Brasil passa por uma baixa capacidade de armazenagem de sua produção, o que implica problemas relacionados a esta, haja vista os fatos relacionados ao seu escoamento no plano nacional, decorrentes das dificuldades de infraestrutura e de problemas portuários.

Tabela 14.3 Comparativo entre produção e armazenagem na agricultura brasileira

BRASIL COMPARATIVO DE PRODUTIVIDADE E ARMAZENAGEM SAFRA 2006/2007					
REGIÃO/UF	PRODUÇÃO (Em mil t)	NÚMERO DE ARMAZÉNS	CAPACIDADE TOTAL	DEFASAGEM	
				(Em mil t)	%
NORTE	3.743,8	480	2.300,0	-1.443,8	-38,6
NORDESTE	10.483,6	1.099	6.987,2	-3.496,4	-33,4
CENTRO-OESTE	42.608,7	3.875	42.408,1	-200,6	-0,5
SUDESTE	16.487,3	2.707	20.450,4	3.963,1	24,0
SUL	57.401,3	8.396	51.175,4	-6.225,5	-10,8
BRASIL	130.724,7	16.557	123.321,5	-7.403,2	-5,7

Fonte: Companhia Nacional de Abastecimento (CONAB), 2006, p. 6.

Outro ponto que deve ser destacado diz respeito à capacidade de armazenagem citada: por mais curioso que possa parecer, existem apenas 11% situados nas fazendas, ao passo que 52% dessa capacidade localizam-se nas cidades. Isso provoca a quebra excessiva da safra no transporte e as dificuldades do agricultor em obter melhores preços para sua lavoura, além de precisar pagar para realizar o processo de armazenagem e guarda de sua produção, onerando ainda mais seu produto. Complementando a localização dos armazéns, temos 32% na zona rural e 5% nas áreas portuárias. Esse cenário é comparado com o de outros países, na tabela a seguir:

Tabela 14.4 Comparativo entre produção e armazenagem na agricultura

A COMPARAÇÃO COM OUTROS PAÍSES	
Quanto da capacidade de armazenagem está instalado nas fazendas	
Brasil	**11%**
Argentina	**40%**
União Europeia	**50%**
Estados Unidos	**65%**
Canadá	**80%**

Fonte: Portal Exame, 2006; Conab, 2006.

É ainda curioso como 92% da capacidade estejam nas regiões Sul, Centro-Oeste e Sudeste, sendo que 5% dessa capacidade são oficiais, 21% de cooperativas e 74% privados, dos quais 11% são de pessoas físicas e 89% pertencem a pessoas jurídicas. No que tange à capacidade de armazenagem, especialistas consideram como condição ideal em torno de 20% acima dos níveis de produção.

14.5 Os prestadores de serviço logístico

A figura do operador logístico tem obtido significado na economia nacional. Diariamente é possível assistir à ampliação da gama de atividades terceirizadas pelas empresas contratantes e, paralelamente, aos ganhos no portfólio de serviços, em que os prestadores têm desenvolvido competências, na intenção de atender às expectativas do mercado consumidor desses serviços. A seguir, é possível observar as principais atividades logísticas terceirizadas e suas respectivas participações:

Tabela 14.5 Atividades logísticas terceirizadas

	BRASIL	AMÉRICA DO NORTE	EUROPA	ÁSIA PACÍFICO
TRANSPORTE DOMÉSTICO	91%	77%	91%	85%
DESEMBARAÇO ADUANEIRO	88%	65%	58%	78%
LOGÍSTICA REVERSA	66%	32%	33%	29%
ARMAZENAGEM	64%	71%	68%	73%
CROSS DOCKING	41%	36%	35%	26%
MONTAGEM DE KITS	26%	31%	33%	34%

Fonte: Barros, 2009.

Gráfico 14.7 Principais atividades logísticas terceirizadas e suas classificações

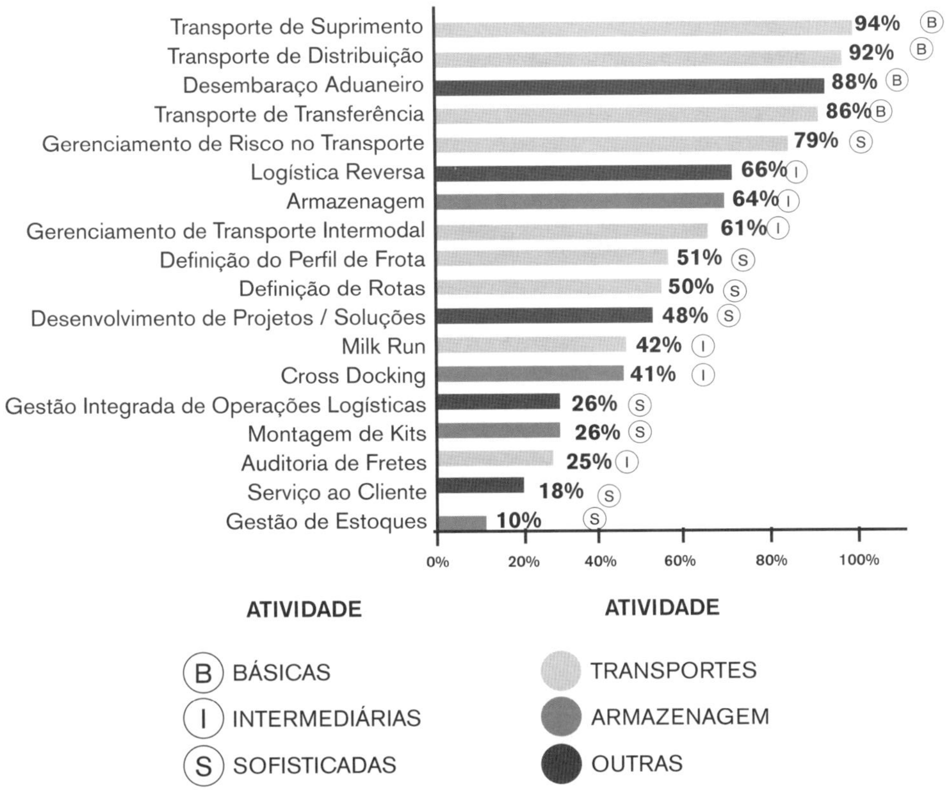

Fonte: Barros, 2009.

A busca por operadores logísticos pelas empresas está relacionada com a necessidade de se focarem as atividades e de se buscarem competências complementares, além de se instituir uma política de redução de custos, por meio da contratação de empresas especializadas nas atividades de perfil logístico. A dimensão do crescimento das empresas prestadoras de serviços logísticos é ilustrada a seguir:

Gráfico 14.8 Receita média dos prestadores de serviço logístico (PSL)

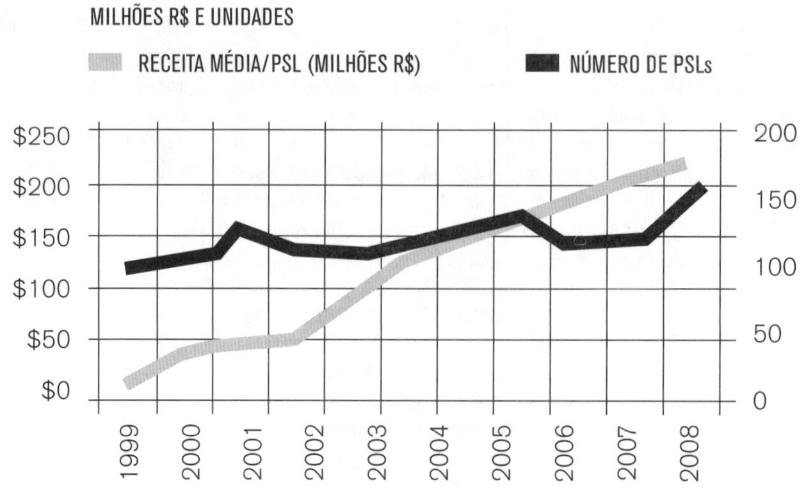

Fonte: Instituto ILOS, 2010.

Tabela 14.6 Análise da receita média dos PSL

ANO	RECEITA MÉDIA/PSL (MILHÕES R$)	NÚMERO DE PSLs
1999	$ 16	98
2000	$ 32	107
2001	$ 38	124
2002	$ 53	114
2003	$91	112
2004	$139	118
2005	$160	133
2006	$178	122
2007	$203	125
2008	$221	156

Fonte: Revista Tecnologística
Análises: Instituto ILOS

Apesar de as condições serem propícias a esse desenvolvimento, existe uma baixa capacidade dos operadores, capacidade esta traduzida em investimentos e questões de competência decorrentes de um aparente modismo no segmento.

Esse cenário vem deixando as empresas contratantes com dificuldades no que tange à qualidade do serviço prestado, em que organizações especializadas em segmentos específicos do processo logístico têm se aventurado por mercados que desconhecem, comprometendo a efetividade dos processos de contratação de operadores. As questões relacionadas a investimentos podem ser percebidas nos dados a seguir, sobre propriedades de licenças de *software*.

Quadro 14.1 Evolução da demanda de operadores logísticos no Brasil (1998-2003)

	DO PRÓPRIO EMBARCADOR	DO PSL	NÃO UTILIZA, OU NÃO SE APLICA
• Radiofrequência	38%	10%	52%
• Código de Barras	52%	5%	43%
• Separação / *picking*	43%	11%	46%
• Endereçamento	49%	13%	38%
• Auditoria de Frete	52%	3%	55%
• Programação de Embarque	50%	15%	35%
EXISTEM DUAS EXCEÇÕES			
• Rastreamento de Veículos	4%	56%	40%
• Roteirização	24%	32%	44%

APLICATIVOS DE ARMAZENAGEM — APLICATIVOS DE TRANSPORTE

Fonte: Fleury, 2004.

Tal desempenho acaba sendo alimentado pelos contratantes, uma vez que, segundo uma pesquisa realizada pelo CEL/COPPEAD em 2003, mostra-se que o principal fator na contratação de um prestador ainda é o preço, seguido pela experiência e, somente depois, pela qualificação. Embora esses resultados estejam muito próximos, é possível perceber onde se encontra uma parte significativa do problema. O gráfico a seguir apresenta a evolução da demanda por operadores logísticos no Brasil.

Gráfico 14.9 Evolução da demanda de operadores logísticos no Brasil (1998-2003)

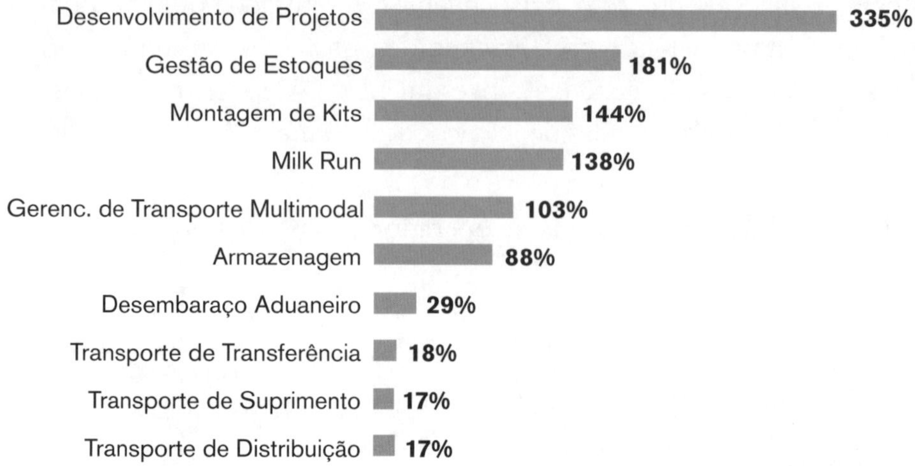

Fonte: Fleury, 2004.

14.6 O cenário do transporte

Propositalmente, deixamos este item para o final de nossa discussão, uma vez que o sistema de transporte talvez seja a parte do cenário logístico mais bem provido de dados e informações. O processo de transporte, como já discutido em outros capítulos, é fundamental para garantir a disponibilidade dos recursos para o sistema produtivo, ou do produto acabado junto ao mercado consumidor. É um elo fundamental da cadeia de suprimentos de uma organização e da formação de riqueza para uma nação, uma vez que permite que os excessos produzidos sejam disponibilizados a mercados que tenham necessidade.

O primeiro fator a ser apresentado aponta a disposição dos modais de transporte praticados no mundo, dos quais, no Brasil, temos a predominância do aspecto rodoviário, principalmente decorrente de decisões políticas tomadas no passado. A seguir é possível observar os principais aspectos relacionados às distribuições dos modais no Brasil e em outras economias:

Quadro 14.2 Distribuição dos modais entre o Brasil e demais países

MODAL	CENTUAL DA CARGA (TKU	
	BRASIL (1)	EUA (2)
AÉREO	0,1%	0,4%
DUTOVIÁRIO	4,4%	19,9%
AQUAVIÁRIO	13,5%	13,9%
RODOVIÁRIO	58,5%	29,0%
FERROVIA	23,5%	36,8%

Fonte: Figueiredo e Eiras, 2007/ Passos.

O tipo de modal influencia diretamente os custos de distribuição de produtos. A relação entre um modal e seu custo é decorrente, principalmente, de sua capacidade e de sua eficiência energética. O Brasil tem feito um grande esforço político e econômico no sentido de minimizar a participação do modal rodoviário e permitir a ampliação dos demais, principalmente no que se refere à utilização racional dos mesmos. Entre 1996 e 2005 é possível perceber uma transferência do modal rodoviário para o ferroviário, uma escolha muito mais barata e racional em um país de dimensões continentais, conforme demonstrado a seguir:

Tabela 14.7 Distribuição dos modais em seis períodos no Brasil

MODO	(%)					
	1996	1997	1998	1999	2000	2005
AÉREO	0,33	0,26	0,31	0,31	0,33	0,40
AQUAVIÁRIO	11,47	11,56	12,69	13,19	13,86	13,0
DUTOVIÁRIO	3,78	4,55	4,44	4,61	4,46	3,60
FERROVIÁRIO	20,74	20,72	19,99	19,6	20,86	25,00
RODOVIÁRIO	**63,68**	**62,91**	**62,57**	**62,29**	**60,49**	**58,00**
TOTAL	100,00	100,00	100,00	100,00	100,00	100,00

Fonte: Viana, 2007.

Gráfico 14.10 Matriz de transportes – Comparativo Internacional

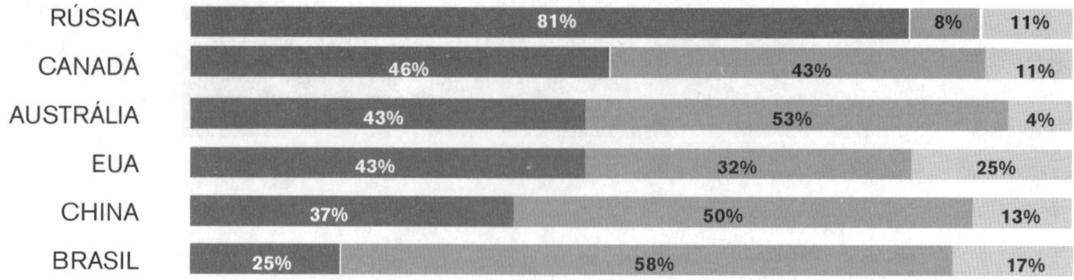

Fonte: Associação Brasileira da Indústria de Base (ABDIB).

14.6.1 Transporte aéreo

Quanto à caracterização do modal aéreo, o Brasil tem hoje 80% do mercado centrado em quatro empresas, sendo elas TAM, Gol, Varig e Oceanair (Agência Nacional de Aviação Civil – ANAC). Atualmente contamos com mais de 12.100 aeronaves registradas em atividade, das quais São Paulo detém 3.641 registros, representando mais de 634 milhões de quilômetros e mais de 1 milhão de horas voadas, com aproveitamento de 69% para passageiros e 63% para cargas. São mantidas no Brasil mais de 44 mil vagas de empregos diretos no setor, sendo 87% dessas vagas na empresas Gol e TAM.

O cenário de movimentação apresentado pelo transporte aéreo entre 2007 e 2009, bem como a distribuição da frota operante no Brasil no último decênio, são demonstrados a seguir:

Tabela 14.8 Movimentação aérea no Brasil – Aeronaves, passageiros, carga e mala-postal

MOVIMENTO OPERACIONAL ACUMULADO /// 2007-2009												
Ano	Aeronaves (unid.)			Passageiros (unid.)			Carga Aérea (kg)			Mala Postal (kg)		
	Domest.	Intern.	Total	Domest.	Intern.	Total	Domest.	Intern.	Total	Domest	Intern.	Total
2007	1.884.142	157.891	2.042.033	97.951.731	12.618.036	110.569.767	620.885.343	697.728.692	1.318.614.035	300.300.927	33.352.585	333.653.512
2008	1.965.206	163.618	2.128.824	99.974.794	13.288.743	113.263.537	640.951.322	631.167.131	1.272.118.453	211.164.106	15.187.502	226.351.608
2009	2.132.629	158.321	2.290.950	115.002.400	13.133.216	128.135.616	576.883.727	537.870.528	1.114.754.255	168.475.836	13.035.738	181.511.574

Fonte: elaborado pelo autor/INFRAERO, 2010.

Gráfico 14.11 Distribuição da frota operante no Brasil

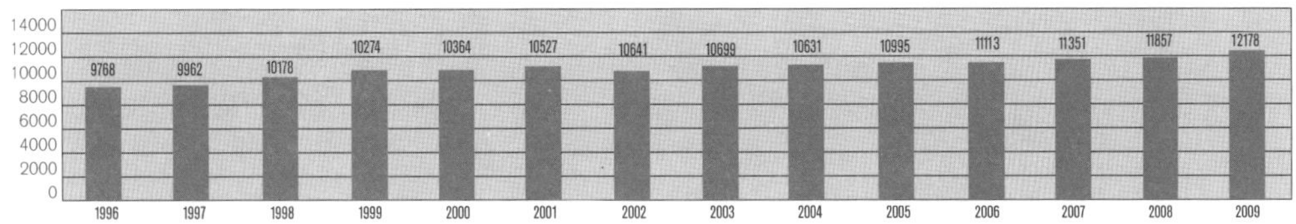

Fonte: ANAC, 2008.

14.6.2 Transporte aquaviário

No Brasil, o transporte aquaviário demonstra grande potencial de desenvolvimento, além de apresentar 119 instalações portuárias, sendo 36 portos organizados e 83 terminais de uso privativo. Em 2009, segundo a ANTAQ (Agência Nacional de Transportes Aquaviários), a movimentação de cargas atingiu 732.931.141 toneladas, representando uma queda de 4,61% em relação a 2008.

Quanto ao movimento de embarcações nos portos organizados e terminais privativos, observa-se que 35,18% foram de longo curso, 27,69% de cabotagem e 31,68% na navegação interior, do total de 54.756 atracações. Os portos com maior tráfego de embarcações foram Santos (SP), Vitória (ES), Rio Grande (RS) e Paranaguá (PR), com, respectivamente, 12,57%, 7,39%, 7,34% e 5,65% do total atracado no país. O porto paulista teve a maior quantidade de atracações no longo curso, 27,50%, enquanto o capixaba foi o maior em cabotagem, 22,56%, e o gaúcho o maior na navegação interior, 9,42%.

O Brasil também apresenta mais de 13 mil quilômetros de vias navegáveis utilizadas para o transporte de cargas e passageiros, podendo atingir, segundo a ANTAQ, quase 43 mil quilômetros após obras de infraestrutura. A União Europeia tem 32 mil quilômetros, os Estados Unidos atingem 47 mil quilômetros, a Rússia detém 102 mil quilômetros e a China pode operar 124 mil quilômetros.

Quadro 14.3 Rede hidroviária brasileira

REDE HIDROVIÁRIA BRASILEIRA					
BACIA	ESTADOS	EXTENSÃO APROXIMADA/ KM			RIOS
		NAVEGÁVEIS	POTENCIAIS	TOTAL*	
AMAZÔNICA	AM, PA, AC, RO, RR, e AP	18.300	723,5	19.023,5	AMAZONAS, SOLIMÕES, NEGRO, BRANCO, MADEIRA, PURUS, JURUÁ, TAPAJÓS, TELES PIRES e GUAPORÉ.
NORDESTE	MA e PI	1.740	2.975	4.715	MEARIAM, PINDARÉ, ITAPECURU, PARNAÍBA, e BALSAS.
TOCANTINS/ARAGUAIA	TO, MA e GO	2.200	1.300	3.500	TOCANTINS, ARAGUAIA e DAS MORTES.
SÃO FRANCISCO	MG, BA, PE e SE	1.400	2.700	4.100	SÃO FRANCISCO, GRANDE e CORRENTE.
LESTE	MG, ES e RJ	-	1.094	1.094	DOCE, PARAÍBA DO SUL e JEQUITINHOHA.
PARANÁ	SP, PR e SC	1.900	2.900	4.800	PARANÁ, TIETÊ, PARANAÍBA, GRANDE, IVAÍ, e IVINHEMA.
PARAGUAI	MT, MS e PR	1.280	1.815	3.095	PARAGUAI, CUIABÁ, MIRANDA, SÃO LOURENÇO, TAQUARI e JAURU.
SUDESTE	RS	600	700	1.300	JACUÍ, TAQUARÍ, LAGOA DOS PATOS e LAGOA MIRIM.
URUGUAI	RS e SC	-	1.200	1.200	URUGUAI e IBICUÍ.
TOTAL		27.420	15.407,5	42.827,5	

Fonte: ANTAQ, 2007.

Além de envolver mais de 62 mil trabalhadores em sua atividade, podemos ver a seguir que o transporte aquaviário apresenta fatores relevantes quanto à eficiência energética, consumo de combustível e emissão de poluentes, conforme dados da própria ANTAQ (2008).

Gráfico 14.12 Avaliação das vantagens no transporte hidroviário

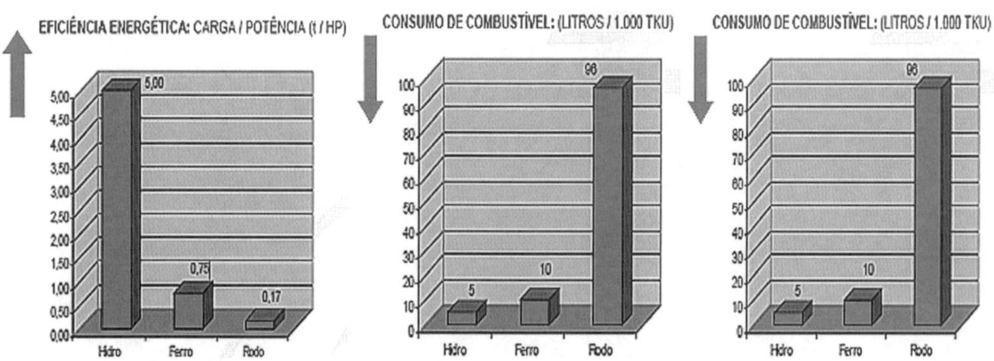

Fonte: ANTAQ, 2008.

Para concluirmos o item, cabe apresentar a movimentação de cargas no Brasil, considerando-se os tipos de navegação aplicáveis.

Gráfico 14.13 Distribuição das cargas por tipo de navegação

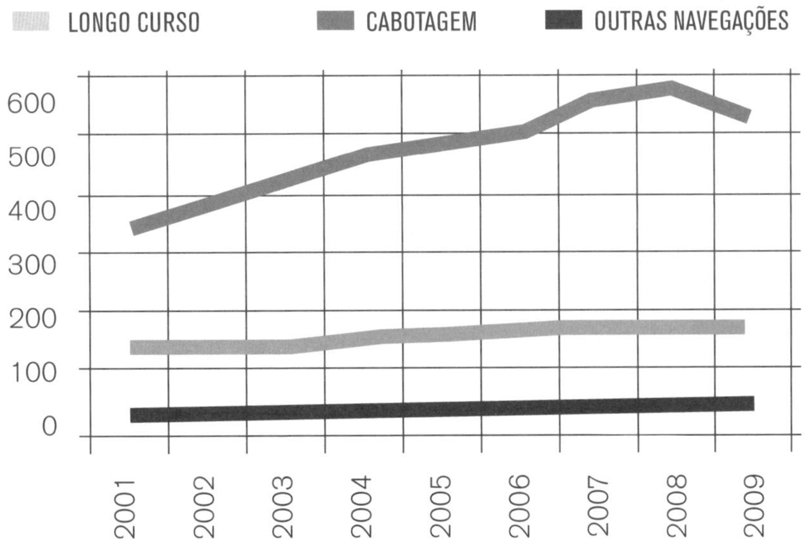

Fonte: Instituto ILOS, 2010.

Tabela 14.9 Análise da distribuição das cargas por tipo de navegação

ANO	MOV. CARGAS (MILHÕES TONS)			TOTAL
	LONGO CURSO	CABOTAGEM	OUTRAS NAVEGAÇÕES	
2006	503	164	26	693
2007	559	168	27	755
2008	588	167	33	768
2009	531	170	31	733

Fonte: Instituto ILOS, 2010.

14.6.3 Transporte dutoviário

O transporte dutoviário no Brasil é apresentado de forma mais tímida, principalmente pela questão da limitação de suas aplicações, que, no Brasil, tem grande participação na movimentação de derivados na indústria petroquímica. O transporte dutoviário pode ser dividido em:

- **Oleodutos**, cujos produtos transportados são, em sua grande maioria, petróleo, óleo combustível, gasolina, diesel, álcool, GLP, querosene e nafta.
- **Minerodutos**, cujos produtos transportados são sal-gema, minério de ferro e concentrado fosfático.
- **Gasodutos**, cujo produto transportado é o gás natural. O gasoduto Brasil-Bolívia (3.150 km de extensão) é um dos maiores do mundo.

Somente a Transpetro, principal detentora do transporte dutoviário no Brasil, é dona de uma receita bruta, em 2008, de 4,3 bilhões de reais, respondendo pelo transporte em oleodutos de 670 milhões de m³ de petróleo, derivados e álcool por ano, enquanto, nos gasodutos, somam-se 46 milhões de m³ de gás natural/dia, em mais de 11.500 km de dutos em operação, sendo que há 7 mil km de oleodutos e 4.500 km de gasodutos. A seguir é apresentada, conforme dados da Agência Nacional do Petróleo, Gás Natural e Biocombustíveis (ANP), a estrutura das principais vias dutoviárias presentes no Brasil.

Figura 14.2 Principais gaseodutos e oleodutos do Brasil

Fonte: ANP, 2010.

Pesquisas vêm demonstrando que é possível ampliar a gama de aplicações dos sistemas de transporte dutoviário por meio do transporte de produtos encapsulados, que consiste no transporte de sólidos por meio de encapsulamento, transportados por dutos de bombeamento de água em seu interior: inicialmente os resultados vêm se demonstrando positivos, uma vez que os sistemas dutoviários apresentam os menores custos de operação.

14.6.4 Transporte ferroviário

O transporte ferroviário, pouco assistido nas décadas de 1950 a 1990, recebeu um grande aporte de capital, a partir do processo de privatização. Apesar das linhas férreas apresentarem a mesma extensão que tínhamos nos anos 1950, é possível afirmar que a sua utilização vem batendo recordes anuais no transporte de cargas dos mais variados tipos para os mais diversos destinos, pelo incentivo de especialistas que insistem que a matriz de transporte brasileiro deveria privilegiar o transporte ferroviário. O Brasil tem grandes problemas decorrentes da variedade de bitolas utilizadas, o que retira a produtividade de boa parte dessa malha. As malhas ferroviárias brasileiras e seus operadores são apresentados a seguir:

Tabela 14.10 Extensão das malhas existentes no sistema ferroviário nacional (km)

FERROVIAS	BITOLAS			
	LARGA	MÉTRICA	MISTA	TOTAL
ALL - América Latina Logística Malha Sul S.A.	–	7.293	11	7.304
ALL - América Latina Logística Malha Oeste S.A. (antiga Novoeste)	–	1.945	–	1.945
ALL - América Latina Logística Malha Paulista S.A. (antiga Ferroban)	1.463	243	283	1.989
ALL - América Latina Logística Malha Norte S.A. (antiga Ferronorte)	500	–	–	500
Ferrovia Centro-Atlântico S.A. FCA	–	7.910	156	8.066
MRS Logística S.A.	1.632	–	42	1.674
Ferrovia Tereza Cristina S.A. - FTC	–	164	–	164
EFVM - Estrada de Ferro Vitória a Minas	–	905	–	905
EFC - Estrada de Ferro Carajás	892	–	–	892
Transnordestina Logística S.A. (antiga CFN)	–	4.189	18	4.207
FERROESTE - Estrada de Ferro Paraná Oeste	–	248	–	248
Ferrovia Norte Sul	420	–	–	420
SUBTOTAL	**4.907**	**22.928**	**510**	**28.314**
Trombetas / Jarí / Corcovado / Supervia / Campos do Jordão	520	102	–	622
Amapá / CBTU / CPTM / Trensurb / CENTRAL / METRO - SP RJ	456	425	–	881
SUBTOTAL	**976**	**527**	**–**	**1.503**
TOTAL	**5.883**	**23.273**	**510**	**29.817**

Fonte: CNT, 2009.

Nos Estados Unidos, um dos raros exemplos de uma matriz de transportes extremamente equilibrada, o modal ferroviário atua em produtos de baixo a moderado valor, em viagens com distâncias médias entre 900 km e 1.300 km, com 4 a 7 dias de prazo de entrega e com 60% a 85% de performance de entrega no prazo.

No Brasil há uma competição direta entre o modal ferroviário e o modal rodoviário, e a distância média percorrida das viagens está em torno de 500 a 600 km. Diferentemente do que se verifica nos Estados Unidos, a ferrovia no Brasil perde espaço nas longas distâncias, nas quais justamente deveria apresentar condições econômicas mais competitivas (Neves, 2006).

Segundo dados do anuário da Agência Nacional do Transporte Terrestre (ANTT), em 2008, o Brasil possui, depois de uma década de concessão, ajuste e desincorporação, o equivalente a 28.314 km, muito pouco para um país continental. O quadro mantido pelas concessionárias saltou de 31.919 pessoas em 2007 para 34.998 pessoas em 2008. Os investimentos realizados estão distribuídos principalmente na aquisição de material rodante, o que permitiu a ampliação dos volumes transportados de 143 bilhões de TKU's, em 1998, para 238,1 em 2006 e 257,1 em 2007, apresentando mais de R$ 12 bilhões de receita, em 2007. Como é possível constatar a seguir, tanto a dimensão da frota como os investimentos feitos têm seguido escala ascendente em nosso país.

Gráfico 14.14 Dimensão da frota ferroviária e investimentos realizados entre 2007 e 2008 no Brasil

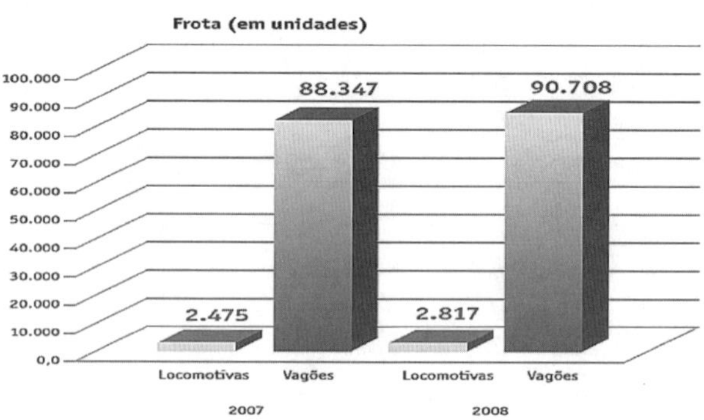

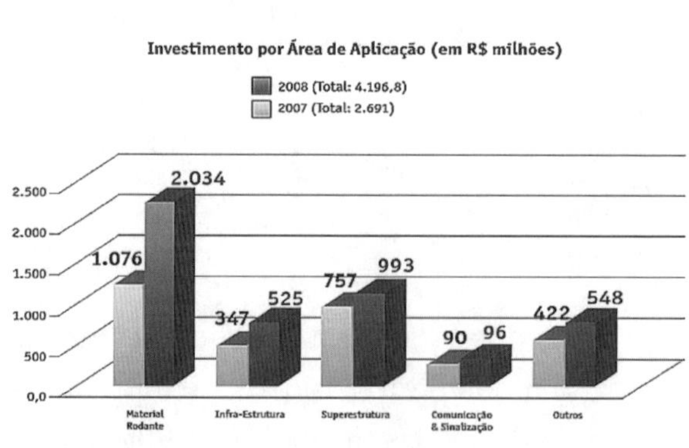

Fonte: ANTT, 2008.

Isso demonstra o potencial de crescimento a taxas elevadas que o transporte ferroviário tem no Brasil. Uma grande dificuldade que deve ser abordada em um curto espaço de tempo é a velocidade média dos trens de carga no país, que atingem aproximadamente 28 km/h, enquanto, em outras regiões, como nos Estados Unidos, representam algo em torno de 42 km/h, e, na China, 60 km/h. A seguir é apresentado um resumo das condições competitivas das ferrovias brasileiras.

Figura 14.3 Características das ferrovias brasileiras e no mundo

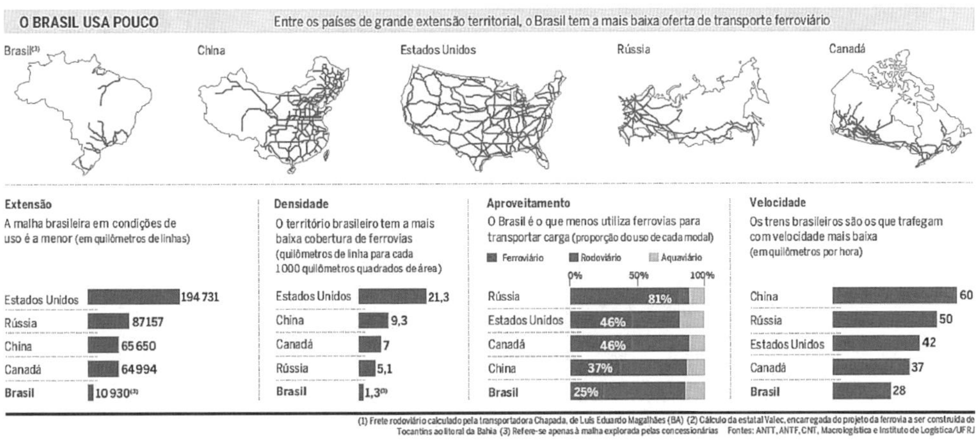

Fonte: *Exame*, 2009.

14.6.5 Transporte rodoviário

Propositalmente foram deixadas para o fim desta explanação as questões relacionadas ao transporte rodoviário, principalmente pela sua extensão e representatividade na matriz brasileira. Sua importância é indiscutível, porém a sua ampla utilização é a condição mais delicada de nossa produtividade.

O Brasil tem apresentado um crescimento significativo no volume movimentado nos últimos anos, em que partimos de 670 bilhões de TKU's, em 2004, para 679 em 2006, e 771 em 2008. Segundo a CNT (2007), o faturamento do setor chegou a R$ 129 bilhões em 2006. O Brasil apresenta uma frota de 1.784.249 veículos destinados ao transporte de cargas, com aproximadamente 5 milhões de empregos diretos e um consumo de 32,7 milhões de metros cúbicos de diesel em 2007. Em 2008, segundo a ANTT, a idade média da frota brasileira era de 16,7 anos, o que compromete a confiabilidade dos sistemas de transporte.

Tabela 14.11 Transportadores e frotas de veículos no Brasil

TRANSPORTADORAS E FROTA DE VEÍCULOS

TIPO DO TRANSPORTADOR	REGISTROS EMITIDOS	VEÍCULOS	VEÍCULOS/ TRANSPORTADOR
Autônomo	811.433	1.031.370	13
Empresa	153.300	745.079	48
Cooperativa	730	6.800	93
TOTAIS	**969.453**	**1.784.249**	**18**

Fonte: ANTT, 2008.

O Brasil é o quarto maior país em extensão de rodovias, com 1.634.100 km, perdendo apenas para Estados Unidos, Índia e China, com 6.433.272 km, 3.383.344 km e 1.870.661 km, respectivamente – embora o Brasil seja o 13º no mundo em rodovias pavimentadas, pois apresenta apenas 12,2% dessa malha pavimentada, conforme pode ser identificado a seguir:

Tabela 14.12 Rodovias pavimentadas no mundo

	PAÍSES	% ESTRADAS PAVIMENTADAS (Km)	EXTENSÃO RODOVIÁRIA		TOTAL (Km)
			PAVIMENTADAS (Km)	NÃO-PAVIMENTADAS (Km)	
1	ALEMANHA	100,0	644.400	–	644.400
2	FRANÇA	100,0	951.220	–	951.220
3	ITÁLIA	100,0	484.688	–	4848.688
4	REINO UNIDO	100,0	387.674	–	387.674
5	SUÍÇA	100,0	71.214	–	71.214
6	HOLANDA	100,0	126.100	–	126.100
7	ESPANHA	100,0	659.629	6.663	666.292
8	COREIA DO SUL	99,0	87.002	13.277	100.279

9	RÚSSIA	86,8	738.000	133.000	871.000
10	CHINA	84,7	1.515.797	354.864	1.870.661
11	BÉLGICA	81,0	117.442	33.125	150.567
12	JAPÃO	78,0	914.745	262.533	1.177.278
13	ESTADOS UNIDOS	77,7	4.149.460	2.283.812	6.433.272
14	MÉXICO	64,5	116.751	118.919	235.670
15	ÍNDIA	49,5	1.603.705	1.779.639	3.383.344
16	TURQUIA	47,4	177.550	249.356	426.906
17	AUSTRÁLIA	41,6	336.962	473.670	810.641
18	CANADÁ	41,6	561.728	847.172	1.408.900
19	SUÉCIA	30,5	129.651	295.296	424.947
20	BRASIL	12,2	196.095	1.413.986	1.610.081

Fonte: Viana, 2007.

No que tange ao transporte de passageiros, podemos afirmar que o Brasil apresenta mais de 244 empresas registradas, operando 2.628 linhas. Para compreendermos melhor a dimensão do transporte de passageiros, são apresentados os indicadores a seguir:

Quadro 14.4 Transporte de passageiros no Brasil

Nº DE EMPRESAS AUTORIZATÁRIAS EM REGIME ESPECIAL: (inclusive aquelas que operam por força de decisão judicial)	**244 empresas**
Quantidade de motoristas cadastrados	21.913 motoristas
Quantidade de veículos (ônibus) cadastrados	13.907 ônibus
Nº DE LINHAS REGULARES (AUTORIZAÇÕES ESPECIAIS) (inclusive aquelas que operam por força de decisão judicial)	**2.628 linhas**
Linhas interestaduais	2.535 linhas
Linhas internacionais	93 linhas

NÚMERO DE PASSAGEIROS TRANSPORTADOS/ANO	130.311.738 passageiros
Passageiro Interestadual	127.946.469 passageiros
Passageiro Internacional	2.365.269 passageiros
NÚMERO DE VIAGENS REALIZADAS/ANO	**4.026.566 viagens**
Semiurbano Interestadual (abaixo de 75km)	1.870.683 viagens
Interestaduais (incluso semiurbano e acmia de 75km)	2.017.199 viagens
Internacionais (incluso semiurbano e acima de 75km)	138.684 viagens

Fonte: ANTT, 2008.

Para compreendermos a afinidade brasileira com o transporte rodoviário, em 2008 foram 161 mil caminhões fabricados, dos quais 120 mil vendidos no mercado interno. Um fator crítico no Brasil refere-se ao estado das rodovias, das quais 70% apresentam condições precárias para o tráfego. O Brasil, atualmente, investe apenas 0,22% do PIB em suas rodovias, ao passo que, na década de 1970, esse valor atingia 1,48% do PIB. A seguir é apresentado um mapa do estado geral, realizado por amostragem pela Confederação Nacional do Transporte (CNT), em 2009, das rodovias brasileiras.

Quadro 14.5 Condições das rodovias brasileiras

ESTADO	EXTENSÃO TOTAL	
	Km	%
ÓTIMO	12.053	0,26
BOM	15.660	11,56
REGULAR	40.335	4,55
RUIM	15.150	20,72
PÉSSIMO	6.354	7,1
TOTAL	**89.552**	**100,0**

ESTADO GERAL	GESTÃO CONCEDIDA		GESTÃO PÚBLICA	
	Km	%	Km	%
ÓTIMO	6.055	42,6	5.998	0,31
BOM	4.813	33,9	10.847	13,19
REGULAR	3.083	21,7	37.252	4,61
RUIM	264	1,9	14.886	19,6
PÉSSIMO	–	–	6.354	8,4
TOTAL	**14.215**	**100,00**	**100,00**	**100,00**

Fonte: CNT, 2009.

Essa condição amplia os custos do transporte brasileiro, retirando de nosso produto a competitividade necessária para participar de outros mercados mais distantes do ponto de produção. Em média, o custo brasileiro do transporte rodoviário é ampliado em 28% devido à (má) qualidade da malha, variando de acordo com a região pesquisada.

Outro problema apresentado pelo transporte de cargas no Brasil é a incidência de roubos, que atingiu 11.699 ocorrências, em 2007, totalizando um prejuízo da ordem de R$ 735 milhões, também apresentando variações decorrentes da região, conforme pode ser visto a seguir:

Figura 14.4 Ampliação de custo e ocorrências de roubo de carga nas rodovias brasileiras

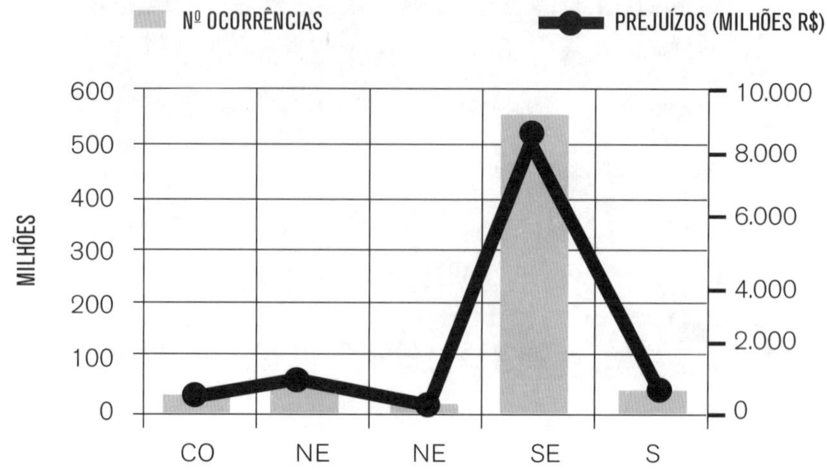

REGIÃO	AUMENTO NO CUSTO OPERACIONAL
Sul	19,30
Sudeste	21,80
BRASIL	28
Centro-Oeste	31,70
Nordeste	33,10
Norte	40,60

Fonte: CNT, 2009 e ILOS, 2007.

Um último fator a ser destacado é o número de mortes ocorridas no sistema de transporte rodoviário, o qual atinge 110.599 casos em 2009, representando prejuízos totais da ordem de R$ 8,4 bilhões entre 2004 e 2008.

14.7 Considerações finais

Foi possível observar a importância e o significado da logística na economia mundial e doméstica de uma nação, além da capacidade geradora de riqueza e seu potencial de melhoria da qualidade de vida das pessoas.

Os processos de aquisição possivelmente ainda apresentarão grandes alterações, apesar das tecnologias já disponíveis. A figura do comprador ainda deve apresentar maior potencial na negociação de contratos, e as operações rotineiras, típicas do processo de compras, serão substituídas gradativamente por mecanismos informatizados de solicitação da demanda por monitoramento em tempo real, também conhecidas como *Vendor Managed Inventory* (VMI), correspondendo ao monitoramento dos níveis de estoque em tempo real por parte do fornecedor, realidade já presente nos sistemas de Resposta Eficiente ao Consumidor (ECR) muito utilizados por parte do varejo.

O contexto dos processos de armazenagem tende à ampliação de sua capacidade, partindo dos aspectos relacionados à localização, bem como da capacidade dos portos e do campo, uma vez que o Brasil figura como uma das maiores potências da Terra no campo do agronegócio. Diversos investimentos estão em pauta de planejamento, tanto da iniciativa privada, como do poder público, visando à melhoria da competitividade e à busca do melhor momento para venda da safra no mercado de consumo, tanto interno como externo.

Outro fator que merece destaque é a eletrônica embarcada dos equipamentos que devem se equiparar à tecnologia utilizada nos veículos mais modernos, e a mecanização dos processos ora realizados de forma artesanal. A inserção de tecnologias como *Warehouse Management System* (WMS) será cada vez mais incipiente, principalmente pela exigência de efetividade por parte das organizações no atendimento ao novo perfil do consumidor.

A figura do operador logístico tende a ampliar seu portfólio, oferecendo para as empresas contratantes atividades complementares nos processos e serviços prestados, porém dotadas de maior tecnologia e eficiência.

A atuação altamente segmentada caminha para seu fim, dando espaço a empresas mais especializadas quanto à gama de processos que fazem parte da necessidade do cliente, reduzindo o número de empresas parceiras e intensificando a parceria entre seus membros.

Os sistemas de transporte merecem grande destaque, uma vez que o Brasil figura como um país de dimensões continentais. A ampliação da participação dos modais ferroviários e aquaviários, visando vencer as grandes distâncias de nosso território de forma economicamente viável, é definida como certa no cenário nacional, além de uma utilização mais racional do transporte rodoviário, utilizando equipamentos mais produtivos e que permitam a redução do custo de transporte e aumento da previsibilidade para os embarcadores.

Os investimentos em material rodante por parte das empresas deverão aumentar a disponibilidade do transporte ferroviário aos embarcadores, ensejando uma maior frequência de partidas e aprimorando a flexibilidade e o valor agregado do sistema. Fatores como a ampliação da malha ainda passarão por decisões de ordem política, e talvez levem algum tempo para se efetivar no contexto do modal.

A logística e seu cenário no contexto local tendem a assumir grandes alterações na busca de condições mais competitivas e de padrões de qualidade compatíveis com o grau de exigência estabelecido por esse novo cliente, fruto de uma interação global e de novos anseios, característico da integração dos mercados e da busca continuada por uma interação mais eficiente das cadeias produtivas.

ESTUDO DE CASO

APLICAÇÃO DE TECNOLOGIA DE INFORMAÇÃO PARA AUTOMATIZAÇÃO DOS SISTEMAS DE AQUISIÇÃO E AGENDAMENTO DE RETIRADA DE MATERIAIS

Fundada em 1976, a empresa Só Couros é a maior rede de bolsas, malas e acessórios de viagens do país. A marca conquistou um alto grau de fidelidade de seus clientes por meio da grande variedade de produtos e preços competitivos. Sendo considerada pelo consumidor como a marca *top of mind* em artigos de couro, acessórios de viagem e infantil.

Conseguir a fidelidade do cliente é resultado de um grande trabalho voltado para sua satisfação e que envolve não só critérios racionais, mas também subjetivos, como variedade de mercadorias, crédito e diferentes formas de pagamento.

A empresa atende mais de 4,5 milhões de clientes anualmente. Iniciada com uma pequena loja no bairro paulistano de Moema, e presente no mercado há mais de 30 anos, apresenta-se como absoluta no segmento, além de possuir mais de 70% do mercado brasileiro de produtos para viagem.

A rede possui aproximadamente 900 colaboradoras, 80 lojas próprias, concentradas em São Paulo e no Rio de Janeiro e 120 lojas licenciadas espalhadas por todo o país. A dinâmica de negócio obriga a empresa a ter seus produtos renovados a cada dois meses e, devido a um *mix* tão variado, mantém cerca de 80 fornecedores ativos.

Hoje os pedidos são disponibilizados no site da rede, onde o responsável por esse processo envia um e-mail para o fornecedor avisando-o de que o pedido já pode ser acessado. Cada fornecedor possui seu *login* e senha, porém as únicas informações disponíveis no site referem-se à distribuição dos itens, e o arquivo para impressão das etiquetas de identificação; qualquer problema com o pedido, dúvidas, solicitação de coleta, envio de documentos ou outras informações relevantes são passados por e-mail, telefone ou via correios.

Para que a mercadoria de um fornecedor parceiro seja coletada, é necessário que ele envie uma série de dados, como cubagem, numeração da nota fiscal, valor da carga, quantidades de volumes e numeração do pedido, por telefone ou e-mail, sendo que, com esses dados em mãos, o responsável pelo agendamento entra em contato com a transportadora e solicita a coleta da mercadoria.

A nova perspectiva de aquisição propõe a aplicação de um sistema utilizando o *WebEDI*, partindo-se da aquisição e do posicionamento da área de compras, visando à retirada de produtos por meio de uma base planejada através de um fluxo de informações organizado e atualizado pelos fornecedores.

Um dos ganhos com a utilização do *WebEDI* será a redução da quantidade de atividades necessárias para disponibilizar o pedido para o fornecedor. Ao receber o pedido, é exportado um único arquivo contendo suas informações, tal como quantidade de peças, referências dos produtos, data de entrega, negociação e valores. Nesse mesmo arquivo podem ser emitidas as etiquetas dos pedidos, ou seja, utiliza-se apenas um único arquivo com todos os dados do pedido.

Ao exportar o pedido para o site da empresa, automaticamente é enviado um comunicado para o fornecedor informando-o de que o pedido já está disponível na rede. O fornecedor pode se comunicar com a empresa e encaminhar os dados de coleta de forma padronizada pelo sistema, se possível diretamente para a transportadora ou para a própria empresa compradora realizar o agendamento da coleta.

Tabela 14.10 Descrição do processo x proposta com WebEDI

PROCESSO	CENÁRIO ATUAL	USO DO WEBEDI
CANAL DE COMUNICAÇÃO	E-mail /Telefone	Transmissão de dados *online*
PADRONIZAÇÃO	Não há um padrão para o envio de dados. As informações de coleta, como cubagem, valor da nota fiscal, volumes, são enviadas por e-mail/ telefone.	As informações seriam enviadas por meio de formulários eletrônicos, padronizando o formato dos dados.

ATRASOS	Os problemas demoram para serem detectados.	As tratativas podem ser tomadas antecipadamente.
ENTREGAS	Divergências nas entregas (quantidades).	Maior controle das quantidades compradas.
NF	A maioria das notas fiscais é envida por correio (sedex) para a empresa.	Nota Fiscal eletrônica.
SISTEMA DE COLETA	As coletas acontecem diariamente.	Implantação do *Milk Run*.
FRETES	Devido a erros nas informações, a empresa tem gastos adicionais decorrentes de carro extra.	Informações mais seguras e precisas, reduzindo os gastos com fretes adicionais.
INFORMAÇÕES NO SITE	As únicas informações disponíveis são os dados do pedido e as etiquetas dos produtos.	Informações adicionais, pedidos em aberto, entregas atrasadas, prazos, entre outros.
USO DO SITE	Somente a empresa posta as informações.	Troca eletrônica de dados entre a empresa e o fornecedor.
FLUXO DE INFORMAÇÕES	Pouca agilidade no fluxo de informações na empresa, problemas com tempo de resposta.	Maior agilidade no fluxo de informações e nos processos internos, rapidez no tempo de resposta.

Fonte: Nataly Lins Jepes e Enio Fernandes Rodrigues, *Aplicação de tecnologia de informação para automatização dos sistemas de aquisição e agendamento de retirada de materiais.* (artigo inédito).

Referências

ABID – ASSOCIAÇÃO BRASILEIRA DA INDÚSTRIA DE BASE. *Setor de transporte no Brasil*: Situação atual, oportunidades de investimento e perspectivas futuras. 2006. Disponível em: <http://www.abdib.org.br/arquivos_comite//ABDIB%20Ministro%2015set06%>. Acesso em: 28 mar. 2010.

ANAC – AGÊNCIA NACIONAL DE AVIAÇÃO CIVIL. *Anuário do Transporte aéreo de 2008*. Disponível em: <http://www.anac.gov.br/estatistica/graficos/Aeronaves/total AeronavesRegistradas.pdf>. Acesso em: 24 mar. 2010.

ANP – AGÊNCIA NACIONAL DO PETRÓLEO GÁS NATURAL E BIOCOMBUSTÍVEIS. *Malha Dutoviária*. Disponível em: <http://www.anp.gov.br/brasil-rounds/round2/Pdocs/Pinfra/ Pduto.htm>. Acesso em: 27 mar. 2010.

ANTAQ – AGÊNCIA NACIONAL DE TRANSPORTES AQUAVIÁRIOS. *Anuário estatístico portuário de 2008*. Disponível em: <http://www.antaq.gov.br/Portal/Anuarios/ ortuario2008/Index.htm>. Acesso em: 24 mar. 2010.

________. *Cenário atual do transporte hidroviário brasileiro em 2008*. Disponível em: <http://www.antaq. gov.br/PORTAL/ pdf/palestras/Mar0817PiracicabaAlexOliva.pdf>. Acesso em: 21 mar. 2010.

________. *Conexão hidroviária Brasil com a América do Sul em 2007*. Disponível em: <http://www.antaq.gov.brportal/pdf/palestras/Set07PalestraAlexComissaoInteramericanaPortos.pdf>. Acesso em: 21 mar. 2010.

ANTT – AGÊNCIA NACIONAL DE TRANSPORTES TERRESTRES. *Relatório Anual ANTT 2008*. Disponível em: <http://www.antt.gov.br/relatorioanual/Relatorio2008.pdf>. Acesso em: 27 mar. 2010.

BARROS, M. *A terceirização logística no Brasil*. ILOS. 2009. Disponível em <http://www.ilos.com.br/site/index.php?option=com_content&task=view&id=738&Itemid=74>. Acesso em: 23 mar. 2010.

BIONEXO. Disponível em: <https://www.bionexo.com.br/index.html>. Acesso em: 20 mar. 2010.

CARVALHO, C. H. S. *Os efeitos do sistema de registro de preço nas compras públicas:* estudo de caso da secretaria municipal de obras, serviços básicos e habitação da cidade de Manaus. (Dissertação em Administração Pública). Rio de Janeiro: Fundação Getúlio Vargas, 2008.

CHRISTOPHER, Martin. *Logística e gerenciamento da cadeia de Suprimentos*. São Paulo: Cengage Learning, 2009.

CNT – CONFEDERAÇÃO NACIONAL DO TRANSPORTE. *Pesquisa CNT de Ferrovias 2009*. Brasília: Confederação Nacional do Transporte, 2009.

CNT – CONFEDERAÇÃO NACIONAL DO TRANSPORTE. *Pesquisa CNT de rodovias 2009:* relatório gerencial. Brasília: CNT, SEST, SENAT, 2009.

CONAB (COMPANHIA NACIONAL DE ABASTECIMENTO). *Situação da Armazenagem no Brasil*. Brasília: 2006. Disponível em: <http://www.conab.gov.br/conabweb/download/nupin /armazenagem.pdf>. Acesso em: 20 mar. 2010.

EXAME, Portal. *Anuário do Agronegócio:* A falta que faz um armazém. 2006. Disponível em: <http://portalexame.abril.com.br/static/aberto/anuarioagronegocio/edicoes_0869/m0082 220> .html. Acesso em: 20 mar. 2010.

EXAME, Portal. *De volta aos trilhos*. 2009. Disponível em: http://portalexame.abril.com.br /revista/exame/edicoes/0938/economia/volta-aos-trilhos-424966.html. Acesso em: 20 mar. 2010.

FIGUEIREDO, Kleber F.; FLEURY, Paulo F.; WANKE, Peter (Orgs.). *Logística e gerenciamento da cadeia de suprimentos:* planejamento do fluxo de produtos e dos recursos. São Paulo: Atlas, 2003.

FIGUEIREDO, R. EIRAS, J. *Transporte colaborativo:* conceituação, benefícios e práticas. Disponível em: <http://www.ilos.com.br/site/index.php?option=com_ content&task = view&id=683&Itemid=225>. Acesso em: 22 mar. 2010.

FLEURY. P. A *indústria de provedores de serviços logísticos no Brasil: analisando oferta e demanda de serviços. 2004*. Disponível em: <http://www.ilos.com.br/site/index.php?option=com_content&task=view&id=724&Itemid=74>. Acesso em: 23 mar. 2010.

ILOS – INSTITUTO DE LOGÍSTICA E SUPPLY CHAIN. *Indicadores nacionais do transporte aquaviário*, 2010. Disponível em: <http://www.ilos.com.br/site/index.php?option=com_deeppockets&task=catShow&id=3&Itemid=119>. Acesso em: 23 mar. 2010.

ILOS – INSTITUTO DE LOGÍSTICA E SUPPLY CHAIN. *Indicadores Nacionais do transporte rodoviário*, 2010. Disponível em: <http://www.ilos.com.br/site/index.php?option=com_deeppockets&task=catShow&id=4&Itemid=117>. Acesso em: 23 mar. 2010.

ILOS – INSTITUTO DE LOGÍSTICA E SUPPLY CHAIN. *Indicadores sobre Prestadores de serviços Logísticos*, 2010. Disponível em: <http://www.ilos.com.br/site/index.php?option= com_deeppockets&task=catShow&id=29&Itemid=139>. Acesso em: 23 mar. 2010.

INFRAERO AEROPORTOS. *Movimento Operacional Acumulado da REDE INFRAERO (Janeiro até Dezembro de 2007)*. Disponível em: <http://www.infraero.gov.br/movi.php?gi=movi>. Acesso em: 22 mar. 2010.

INFRAERO AEROPORTOS. *Movimento Operacional Acumulado da REDE INFRAERO (Janeiro até Dezembro de 2009)*. Disponível em: <http://www.infraero.gov.br/movi.php?gi=movi>. Acesso em: 22 mar. 2010.

INFRAERO AEROPORTOS. *Movimento Operacional Acumulado da REDE INFRAERO (Janeiro até Dezembro de 2009)*. Disponível em: <http://www.infraero.gov.br/movi.php?gi=movi>. Acesso em: 22 mar. 2010.

LIMA, J. C. S. *Um estudo sobre a reconfiguração da função compras em empresas do setor automotivo*. Tese (Doutorado em Engenharia de Produção). São Paulo: Escola Politécnica da Universidade de São Paulo, 2004.

LIMA, M. *Custos logísticos na economia brasileira*. ILOS. 2006. Disponível em: <http://www.ilos.com.br/site/index.php?option=com_content&task=view&id=695&Itemid=74>. Acesso em: 24 mar. 2010.

MINISTÉRIO DO DESENVOLVIMENTO, INDÚSTRIA E COMÉRCIO EXTERIOR. *Balança comercial brasileira mensal* - fev. 2010. Brasília: 2010. Disponível em: <http://www.desenvolvimento.gov.br/sitio/interna/interna.php?area=5&menu=2496&refr=1161>. Acesso em: 24 mar. 2010.

NEVES, M. A. *O Futuro das Concessionárias do Modal Ferroviário no Brasil*, 2010. Disponível em: <http://www.tigerlog.com.br/logistica/docs/art051.asp>. Acesso em: 26 mar. 2010.

NUNES, V.; RODRIGUES, A.; MOIA, C.V. Sistema de registro de preços (SRP), resolução n. 7/2007. Disponível em: <https://www2.tj.ro.gov.br/novodiario/2007/20070702704-NR119.pdf>. Acesso em 15 mar. 2010.

SILVEIRA, M. R. Logística, sistemas de movimento, fluxos econômicos e interações espaciais no território paulista: Uma abordagem para a geografia dos transportes e circulação. *Revista electrónica de geografía y ciencias sociales* [on-line]. Universidad de Barcelona. Vol. XIII, núm. 283. 2009. Disponível em: <http://www.ub.es/geocrit/sn/sn-283.htm>. Acesso em: 20 mar. 2010.

VIANA, G. *O mito do rodoviarismo*. São Paulo: N&TC, 2007.